新兴技术
安全治理

丁迪 著

格致出版社　上海人民出版社

推荐序

天道变化，万物革新。《周易》曰："日新之谓盛德。"当今世界，新兴技术迅猛发展，人工智能、生物技术、量子计算等领域突飞猛进，新一轮科技革命和产业变革正在重塑全球创新版图、重构全球经济结构，科技创新成为国际战略博弈的主要战场。然而，技术的进步往往伴随两难抉择，机遇与风险并存。新兴技术在推动人类文明进步的同时，也引发了前所未有的安全隐忧。如何在创新发展与风险防控间达成平衡是摆在全人类面前的时代命题。

技术革命是重塑人类社会图景的核心力量。忆往昔，内燃机、电力的发明引领工业革命走向全球，核能、航天技术的突破开启航空航天纪元，计算机、互联网的普及则催生了信息化时代。看今朝，新兴技术方兴未艾，量子计算颠覆了经典计算模式，生物技术或将重新定义生命起源，而人工智能有望突破人类认知极限。凡此种种，昭示着人类即将跨入一个崭新的技术时代。

任何一种技术都存在两面性，在创造福祉的同时，也可能酿成灾祸。从科幻小说到现实世界，人工智能失控、危险生物制剂泄漏、网络信息被盗等场景屡见不鲜。技术越发达，潜在风险就越高，一旦失控或被滥用，人类社会将难以承受其杀伤力和破坏性。更令人忧虑的是，新兴技术领域的竞争日益成为大国博弈的新战场。在单边主义、保护主义、技术民族主义沉渣泛起的国际格局下，技术领域的恶性竞争不仅撕裂了全球创新图景，也严重威胁到全人类的共同体安全。面对世界百年变局加速演进，各种传统和非传统安全威胁交织叠加，和平赤字、发展赤字、安全赤字、治理赤字加重的局面，新兴技术在帮助化解危机与矛盾的同时，也有可能进一步加速上述问题的恶化，加重其社会危害。在这一重要历史关口，如何驾驭新兴技术这匹奔腾的野马，既让新技术为人类造福，又避免其成为潘多拉魔盒；在发展新兴技术的同时，如何防范风险挑战、维护公平竞争、保障各国安全，推动全球科技治理体系朝着公正合理的方向发展，已成为国际社会共同面对的问题。

当前，新兴技术安全治理研究主要面临三大难题。首先，理论视角亟待拓展。传统安全理论源于工业时代，难以完全诠释新兴技术安全风险的复杂性和系统性特征，亟须从更加立体、动态的视角去重新审视技术与安全的关系。其次，实践路径有待创新。现有治理模式大多针对传统安全威胁，难以有效应对新兴技术发展的不确定性、颠覆性和溢出性，迫切需要开拓治理新思路、创新治理新模式。最后，全球合作亟待加强。随着围绕新兴技术优势的国家战略竞争日益激化，科技领域"脱钩断链"风险不断上升，这无疑增添了推进全球科技治理合作的阻力。

面对新兴技术发展带来的复杂而深刻的变革，本书立足最新发展态势，着眼全球科技治理实践需求，尝试为从理论探索和实践创新两个层面破解治理难题贡献绵薄之力。本书跳出传统安全研究的桎梏，以安全治理为理论创新视角，以案例分析为切入点，对人工智能、生物技术等典型新兴技术安全治理的实践进行细致考察。

通过对不同技术领域治理图景的具象刻画，作者以独特的视角揭示了不同领域安全治理的共性规律与个性特征，进而以发达国家为参照系，以美国为典型案例，系统梳理总结了其在新兴技术安全治理方面的经验做法，以资借鉴。作者深入剖析中美两个科技大国在新兴技术治理领域的观念分歧与利益诉求，揭示了这种战略博弈态势对全球新兴技术治理进程的深层影响，为中国审时度势、明确定位、在新一轮科技革命浪潮中维护和拓展国家安全利益提供了重要启示。本书将传统战略思维和大国竞争理论引入新兴技术治理研究，开辟了一个全新的问题域。通过对美国网络安全战略的解构性分析，作者敏锐地洞察到美国对网络威慑政策的泛化使用已偏离理论初衷，揭示了其将网络空间战略博弈工具化的潜在风险，这一发现为重新审视威慑理论的时代适用性提供了新视角。与此同时，作者以全球战略视野透视美国技术"脱钩"、"小院高墙"等行为对全球新兴技术创新生态和安全秩序的消极影响，对于正确理解中美科技博弈大背景下的全球科技治理困境颇具深刻意义。

本书是丁迪博士的第一部学术专著。作者秉持"以研究为现实服务"的学术理念，聚焦事关国家安全和战略利益的重大现实议题，尝试从理论和实践的结合中找寻破解治理困局的钥匙。面对日趋复杂的国际科技竞争形势，作者提出了一系列创新性的战略思考，笔锋铿锵，激扬学术担当；立意高远，彰显家国情怀。作者以跨学科的开阔视野和新时代的家国情怀，对新兴技术安全治理进行了全景式、立体化的战略透视，将非传统安全与全球治理理论进行了创新性的学理整合，致力于推进和完善全球科技治理，为中国参与全球新兴技术治理提供理论支撑，为完善全球治理体系贡献新视角、新思路与新方法。

当前，人类社会处于拐点式的变革期。新一轮科技产业变革正在重构全球创新版图、重塑全球经济社会结构，深刻影响世界格局走向。本书直面时代之问、把脉世界之变，展现新兴技术发展图景，阐明技术进步与风险防范的辩证法则，为破解全球科技治理困局提供系统性学理分析。

　　本书的出版可谓恰逢其时。作为导师，我谨向丁迪博士表示祝贺，并希冀本书的出版能引发更多有识之士的深入思考，共同为全球新兴技术健康发展贡献睿智力量。

门洪华

2024 年 9 月 10 日

于同济大学衷和楼

目　录

导　论

　　技术发展是推动人类社会发展，改变社会形态乃至国际格局的重要因素。随着人类科技加速迭代，以基因编辑、人工智能与量子技术等为代表的新兴科技不断涌现。在这些技术进步造福人类的同时，国际社会也高度关注这些新兴技术的潜在安全风险，并将其视为重要非传统安全问题纳入安全治理体系。新兴技术安全治理研究可以追溯到 20 世纪中叶。大规模杀伤性武器的出现，引发人们对新技术安全风险的警觉。1975 年，阿西洛马会议召开，科学家就重组 DNA 研究的安全问题达成共识，成为新兴技术安全治理研究的开端。

　　当前，以合成生物学、人工智能技术、新材料与量子力学为代表，以多学科技术交叉融合为特征的新兴技术变革正广泛影响人类健康、世界经济发展、国际军事斗争形势、国家安全乃至世界安全等诸多领域。颠覆性技术对世界经济和政治格局产生的巨大影响更是激发了世界主要大国对新兴技术研发的热情，加剧了新兴技术竞争。新兴技术研发与应用过程中的潜在风险使得技术安全治理形势变得日趋复杂。一方面，新兴技术的飞速发展解决了传统科技无力应对的难题，人类通过改造自然环境，正在对疾病、经济发展乃至人类认知等传统技术的盲区施加影响。另一方面，这些技术在给人们的生活和工作带来便利的同时，也埋下了诸多安全隐患，比如新兴技术导致的大量生物安全隐患可能引发多种不可预知的安全风险。

　　进入 21 世纪后，各国学界开始更多关注新兴技术安全治理问题。2003 年，美国学者比尔·乔伊（Bill Joy）发表文章《为什么未来不需要我们》（Why the Future Doesn't Need Us），提出技术风险警示。2005 年，联合国通过《世界生物伦理和人权宣言》；2006 年，欧盟发布《纳米科学和纳米技术：欧洲 2005—2009 年行动计划》；2012 年，世界经济论坛发布《全球风险报告》，将新兴技术风险列为重要的全球性风险。学术界高度关注这一议题，《科学》（Science）、《自然》（Nature）杂志开设专栏，对人工智能、合成生物学等前沿技术的安全和伦理问题高度关注。以人工智能为代表的新兴技术进入爆发式发展阶段后，"新兴技术安全治理"成为显学。2017 年，阿西洛马人工智能原则发布，提出人工智能研发应遵循安全、失效保障等

23 条原则；2019 年，欧盟委员会发布《值得信任人工智能伦理指南》，成为全球首个政府间人工智能伦理框架。

中国党和政府高度重视新兴技术发展和安全治理。2016 年，国务院印发《"十三五"国家科技创新规划》，要求加强重大颠覆性技术安全预警。2020 年，中央网络安全和信息化委员会办公室等部门联合发布《"互联网 +"人工智能三年行动实施方案》，成为中国人工智能治理首个纲领性文件。2021 年，《中华人民共和国数据安全法》《中华人民共和国个人信息保护法》等法律密集出台，标志着中国数字技术安全治理进入法治化新阶段。

有鉴于此，全球范围内的安全治理体系对新兴技术研发与应用的监管变得尤为重要。当安全概念从传统转向非传统，安全方略也从管制转向了治理。传统的管制是一种刚性的制度设计，现在的治理是一种柔性的能力建构。新兴技术安全治理可被视为安全理念、安全体制、安全主体、安全运行与安全维护的能力总和，也可被视为调动安排多元行为体、整合利用综合资源、平衡协调不同利益关系、实现达到特定政策结果的能力总和。在大国竞争背景下，各国技术竞争处于"失控"边缘，由于新兴技术的颠覆性作用，各国都将其作为未来科技突破的重要战略方向，新兴技术的安全治理理论与实践体现在理念结构、统合实施、考核评估等方面。作为世界高新技术发展霸主的美国则一直在颠覆性技术发展领域奉行单边主义政策，试图通过垄断新兴技术及研发相关基础设施，来保持其霸主地位。同时，美国以加强"防御"为由，大肆开发具有军事用途的两用性技术，刻意放松对高风险技术的监管。在这一形势下诱发的新兴技术治理安全困境迫使越来越多国家加入新兴技术恶性竞争，致使技术竞争日益"失控"。为实现全球安全的有效治理，国际社会应关注并遏制这种无序竞争的趋势，对新兴技术及其导致的大国竞争实施管控。在当前"世界之变、时代之变、历史之变正以前所未有的方式展开"的背景下，如何有效地管理和控制新兴技术带来的风险是国家安全领域亟待解决的问题，如何应对不断涌现的非传统安全挑战也是国家安全研究的重要课题。

本书将紧密围绕党的二十大提出的"推进国家安全体系和能力现代化"战略目标展开论述。就国家治理层面而言，本书将梳理新兴技术安全治理理论，总结归纳新兴技术治理的典型经验，为中国化的新兴技术治理提供启示与参考；就国家战略层面而言，本书将结合世界安全发展战略及国家安全发展战略，从国际关系的中国视角及国家安全的学科认识出发，通过学术分析框架，将安全治理的实际案例与理论体系相联系，力图呈现一部有案例、有理论、有体系、有结论的专著，为思考如何实现中国国家安全自主体系建设献上笔者的一份绵薄之力。

一、新兴技术的研究价值及战略意义

随着科技的飞速发展，新兴技术不断涌现，为我们的生活带来了诸多便利。所谓新兴技术是指在知识生产过程中产生的、发展相对快速的根本性创新技术，这些技术旨在改善人民生活质量、促进产业转型和改善人类生存环境，具有影响未来经济和社会发展的潜力及潜在颠覆性。新兴技术不仅推动了社会进步，也改变了我们的生活方式。然而，新兴技术的引入和应用并非一帆风顺，而是伴随着许多挑战和风险。首先，新兴技术自身成熟度和稳定性存在风险。一方面，技术缺陷可能导致安全事故。新兴技术在早期阶段往往存在一些设计缺陷，在大规模应用时如果出现故障，可能酿成重大事故，例如无人驾驶、自动控制等系统一旦失灵，危害巨大。云计算、大数据、物联网等新技术高度依赖网络，恶意攻击或系统漏洞都可能导致敏感信息和用户隐私数据被窃取，造成严重的经济损失和社会影响。另一方面，技术失控也构成潜在威胁。人工智能、基因编辑、纳米技术等新兴科技一旦发展到高级阶段，如果控制不当或被恶意利用，可能带来灾难性后果，甚至危及人类安全。虽然目前这些还属于科幻场景，但也是无法回避的风险隐患。

其次，新兴技术对文化习惯和认知惯性的冲击可能导致风险。人工智能、自动化等新技术在提升效率的同时，也可能取代很多传统工种，导致就业岗位减少。如果再就业培训跟不上节奏，可能引发失业率攀升等社会问题。虚拟现实、社交媒体等数字技术会削弱人与人之间面对面交流，长期沉溺于网络空间容易导致现实人际关系疏离，甚至产生社交恐惧、心理孤独等问题。一些新技术挑战了传统价值观，例如人工授精、代孕、虚拟伴侣、死后数据继承等，都引发了伦理争议。观念分歧可能撕裂社会，产生群体对立。

最后，新兴技术对国际格局可能造成深远的影响。发达国家在新技术研发应用上占据优势地位，可能利用技术手段进行不正当竞争，制造新的贸易壁垒，加剧国家之间的发展鸿沟，引发全球范围内的不平等。技术强国可能利用新兴技术优势，通过网络监控和攻击等新手段危害他国政治、经济、军事利益。更为重要的是，新技术的发展往往与军事应用密切关联。各国都可能利用人工智能、量子科技等发展智能化武器，升级军备竞赛。一旦局势失控，高技术战争将带来难以想象的毁灭性

后果。

因此，不同于以往安全研究聚焦于纯理论的概念，安全治理关注的重点应该是一种以政策目的和政策结果为导向的理论，应被视为非传统安全管理的一种新观念和新实践，即在以国家为中心的前提下，整合多种资源，从而形成一种更合理的安全管理模式。安全治理不仅是当代国际安全研究中的一种新方法、新模式，也是中国非传统安全治理模式与非传统安全能力建设的一种新范式。新兴技术作为新近出现或正在发展的、对经济结构或行业发展有重要影响的高新技术，其治理在市场、技术、管理等层面都具有极度的模糊性和高度的不确定性。这意味着新兴技术可以创立一个新行业或者改变一个老行业，改变企业价值链结构，改变竞争规则，改变原来的基础结构、能力、思维模式等，这种变革往往会带来巨大影响，甚至可能导致原有行业的衰落。新兴技术的复杂性和不确定性也意味着其安全治理既需要高风险、高投入、高回报意识，也需要知识、技术、资金的集中化和专业化储备。相关业态的发展往往需要打破传统的思维模式和管理方式，即新兴技术不再拘泥于传统技术持续性发展与积累的基础，也不能简单地进行强调均衡性、合理性和最佳性的传统标准分析。因此，对于新兴技术的风险管理需要采用新的安全治理理念和方法，例如保持战略灵活性并建立新型的管理组织，将现有不确定性和复杂性降低，把治理新兴技术的收益点放眼于未来，视安全治理为创建某种期权的行为，在新兴技术的模糊性中识别机会点，从边缘向中心推进的策略发展新能力，在国际合作框架下重新确立共同利益模式等。

这也是本书的研究主旨，即将治理运用于安全领域，通过探讨基于安全治理的新兴技术风险管理研究，提升新兴技术发展监管与国际合作的认知能力、实施能力及评估能力，以期为我国新兴技术的安全治理提供理论支持和实践指导。在提升认知能力方面，本书认为安全治理强调了多层次概念，个人、次国家、国家、区域、全球都是理解非传统安全问题、观察处理新兴技术安全治理问题的重要视角；在提升实施能力方面，本书认为安全治理将协调性运用于实施过程的规则体系中，通过促进权力多元化与分散化、推动正式非正式途径齐头并进，来实现安全保障综合能力的价值最大化；在提升评估能力方面，本书认为安全治理能力的可建构性使其有别于既往安全考核的定性评估，安全治理能力可分解为多元行为要素，以量化评估安全维护参与主体和安全维护现实绩效。基于此，从安全治理的视角讨论的国家安全，不仅意味着国家主权不被干涉或领土不被侵犯，更是指国家总体安全观、国内社会稳定态、公民个体安危论、人与自然互动关系的良性平衡可循环状态。作为总体国家安全立足点与出发点的"人的安全"(human security) 便是本书关于安全理论追求与安全治理实践的核心。

二、新兴技术的主要特征及安全风险

新兴技术在推动人类社会高速发展的同时，也可能附带各种显性或潜在的风险，特别是以生物技术和网络空间相关技术为代表的新兴技术具有明显的两用性特征。新兴技术在应用过程中可能会产生难以预计的风险，无序的技术竞争也可能造成新兴技术的风险治理与监管的失控，甚至可能影响全球秩序与稳定。这些问题的存在将新兴技术的风险治理与监管的国际合作提升到令人瞩目的战略高度，尤其在全球技术研究与发展高度集成化、网络化的时代，新兴技术风险治理依然被视为全球治理以及国际合作的重要组成部分。

相比传统技术，新兴技术具有以下七个显著特征。(1) 创新性。新兴技术大多建立在科学的基础上，其原理和技术方案都较为新颖，具有颠覆传统技术的潜力。当某领域的核心技术发生根本性改变时，技术思维方式将随之改变，技术创新过程能够带来该领域研究的兴起，而这些创新性技术又能够产生巨大的社会和经济影响。(2) 交叉性。新兴技术往往涉及多个学科领域，其技术原理和应用场景都较为复杂，需要多学科交叉合作才能取得突破，这为各学科的学术交流和合作提供了更多契机。(3) 实用性。新兴技术大多是为解决实际问题而产生的，其应用前景广阔，能够产生巨大的社会和经济效益，这为相关技术的研究和应用提供了强大动力。(4) 潜在风险性。新兴技术往往还不太成熟，存在一定的不确定性，主要体现在产出的不确定性和使用领域的不确定性上，如果管理不当，可能会带来安全隐患、环境污染等问题，需要各国政府和企业提前做好风险防范预案。(5) 扩散性。新兴技术的跨学科属性使得其对行业、社会或者经济极易产生影响且传播迅速，虽然新兴技术在技术发展初期可能存在数据匮乏、保密等情况，从而使其影响不易衡量，但我们可通过新兴技术在新闻、科技评论、社交网络以及技术路线图上的热度分析获得传播模型。新兴技术易于在不同地区和国家复制扩散，单一国家很难实施有效的管控与治理。针对这种全球性挑战，急需各国加强合作，建立有效的国际治理机制。(6) 长期性。新兴技术的发展历程通常较长，从原理研究到产品应用需要数年时间，这给技术跟踪和竞争带来了机遇窗口期。(7) 颠覆性。新兴技术一旦取得突破，很容易颠覆传统产业格局，对就业、经济、社会等方面造成深远影响，因此需要各国政府提前制定应对策略，以减轻其负面影响。

由此可见，新兴技术的出现为人类社会带来巨大机遇的同时，技术本身的不确定性、应用场景的不成熟以及技术造成的社会影响等带来的风险也对新的安全治理提出了挑战。各国政府和企业需要高度重视新兴技术的风险管理，建立健全的安全治理机制，以确保新兴技术能够造福人类，而不是给人类带来灾难。基于安全治理的新兴技术风险既包括技术风险、市场风险等主要风险，也包括法律和道德风险、社会和文化风险等次要风险。

从分析技术风险、市场风险等主要风险方面来看，在推进新兴技术应用和发展的过程中，必须重视并有效管理技术风险，确保新兴技术健康、安全、可靠地服务于人类社会，全面分析技术风险、市场风险等主要风险因素，采取有效措施进行风险防范和管控。技术风险主要源于技术创新和应用过程中的不确定性，新兴技术高度的创新性、复杂性和不确定性使得技术构思、设计、开发、测试等各个阶段都可能存在安全隐患。此外，当前技术更新换代迅速，过时的技术也可能对现有系统构成威胁，因此建立科学合理的技术监管机制、对技术研发和应用的全过程进行严格监控、防范技术风险的产生和扩散已是当务之急。市场风险主要表现在新兴技术产品在推广过程中可能遭遇抵制、被竞争产品替代等，因此加强政府、企业、科研机构等各方合作，建立信息共享和风险预警机制，提高市场敏锐度，防范市场风险，完善知识产权保护制度，维护创新者利益，激励技术研发和应用，是防范市场风险的必要手段。

从法律和道德风险、社会和文化风险等次要风险方面来看，第一个问题是知识产权保护的法律风险。新兴技术（如人工智能、生物科技等领域）涉及大量知识产权，因此在技术转让、使用等方面需要协调相关法律关系，避免引发法律纠纷。第二个问题是数据安全和隐私保护的道德风险。新兴技术（如大数据、云计算等）在提高信息处理效率的同时，也带来了用户隐私泄露等道德风险，因此需要建立相应的伦理规范来平衡用户隐私保护与信息利用的二者关系。第三个问题是社会公平和弱势群体权益的道德风险。新兴技术发展可能会加剧社会分化，如自动驾驶汽车普及后可能加大就业压力，因此需要对相关政策进行道德上的评估。第四个问题是环境污染和生态破坏的道德风险。新兴技术在提高生产效率的同时可能产生环境污染、生态破坏等问题，需要遵循环境伦理原则，实现可持续发展。第五个问题是军事应用的道德风险。人工智能、基因编辑等技术可能被应用于军事领域，因此需要考虑武器伦理、战争法等问题，防止技术两用性带来的滥用及谬用。第六个问题是技术失控风险。新兴技术一旦失控便可能对社会秩序产生冲击，因此需要提前制定技术风险应急预案，防范技术风险负面影响。第七个问题是社会风险。如就业岗位减少、个人隐私泄露、伦理道德问题等难题需要通过加强社会管理来解决，因此应建立风险评估和应对机制，引导公众理性看待新兴技术，防范社会风险产生。第八个问题是文化风险。在这一方面应注重技术伦理教育，提高公众的安全意识和风险防范能力；重视新兴技术发展中的法律和道德风险，并通过完善相关法律和伦理规范、建立技术风险评估机制等方式进行有效治理，确保新兴技术健康安全发展。

概言之，基于安全治理的新兴技术风险管理研究需要从技术风险、市场风险、社会风险等多个维度进行综合分析，采取技术监管、市场引导、社会管理等多种手段，实现风险防控有机统一，并在政府、企业、科研机构、公众等各方共同努力下，建立协同治理新模式，形成风险防控合力，确保新兴技术健康、安全、可靠地服务于人类社会。

三、新兴技术安全治理既有研究评述

新兴技术安全治理研究的主要目标，是为新兴技术领域中的安全风险和挑战构建一套全面、科学、有效的治理机制和方法。这种理论主张在新兴技术的发展过程中，不仅需要关注技术的创新和应用，更要重视技术的安全治理，确保新兴技术能够健康、可持续地发展。新兴技术安全治理既需要关注安全治理理念，强调安全与发展的统一，倡导安全、合规、可持续的新兴技术发展理念；也需要完善安全治理机制，建立一套能容纳政府、企业、社会等多方参与的安全治理体系，通过制定相关法律法规、政策、标准等规则，规范新兴技术的安全发展。

1. 安全治理理论的兴起

"治理"（governance）最初意在表达一种控制、引导或操纵的含义。由于它并没有被赋予区别于"管制"（government）的政治意义，因此最初二者通常在国家公共事务及国家与社会关系的探讨中被交替使用。① 当国家与社会之间的关系并没有发生实质性转变时，治理只被看作一种新的管制形式。

---

① 俞可平：《治理与善治》，北京：社会科学文献出版社 2000 年版，第 1 页。

20 世纪 90 年代以来，随着社会关系和结构的变迁，"治理"概念开始特指通过政府向社会的授权、放权的过程来实现二者的多元共治，并体现来自社会层面的多元自我治理。[①] 小劳伦斯·林恩（Laurence Jr. Lynn）认为，治理通过对各类不同方式和手段的集合，依托制度路径和共同利益，能够于一定程度上对公共目标以及政府服务产生约束和保证的功能。[②] 罗伯特·罗兹（Robert Rhodes）将治理视为一种自组织的管理活动，在脱离了政府之后，个体彼此依赖、紧密互动，并致力于一系列统一规则的达成。因此，治理的出现实际上将政治发展的矛头直接指向了原有的统治模式。[③] 简·库伊曼（Jan Kooiman）和范·弗利埃特（Van Vliet）认为治理的概念表达了一种内在的自主性和能动性，治理的构成（包括治理的结构、形态运行以及治理的环境、秩序）不全是外部环境和力量所强加的，推动这一治理过程延续和作用的，是治理内部多元行为体之间的互动。[④] 格里·斯托克（Gerry Stoker）将治理的实质归结于"它所偏重的统治机制并不依靠政府的权威或制裁"[⑤]。

由此可以看出，治理主要是指管理公共事务的方式和方法，而管制则主要侧重于公共机构的结构与功能。国内学者杨雪东指出，尽管治理存在多重定义，但是有一个基本的共识：治理与管制的区别在于前者强调的是以问题为导向的、高度弹性化的管理过程，而后者则是一种以形式为根本的、较为固化的制度结构。[⑥] 相对于管制，治理具有两个明显的特征。第一，治理在多主体参与所带来的相互依赖和复杂互动中强调共同性。传统的管制依赖于单一主体的中心作用，旨在维护管制主体自身的权力地位和利益诉求，而治理则更加强调多主体的共同参与和利益目标的共同性，关注的是在追求共同目标与价值过程中多元主体网络的作用。政府需要而且

---

① 王浦劬：《国家治理、政府治理和社会治理的基本含义及其相互关系辨析》，载《社会学评论》2014 年第 3 期，第 12—20 页。

② Laurence E. Lynn, Carolyn J. Heinrich and Carolyn J. Hill, *Improving Governance: A New Logic for Empirical Research*, Washington D.C.: Georgetown University Press, 2001, p. 7.

③ Roderick Arthur William Rhodes, "The New Governance: Governing without Government," *Political Studies*, Vol. 44, No. 4, 1996, pp. 652—667.

④ Kooiman J and Van Vliet L M., "Governance and Public Management," in K. A. Eliassen and J. Kooiman (eds.), *Managing Public Organizations: Lessons from Contemporary European Experience*, London: Sage, 1993, p. 64.

⑤ ［英］格里·斯托克：《作为理论的治理：五个论点》，华夏风译，载《国际社会科学杂志（中文版）》2019 年第 3 期，第 23—32 页。

⑥ 杨雪冬：《近 30 年中国地方政府的改革与变化：治理的视角》，载《社会科学》2008 年第 12 期，第 4—16 页。

必须与其他包括私营部门以及公民等在内的多元主体进行合作，共同搭建以信任和规则为基础的，具有相互依赖性、互动性以及互惠性、自主性的网络关系。① 第二，治理在关系结构和互动方式上强调管理的去中心化。传统的管制强调运用政治权威，以相应的命令和政策对社会实现一种自上而下的单向管理，治理则强调在处理社会事务过程中的相互协调与协商，是一个上下双向互动和彼此交流、沟通与理解的过程。②

随着"治理"概念运用范畴的延伸，国际政治领域出现了关于这一概念的全新定义。全球治理委员会（The Commission on Global Governance）将集体与个人行为层面的众多模式都归结为治理的范畴，认为治理是"各种公共的或私人的机构管理其共同事务的诸多方式的总和，是使相互冲突的或不同的利益得以调和并且采取联合行动的持续过程"③。国际层面的"治理"一词则更加关注国家作用的变化，治理的提出通常意味着去国家化；注重非国家行为体在国际政治层面的作用影响，甚至认为它们在一定领域内规则机制的创设中享有与主权国家同等重要的地位。在这种以强调多元主体共同参与的去国家化和以凸显主体间协调合作的去中心化为主要特征的政府管理理念下，"全球治理"（global governance）概念应运而生。

就全球治理概念本身而言，它主要来源于治理的相关理念，是在全球化背景之下，出于解决全球性问题的目的而在多元主体之间进行的一种互动关系和过程。全球治理实质上以治理为定位，并大多从治理的视角被解读，因此从根源来说，全球治理的基本内涵可以被看作治理理念在全球层面针对特定的问题和领域而进行的拓展和延伸。④

全球治理理论的兴起一方面是为了回应全球化这一总体趋势的要求。经济全球化促进了全球资本、技术、产品的自由流动和高速发展，打破了原有的产业布局，同时，跨国性的经济交流活动重塑了全球资源和生产要素的地理分布。在此过程中，国家之间的联系不断增强，传统的国家边界日益模糊，这不仅对传统国家主权至高无上

---

① ［美］文森特·奥斯特罗姆、罗伯特·比什、埃莉诺·奥斯特罗姆：《美国地方政府》，井敏、陈幽泓译，北京：北京大学出版社 2004 年版，第 3 页。

② Lester M. Salamon, "The New Governance and the Tools of Public Action: An Introduction," The *Fordham Urban Law Journal*, Vol. 28, No. 5, 2001, pp. 1611—1674.

③ Peter B. Payoyo, "Our global neighborhood," *The Report of the Commission on Global Governance*, USA: Oxford University Press, 1995, p. 77.

④ 陈家刚：《全球治理：概念与理论》，北京：中央编译出版社 2017 年版。

的观念造成了一定影响，还使国家在处理自身问题时需要对全球利益进行衡量、对全球影响展开评估等。这一系列需求催生了全球治理理论的形成。另一方面，以非传统安全面貌出现的全球性危机也是推动全球治理理论兴起的重要因素。依赖统治解决危机的传统方式在全球无政府状态下无法发挥作用，而在面对资源、能源、公共卫生等需要国际社会共同努力克服的全球性危机时，强调安全困境与相对收益的现实主义安全研究范式难以提供有效的应对工具，因此以参与、协商、合作共赢为特征的全球治理，将成为解决这些跨境安全问题的可行路径。这一背景下，治理顺理成章地替代了传统的统治概念，成为应对非传统安全问题的主要途径。

2. 国外安全治理理论

冷战的结束大大降低了国家间战争的可能性，而来自国内安全、跨国犯罪、恐怖主义和传染病的威胁则显著增加。然而，在政府和国际组织扩大其安全职能的同时，有限的资源、缺乏非传统安全领域的经验以及美欧等主要势力的利益分歧，导致安全政策制定中的权力日益分散。除了国家政府和国际组织之外，在地方、区域和全球安全领域出现了各种私营行为体（如慈善机构、私人保安公司等）处理人道主义援助、人权监测、难民以及军事训练和保护等问题的现象。西方学者敏锐地观察到，必须构建一套新的体系以应对新兴的安全问题、补充传统的安全关系模式（如联盟、安全制度和安全共同体）。在这一背景下，"安全治理"的概念在西方兴起，成为应对非传统安全挑战的重要理论工具。作为一种比较规范的理论范式，"安全治理"这一概念最早由埃尔克·克拉曼（Elke Krahmann）提出。她在《安全治理的概念》（Conceptualizing Security Governance）一文中用此概念来解释冷战后变化中的欧洲与跨大西洋的安全关系。① 她认为在冷战后的新安全环境下，面对日益复杂和难以预测的新安全威胁，欧洲的安全认知、安全管理体系以及政策安排都发生了变化，即由国家和两大多边组织（北约和欧安会）全盘掌管的安全政策转向一种由国家和非国家行为体广泛参与的复杂的网络型安全管理安排。埃尔克·克拉曼认为，这种新的安全合作框架和政策导向很难用以往的安全概念（如"安全共同体"或"安全机制"）来充分解释，因为欧洲的安全管理出现了一种由统治到治理的变化。

---

① Elke Krahmann, "Conceptualizing Security Governance," *Cooperation and Conflict*, Vol. 38, No. 1, 2003, pp. 5—26.

安全治理理论最重要的特征是，在应对安全问题时，强调合作与协调，而非对抗与竞争。它将多元行为体参与安全管理，以及传统的管理权威向民间及非政府机构下放作为实现安全目标的重要手段。从目前安全治理的发展趋势看，非传统安全治理理论在层次与范围上主要集中在全球安全治理与区域安全治理两个维度上。

1995 年，全球治理委员会在研究报告《我们的全球社区》(Our Global Neighborhood) 中提出了"治理"的概念，把治理看作各种公共的或私人的机构管理共同事务的诸多方式的总和。马克·韦伯（Mark Webber）等人和埃米尔·科什纳（Emil Kirchner）进一步把治理概念引入安全领域。马克·韦伯等人认为，"当应用于欧洲安全问题时，治理意味着多层次的不同权威对议题的协调管理和规制、公共和私人部门行为体的干预、正式和非正式的安排，而这些又受到话语和规范的约束，并且其目标是指向特定的政策结果的"；① 埃米尔·科什纳在《欧盟安全治理的挑战》一文中把安全治理界定为一个有目的的规则体系，这一体系包含多个单独的权威机构对安全问题的协调、管理和调节，公私行为体的干涉，以及正式和非正式的安排等，还会自觉地导致特定的政策结果。②

由政府管制转向治理，是西方非传统安全治理取向的重要的理论特征。西方学界视野下的治理有一个非常明显的核心概念：它指的是部署多种形式的监管（规范、规则和方案被监测、执行和调整的过程），涉及广泛的政策行为者和利益相关者，"提出来是为了解决一个具体问题或提供一个共同的利益"。③ 所谓治理有别于政府管制。后者的特点是等级制度、集中化和控制，而治理的特点是"组织模式、级别和决策机构的扩展"④。在国内层面，政府管制模式确实保留了明确的实体、法律和规范的存在以及对暴力的垄断。在国际层面上，政府管制与治理的区别不仅更加鲜明，而且具有更大的分析价值。单一的国际政府是不存在的。如果说在国内政治中，治理意味着政府职能的向下授权，那么在国际层面上，不可能出现这种来自单一当局的授权，因此

① Mark Webber, Stuart Croft, Jolyon Howorth, Terry Terriff and Elke Krahmann, "The Governance of European Security," *Review of International Studies*, Vol. 30, No. 1, 2004, pp. 3—26.

② ［美］埃米尔·科什纳：《欧盟安全治理的挑战》，吴志成、巩乐译，载《南开学报（哲学社会科学版）》2007 年第 1 期，第 30 页。

③ Michael Zürn, "Global Governance and Multi-Level Governance," in Henrik Enderlein, Sonja Wälti and Michael Zürn (eds.), *Handbook on Multi-Level Governance*, Cheltenham, UK and Northampton, MA, USA: Edward Elgar, 2010, pp. 80—102.

④ Marie C. Smouts, "The Proper Use of Governance in International Relations," *International Social Science Journal*, Vol. 50, No. 155, 1998, p. 87.

西方学者提出了"无政府的治理"(governance without government)——在没有中央集权的情况下提供"一定程度的秩序和常规化的安排"。①

　　针对非传统安全议题的安全治理与全球治理理论的取向是一致的。具体而言，它反映了对安全治理三种发展的趋势的回应，这三种发展的趋势为：安全行为体数量的增长，具有无形性、顽固性和不可预测性的安全威胁的扩散，以及复杂、重叠的监测和监管安排（制度、法律和规范）的发展。② 这些都意味着国家中心地位的转移——传统上，主权国家被视为国际秩序的监护人和安全政策的主要代理人。这种转移具体体现在以下三个方面。

　　第一，在安全行为体问题上，全球安全治理视野下的主权国家需要将安全外包出去。大多数当代安全挑战（如气候变化、流行病和恐怖主义等）的跨国性质，导致国家越来越依赖正式的政府间机构，如联合国、北约和欧盟。在全球治理问题上，很多国外学者把注意力放在了跨国主义、复杂的相互依存关系和制度上。③ 目前，有很多研究在关注这种安全问题的外包是如何加深与扩大的。例如，国家如何赋予国际组织更大的权力来解决集体行动问题，以及这种国际组织如何与政府间机构共存。总之，在治理主体方面，在全球治理的视野下，非政府组织、私营军事和安全承包商以及其他非国家行为体在非传统安全问题上占据了更重要的地位。④ 在这种多元主义的取向下，针对跨境问题的治理出现了各种多元参与型的混合治理（hybrid governance）模式，这种混合了多种不同主体以及多种不同规则体系的治理路径，成为全球安全治理实践中普遍的方式。在混合治理体系下，不同治理模式"整合为一个单一的系统，其中每一个要素的运作是另一个要素成功运作的必要条件"⑤。非传统安全是一个庞杂且碎片化的安全问题集合，因此在不同的问题领域中，根据不同

① James N. Rosenau, "Governance, Order, and Change in World Politics," in James N. Rosenau and Ernst-Otto Czempiel (eds.), *Governance without Government: Order and Change in World Politics*, Cambridge: Cambridge University Press, 1992, p. 7.

② James Sperling, "Governance and Security in the Twenty-First Century," in James Sperling (ed.), *Handbook of Governance and Security*, Cheltenham, UK and Northampton, MA, USA: Edward Elgar, 2014, p. 3.

③ Robert O. Keohane and Nye Joseph S. Jr., *Power and Interdependence*, New York: Little Brown, 1977.

④ Jan A. Scholte, "Towards Greater Legitimacy in Global Governance," *Review of International Political Economy*, Vol. 18, No. 1, 2011, p. 112; Elke Krahmann, *States, Citizens, and the Privatisation of Security*, Cambridge: Cambridge University Press, 2010.

⑤ David M. Trubek and Louise G. Trubek, *New Governance and Legal Regulation: Complementarity, Rivalry and Transformation*, Columbia J. Eur. L., Vol. 13, 2006, p. 539.

利益诉求和安全风险表现形式，利益主体与运作模式均存在巨大差异。混合治理体系会在安全治理实践中根据实际情况形成各种混合方案，达到有效的治理效果。

第二，在安全问题扩散问题上，全球安全治理视野下的主权国家不再是主要威胁来源。虽然国家仍然拥有庞大的武装力量，并垄断了合法的强制手段，但相较于非国家行为体甚至自然界的威胁，主权国家带来的威胁大大下降，非传统安全威胁（如各种流行病、自然灾害和气候变化）甚至不是由可以定义的行为体所导致的。因此，部分学者试图通过一种"有意识的战略"来适应这种复杂性，即将权力下放给国家以下的政府机构和私人行为体，或者将权力上交给跨国和全球机构，来应对这种问题。① 后者在安全治理中至关重要，因此很多学者探讨了如何在国际安全机构中容纳传统国家机构的问题，他们提出了基于具体问题的制度、政府间组织、联盟、意愿联盟或是某种形式的文本条约（如军控条约、建立信任措施）等方式将传统国家机构融入跨国机构中，以实现全球安全治理。同时，他们也指出权力下放可能意味着国家机构的转移，从而使机构本身获得治理者的地位，成为"解决问题、改变结果和改变国际生活"的"积极代理人"。②

第三，在治理形式问题上，西方学者在全球安全治理研究中提出，可以将治理机构视为既属于国家又属于它们所在的治理结构的混合型组织。治理形式首先是偏好聚集的场所，然后是偏好的集体表达。这可以在两种意义上理解。一方面，它的前提是寻求各方都能接受的问题解决方案，而不是政治上的讨价还价，其结果是政策的出现和实施更多的是通过同意，而不是胁迫。③ 另一方面，全球安全治理集中服务于一个更广泛的系统性目的；基于同意的政策产生了合法性，并让它所产生的组织形式被接受。如此一来，治理就不仅仅是对特定问题的解决方案的应用，它也为治理"系统"本身提供了统一的方向。④ 安全治理系统的定位可以从地理和功能两方

① Jon Pierre and Guy Peters, *Governance, Politics and the State*, Basingstoke and London: Macmillan, 2000, p. 115.

② Deborah D. Avant, Martha Finnemore and Susan K. Sell, *Who Governs the Globe*? Cambridge: Cambridge University Press, 2010, p. 1.

③ Christopher Daase and Cornelius Friesendorf, "Introduction: Security Governance and the Problem of Unintended Consequences," in Christopher Daase and Cornelius Friesendorf (eds.), *Rethinking Security Governance: the Problem of Unintended Consequences*, Abingdon and New York: Routledge, 2010, pp. 2—5.

④ James Sperling and Mark Webber, "Security Governance in Europe: A Return to System," *European Security*, Vol. 23, No. 2, 2014, pp. 126—144.

面考虑。全球安全治理主要与联合国、七国集团／八国集团和二十国集团等跨国组织有关，通常被认为比其区域性的同等机构的效能要差得多。① 在以领土为界的国家之上，安全治理已在区域和次区域层面得到解决。在这方面，欧洲已经实现"处理安全事务的高度制度化和常规化"②，与北美洲、亚洲、拉丁美洲、非洲和东欧地区形成明显的对比。③ 很多研究认为，从地理和功能的角度来看，安全治理的研究一直倾向于关注欧洲及其区域性体制，特别是北约和欧盟。在很多研究中，欧盟的形成被视为改变了始自威斯特伐利亚体系的民族国家，成为"非暴力解决冲突的典范"，其异质共存而非等级压制的组织原则是全球治理理念的成功范例，这使得安全治理理论中的大部分问题变得与欧盟特别相关，④ 来自欧洲的学者也成为全球治理研究的重要力量。

总之，全球安全治理视野下，国家作为行为体在安全治理中得以生存，但国家的效力受到了国家所处的复杂威胁环境以及向政府间和非政府机构外包的能力的挑战。安全治理本质上是复杂的、制度化的国家互动形式的表现，⑤ 它是由通过这种互动形成的政策在正式和非正式的网络和制度中产生、提供和监管的。⑥

在全球治理之外，区域安全治理也是当前安全治理的重要发展方向。区域安全治理的出现与新区域主义理论的提出与发展存在紧密联系。新区域主义特指 20 世

---

① Emil J. Kirchner, "Regional and Global Security: Changing Threats and Institutional Responses," in Emil Kirchner and James Sperling (eds.), *Global Security Governance: Competing Perceptions of Security in the 21st Century*, Abingdon and New York: Routledge, 2007, pp. 1—14.

② Emi J. Kirchner, "Regional and Global Security: Changing Threats and Institutional Responses," in Emil Kirchner and James Sperling (eds.), *Global Security Governance: Competing Perceptions of Security in the 21st Century*, Abingdon and New York: Routledge, 2007, p. 9.

③ Shaun Breslin and Stuart Croft, "Researching Regional Security Governance: Dimensions, Debates and Discourses," in Shaun Breslin and Stuart Croft (eds.), *Comparative Regional Security Governance*, Abingdon and New York: Routledge, 2012, pp. 1—22.

④ James Sperling, "Governance and Security in the Twenty-First Century," in James Sperling (ed.), *Handbook of Governance and Security*, Cheltenham, UK and Northampton, MA, USA: Edward Elgar, 2014, p. 10.

⑤ Mark Webber, *Inclusion, Exclusion and the Governance of European Security*, Manchester and New York: Manchester University Press, 2007.

⑥ Mette E. Sangiovanni, "Network Theory and Security Governance," in James Sperling (ed.), *Handbook of Governance and Security*, Cheltenham, UK and Northampton, MA, USA: Edward Elgar, 2014, pp. 41—62; David. J. Galbreath and Sasacha Sauerteig, "Regime Complexity and Security Governance," in James Sperling (ed.), *Handbook of Governance and Security*, Cheltenham, UK and Northampton, MA, USA: Edward Elgar, 2014, pp. 82—97.

纪 80 年代中后期以来区域主义的理论与实践。[①] 新区域主义安全治理明显表现出综合性的特征。一方面，一些原来功能单一的区域政府间组织开始朝着涉及政治、经济、社会、环境、文化等多维度议题的方向发展，并日益成为解决区域综合性问题最重要的一支力量；另一方面，私营机构、非政府组织等社会组织开始被纳入新区域主义的实践之中。由此，新区域主义被定义为一种涉及国家、非国家行为体和正式、非正式合作以及政治、安全、经济、战略、社会、生态等多个领域的互动的、多样的和综合的区域化进程。[②] 与之相适应，在理论上，安全研究在新区域主义框架内与区域主义研究日益融合，并将非传统安全议题作为区域安全研究的核心议题，从而形成一种"非传统安全研究的区域视角"。这一视角主要包括哥本哈根学派的区域安全复合体和比约恩·赫特纳（Bjorn Hettne）等人的新区域主义方法等理论观点。

哥本哈根学派作为区域安全研究的最早倡导者，既呼吁更多地关注区域层次的安全分析，又强烈要求扩大安全威胁的来源及其指涉对象，并将两者融入区域安全复合体理论框架内。其代表人物巴里·布赞（Barry Buzan）在安全复合体理论框架内引入安全领域分析方法，对一个宽泛的安全领域进行了开放式研究。他正式提出了"安全的五个领域"，认为人类集体安全主要受到五个领域的影响，即军事、政治、经济、社会和环境。[③] 他强调，军事、政治、经济和社会领域的安全实际上处于紧密的联系之中；环境领域亦如此，因为许多环境问题有力地与经济（如污染控制成本）和社会（如认同）联系在一起。[④] 安全构建成为"安全多维度定义的出发点"[⑤]。该理论被巴里·布赞等人用于亚洲、非洲、美洲和欧洲等区域安全的比较研究，亦被其他学者广泛用于东亚、东南亚、南亚和中东等区域安全的个案研究，并

---

① Fredrik St. Soderbaum, "Introduction: Theories of New Regionalism," in Fredrik St. Soderbaum and Timothy M. Shaw (eds.), *Theories of New Regionalism: A Palgrave Reader*, New York: Palgrave, 2003, pp. 2—5.

② 郑先武：《区域间主义治理模式》，北京：社会科学文献出版社 2014 年版，第 24—25 页。

③ Barry Buzan, *People, States and Fear: An Agenda for International Security Studiers in the Yost-Cold War Era (Second Edition)*, London: Harvest Wheatsheaf, 1991, pp. 19—20.

④ Barry Buzan, "The Logic of Regional Security in the Post-Cold War World," *The New Regionalism and the Future of Security and Development*, London: Palgrave Macmillan, 2000, pp. 1—25.

⑤ ［美］戴维·穆提默：《超越战略：批评性思考与新安全研究》，载［美］克雷格·斯奈德等：《当代安全与战略》，徐纬地等译，长春：吉林人民出版社 2001 年版，第 98—100 页。

被用于气候变化和环境安全等专门的区域非传统安全研究。[1] 在此基础上，非传统安全议题开始进入区域安全研究的视域。

新区域主义方法是"新区域主义"理论的重要分支，其代表人物赫特纳将安全、发展和区域主义结合起来，探讨安全区域主义的动力和路径。他强调，从安全的角度看，一个区域主体性及其能力的"区域性"的不同层次，决定着安全区域主义的发展进程，即从区域安全复合体开始，通过有效的区域安全管理或安全秩序建构，逐步走向区域安全共同体。他提出了一种由五种核心成分构成的区域冲突管理的分析框架，即发展区域主义与冲突预防、冲突的本质与动力、外部干涉的模式、和平管理与解决冲突的形式、冲突后重建。他称之为"新区域主义干预方法"[2]。这一方法试图通过安全、发展和环境区域主义为因全球化和区域化而凸显的经济、发展和生态问题提供解决方案，从而有助于安全秩序的创建，这使安全区域主义带有明显的冲突管理的预防和预后色彩。[3] 实际上，它谋求一种以"人类社会一体化"为目标的"积极和平"，[4] 从而为非传统安全研究"提供可探索的路径"[5]。值得注意的是，新区域主义方法开始关注以不同区域间制度化联系为核心特征的区域间主义实践，并将其作为实现区域治理的一种新模式。区域间主义已被视作涉及非传统安全议题的区域、跨区域安全治理的一种新路径。[6]

在新区域主义的背景下，非传统安全研究将冷战后非传统安全问题剧增如何推动安全区域化进程，以及非传统安全合作如何实现区域安全治理等重大问题作为关注焦点，不断推动非传统安全研究区域视角的纵深发展。区域安全治理已成为"非

---

[1] Barry Buzan and Ole Wæver, *Regions and Powers: The Structure of International Security*, Cambridge: Cambridge University Press, 2009；郑先武：《安全、合作与共同体：东南亚安全区域主义理论与实践》，南京：南京大学出版社 2009 年版；郑先武：《安全复合体理论与东亚安全区域主义（上、下）》，载《现代国际关系》2005 年第 12 期。

[2] Björn Hettne, "Regionalism, Security and Development: A Comparative Perspective," *Comparing Regionalisms: Implications for Global Development*, Vol. 5, 2001, pp. 1—53.

[3] 郑先武：《安全区域主义：一种批判 IPE 分析视角》，载《欧洲研究》2005 年第 2 期，第 27—44 页。

[4] ［英］巴里·布赞、［丹麦］琳娜·汉森：《国际安全研究的演化》，余潇枫译，杭州：浙江大学出版社 2011 年版，第 128 页。

[5] 崔顺姬：《积极和平对非传统安全研究的启示——基于中国传统文化的视角》，载《国际政治研究》2012 年第 1 期，第 39—44 页。

[6] 郑先武：《区域间治理模式论析》，载《世界经济与政治》2014 年第 11 期，第 91—20 页。

传统安全管理的一种新的观念和新的实践"①。

区域安全治理就是要从创建问题导向和制度导向的区域安全机制，过渡到构建认同导向并将问题导向和制度导向融为一体的区域安全共同体。区域安全机制可分为霸权、均势、军事联盟等初级安全机制和大国协调、集体安全、合作安全等高级安全机制两大类，它们形成一种递升的发展进程。初级安全机制主要针对传统安全议题，而高级安全机制则开始不同程度地介入非传统安全议题。区域安全共同体是实现区域一体化的一种政治实体，是区域安全治理的最理想状态。②

具体而言，区域大国协调特指在特定区域体系内有重要影响的大国按照特定的共有规范，通过会议外交解决共同的安全问题的治理机制。特定的共有规范主要体现为：一致性，大国在共识性决策程序的指导下，主动通过会议外交解决重大安全问题，努力避免单边行动；合法性，除非经过合法的程序，否则各国不能随便改变现状，同时，大国行为需得到本区域各国的广泛认可；责任性，大国既应把彼此间达成的合作框架视作一种有约束力的国际责任，又要承担起维持区域安全与稳定的主要责任；包容性，这类规范既不排除在某一地区有重要影响的任何大国和与特定安全问题相关的中小国家，又不强调意识形态的一致性。从区域大国协调所涉及的核心安全议题看，有一种非传统安全导向的大国协调，主要是解决政治、经济、环境等非军事议题，这被称为"新大国协调"，例如，七国集团／八国集团、二十国集团和金砖国家合作机制等。它们主要针对全球性安全议题，亦时常参与非传统安全的区域治理，形成一种新的区域安全治理机制——跨区域大国协调。③

在区域集体安全机制中，安全复合体的成员共同管理其安全事务。在这里，各成员国承认威胁源于这个集体的内部，但是它们有共同的兴趣通过联合行动减弱或消除这些威胁。④在实践中，该机制的运行常常依赖于一个区域政府组织采取行动。随着新区域主义背景下非传统安全议题被纳入区域一体化进程，区域政府组织开始

---

① 王江丽：《非传统安全语境下的"安全共同体"》，载《世界经济与政治》2009 年第 3 期，第 54—61 页。

② 郑先武：《安全、合作与共同体：东南亚安全区域主义理论与实践》，南京：南京大学出版社 2009 年版，第 118—145 页。

③ 郑先武：《东亚"大国协调"：构建拢础与路径选择》，载《世界经济与政治》2013 年第 5 期，第 88—113 页。

④ Patrick M. Morgan, *Regional Security Complexes and Regional Orders, Regional Orders: Building Security in a New World*, University Park, PA: The Pennsylvania State University Press, 1997, p. 34.

将这些议题引入区域集体安全，谋求预防潜在的冲突、促进和平建设和冲突后重建，如非洲联盟和非洲次区域组织推进的非洲集体安全机制建设。① 欧盟正通过跨区域的危机管理行动，建构起一种新的区域间集体安全机制，安全部门改革、打击恐怖主义、人道主义援助等非传统安全合作成为其重要的组成部分。该机制把国家安全与人的安全结合起来，试图通过改变冲突与和平的政治和社会背景，实现冲突预防与和平建设行动的制度化，从而实现可持续的积极和平。②

在区域安全取向下，合作安全是一种主要的实践模式。罗伯特·基欧汉（Robert Keohane）认为"国家间的共同利益只有通过合作才能实现"③，合作机制将在解决各国面临的全球问题的过程中起关键的作用。合作安全旨在加深安全的相互理解并拓宽安全的定义，因而引入了经济、环境和社会等非传统安全议题。这种区域安全机制倾向于协商、保证、透明、预防和相互依存，而不是对抗、威慑、保密、修正和独来独往。它主要关注防止国家之间的冲突，同时可以用于维持国家内部的个体或群体的安全。国家、政府组织和非政府组织都可以参与国际危机管理与安全合作和对话。合作安全机制还具有两个独特的作用领域，即信任建设措施和危机预防这两个互为表里的机制。这样，合作安全包容且超越了关注军事威胁的传统安全观和国家中心的安全模式，成为冷战后出现的最有效的区域安全机制。④

区域安全共同体原来将传统安全作为关注的核心。随着非传统安全议题的引入，出现了综合安全共同体的思想。其中，批判安全研究的威尔士学派的观点最为有名。其代表人物肯·布思（Ken Booth）将安全视作一种"解放政治"的实践，强调"解放即安全"，而"经由（安全）共同体是通向解放的道路"。他以南部非洲的经验为基础指出，这种综合安全共同体所涉及的安全议题和指涉对象均是"综合的"：安全议题包括政治、经济、社会、性别、环境、军事等；指涉对象不只是国家，还有个体的人、民族、种族、亲属集团和全球人类共同体等。这就要求通过将权力从国家层次向上移至区域共同体，向下移至地方社区团体，从而将单一的国家

① 郑先武：《非洲集体安全机制的创新与困境》，载《社会科学》2011 年第 6 期，第 27—36 页。
② 郑先武：《欧盟区域 G7 集体安全的建构：基于欧盟在非洲危机管理行动经验分析》，载《世界经济与政治》2012 年第 1 期，第 49—73 页。
③ Robert O. Keohane, *After Hegemony: Cooperation and Discord in the World Political Economy*, Princeton: Princeton University Press, 2005, p. 6.
④ ［美］克雷格·斯奈德：《区域安全结构》，载［美］克雷格·斯奈德等：《当代安全与战略》，徐纬地等译，长春：吉林人民出版社 2001 年版，第 140—146 页。

主义模式转变为复合的进程，即建立超越领土、支持区域主义和人的多样性的非国家主义的"国家"——聚合国。①

总之，区域安全治理视野将安全威胁的来源与目标都纳入区域维度，② 使得安全成为一种区域公共产品。③ 因此，区域主义被视为在区域层次上解决非传统安全的基本驱动因素。

3. 国内安全治理理论

1994年，北京大学学者王勇在《世界经济与政治》杂志上发表的《论相互依存对我国国家安全的影响》一文中，第一次引用了"非传统安全"的概念。④ 此后，非传统安全成为国内安全研究关注的重要议题之一。中国政府近年来也已经将非传统安全问题及其应对纳入视野中，这代表着中国安全的新理念、新思维、新境界，即从更大范围、更广领域、更宏观层面审视国家安全与国际关系。对非传统安全的重视，体现的是国家治理能力的与时俱进；倡导的是发展与安全并重，传统安全与非传统安全并重，国家安全与社会安全、人的安全并重；凸显的是人的安全、社会安全和全球安全的重要意义；拓展的是安全战略的价值定位与安全研究的价值维度。展开来说，即安全的重心从单一的国家安全到人的安全、社会安全、国家与全球安全并重；安全的价值中心由强调领土与主权到强调国民生存状态与人权；安全的主体由国家行为体到国家行为体与非国家行为体；安全的性质由免于军事武力的威胁到免于非军事武力的一切威胁（如贫困）；安全的维护方式由一国行动为主到跨国联合行动为主。非传统安全的出现，意味着安全维护的主体多元化，除政府外，军队同样在非传统安全维护中承担重要角色，甚至一切社会组织、团体和民众都需要有非传统安全的理念以及与之相应的新安全观，进而探索新的去安全化的路径与实践来维护非传统安全。因此，中国学界在非传统安全治理领域需要拥有自己独特的视野。

---

① Ken Booth, "Security and Emancipation," *Review of International Studies*, Vol. 17, No. 4, 1991, pp. 313—326; Ken Booth and Peter Vale, "Critical Security Studies and Regional Insecurity," *Opcit*, 1997, pp. 329—358.

② Rodrigo Tavares, "Understanding Regional Peace and Security: A Framework for Analysis," *Contemporary Politics*, Vol. 14, No. 2, 2008, pp. 107—127.

③ 郑先武：《安全、合作与共同体：东南亚安全区域主义理论与实践》，南京：南京大学出版社2009年版，第118—145页。

④ 王勇：《论相互依存对我国国家安全的影响》，载《世界经济与政治》1994年第6期，第39—44页。

在非传统安全应对方式上，中国学者也基本认同西方学界对由统治转向治理的价值取向。很多研究通过对安全治理的不同模式——欧洲模式 ①、拉美模式以及东盟模式 ②——的逐一比较，考察了非传统的安全观念、思维模式及实践经验在不同区域的差异。很多学者结合中国的具体国情，立足于非传统安全分析框架下安全治理理念的转变，对"国家利益""安全评估方式"以及"安全的维护途径与方法"等安全治理中的核心问题进行了深入探讨，提出非传统安全治理必然超越传统安全管理模式的局限性，通过对多元参与与多种资源进行整合的方式实现治理。③ 这种安全管理模式不仅是当代国际安全研究中一种新的研究方法和模式，也是中国非传统安全治理模式与非传统安全能力建设可借鉴的一种理论范式。

在治理取向上，中国学界普遍接受这一观点，即国际安全问题的复杂性、全球性与区域性要求通过加强区域间的合作来确保安全的实现。对于非传统安全治理的范围，中国学者基本接受了安全扩展论，认为非传统安全治理是在传统安全治理的基础上扩展而来，并通过对非传统安全特征的分析，对非传统安全的治理路径进行了初步的探讨，形成了两种主要观点。

一种观点基于整体探讨解决方法。部分中国学者认为要从根本上应对非传统安全问题，就离不开国际社会相互尊重差异，形成平等对话的合作。④ 王逸舟认为，国际合作多元参与是非传统安全治理的必然选择。非传统安全问题杀伤力与突发性较强，这使得看似孤立的非传统安全事件可能会造成极为严重的后果并产生连锁反应。安全效应迅速扩大的问题使得非传统安全的形态、边界和活动规律难以确定，造成了识别与治理非传统安全方面的极大困难。与此同时，非传统安全发生的形态和蔓延的层次也非常复杂。非传统安全问题既可以针对国家和政府，也可以针对社会和个人，甚至可能在国际层面上引发区域性的动荡和全球性的不安。因此，王逸舟认为，非传统安全问题的治理需要更多地借助多边机制的努力和国际社会的参

① 傅家荣、杨娜：《欧洲食品安全治理评析》，载《南开学报（哲学社会科学版）》2008 年第 3 期，第 10—17 页。
② 赵银亮：《聚焦东南亚：制度变迁与对外政策》，南昌：江西人民出版社 2007 年版。
③ 阎学通：《中国国家利益分析》，天津：天津人民出版社 1997 年版；秦亚青：《观念调整与大国合作》，载《现代国际关系》2002 年第 3 期，第 6—8 页；方长平：《国家利益的建构主义分析》，北京：当代世界出版社 2002 年版；王逸舟：《新视野下的国家利益观》，载王逸舟主编：《中国学者看世界：国家利益卷》，北京：新世界出版社 2007 年版，第 11—36 页；王逸舟：《"非典"与非传统安全》，载《中国社会科学院研究生院学报》2003 年第 4 期，第 24 页。
④ 黄昭宇：《非传统安全问题的本质及解决路径》，载《教学与研究》2010 年第 4 期，第 60—66 页。

与，包括多种非政府组织和跨领域、跨学科的力量。① 傅勇也认为，以往学界对非传统安全概念的界定还没有完全从本质上揭示非传统安全的内在特征，有些只是对非传统安全发生方式的一种描述，非传统安全的内在特征应该是跨国性、社会性、多元性和相互关联性。② 由此，这种观点进一步强调了全球与区域合作对非传统安全治理的重要性。

另一种观点则是通过构建多元主体共同参与的治理框架来共同应对非传统安全问题。③ 这种观点认为，在安全治理的框架下，加强世界各国、政府间组织以及非政府组织的协调，才能应对非传统安全问题。④ 在这种多元主义的取向下，针对跨境问题的治理出现了各种多元参与型的混合治理（hybrid governance）模式，这种混合了多种不同主体以及多种不同规则体系的治理路径，成为全球安全治理实践中普遍的方式。非传统安全是一个庞杂且碎片化的安全问题集合，因此在不同的问题领域中，根据不同的利益诉求、各异的安全风险表现形式，利益主体与运作模式间存在巨大差异。在混合治理体系下，不同治理模式"整合为一个单一的系统，其中每一个要素的运作是另一个要素成功运作的必要条件"以达到有效的治理效果。

在讨论非传统安全治理目标时，中国学者普遍坚持国家主义的观点，将国家安全置于首要位置。刘永江在论述可持续安全战略时提出，安全治理的目标是争取实现低成本、高安全的可持续性；特点是国内安全与国际安全的协调性；本质是和平与非暴力性；其实施具有预防性、综合性与合作性；其运作具有尊重各国安全利益的多样性与共同性，同时强调维护国家、地区及全球安全的整体性。⑤ 这一论断强调了非传统安全治理中，国家安全利益的重要地位。同样，《复旦中国国家安全战略报告》中提出的有效安全论，也强调了安全治理中国家安全利益的首要地位。该报告强调，随着各种非传统安全问题的出现，各种安全利益之间存在重要性与紧迫性的差异，需要立足国家利益的需求，平衡设计安全治理战略。⑥ 因此，中国的非传统安全治理需要一个更为合理的顶层设计，来实现各种利益诉求的有序协调，实

① 王逸舟：《重视非传统安全研究》，载《人民日报》2003 年 5 月 21 日第 7 版。

② 傅勇：《非传统安全与中国》，上海：上海人民出版社 2007 年版，第 28—34 页。

③ David M. Trubek and Louise G. Trubek, *New Governance and Legal Regulation: Complementarity, Rivalry and Transformation*, Columbia J. Eur. L., Vol. 13, 2006, p. 543.

④ 李开盛、庞蕾：《国际非政府组织与非传统安全》，载《阿拉伯世界研究》2012 年第 3 期，第 43—61 页。

⑤ 刘永江：《从国际战略视角解读可持续安全真谛》，载《国际观察》2014 年第 6 期，第 10—11 页。

⑥ 杨小舟：《在发展中追求"有效安全"》，载《新华月报》2015 年第 1 期，第 110—111 页。

现中国的国家安全目标。

在讨论应对非传统安全对国际体系影响时，刘中民在《非传统安全问题的全球治理与国际体系转型——以行为体结构和权力结构为视角的分析》一文中提出："非传统安全威胁在全球治理框架内，构成了影响国际体系转型的重要动力，从国际体系的行为体结构变化、国际权力转移、国际制度发展几个主要层面对国际体系转型产生了重要影响。"[1] 这篇文章非常难得，它对非传统安全议题及其治理在全球体系的重要作用进行了初步的探讨，开始将非传统安全治理纳入安全战略的层面。

总之，不同于以往安全研究聚焦于纯理论的概念，安全治理关注的重点是如何应对非传统安全造成的"存在性威胁"，它是一种政策目的和政策结果导向的理论。尽管它在理论上尚不够成熟，但安全治理理论为应对非传统安全提供了一套较为科学的理论体系。安全治理用新的超越国家中心主义及资源整合的思维方式，试图摸索出一种更合理的安全管理模式。在中国，非传统安全威胁的严重性已经受到决策层和学界的高度关注，然而对非传统安全治理的研究依然处于摸索阶段，需要开展更为深入的理论与实践研究。但是与西方的安全治理理念不同，中国的非传统安全治理更加强调安全利益的国家属性，因而使得非传统安全治理被视为国家安全战略的重要组成部分。

4. 既有研究评述

非传统安全治理研究在国内外已取得丰富成果，但在概念界定及理论阐释上仍存在模糊之处，对理论发展的影响明显。随着国际格局变化，大国竞争再度成为全球主要议题，既有非传统安全治理研究在回应国际安全形势变迁，特别是应对大国竞争背景下的新兴安全技术治理时显得力不从心，主要表现为以下几个方面。

首先，在认识与理论建设上存在片面性。非传统安全治理研究未能聚焦国家安全需求，难以回应问题发展对既有理论的挑战。尽管学界普遍认同安全扩展派观点，认为非传统安全治理主要涉及非军事因素，但其定义存在疏漏。研究者过于乐观，低估了国家在国际体系中的韧性，忽略了逆全球化与地缘政治回归对非传统安全的影响。此外，概念边界扩展导致议题碎片化，无法解决实际问题。过度扩张的安全概念破坏知识体系一致性，缺乏明确领域界定。非传统安全治理研究还缺乏对

① 刘中民：《非传统安全问题的全球治理与国际体系转型——以行为体结构和权力结构为视角的分析》，载《国际观察》2014年第4期，第57—69页。

安全政治意义的思考，概念延伸使其难以区分理论建设与政策目标优先次序。最后，扩展后的定义混淆了安全问题的经验分析与道义主张，难以形成统一概念共识，因此也无法在治理实践中发挥应有的功能。

其次，非传统安全治理研究理论与现实脱节。以哥本哈根学派为代表的研究虽然深入，但缺乏对现实性威胁的制度性回应。安全化理论过分强调主观建构属性，未能揭示治理全貌。研究倾向于意识形态化，满足研究者价值理想而非解决核心关切，导致全球治理活动流于空谈。解放理论缺乏操作化手段，无法影响现实。部分国内学者热衷于"前景性恐慌"，忽视研究的现实意义，难以提出有效的方案。既有研究割裂非传统与传统安全，忽视其交织与转换现象。网络安全等问题已具备军事安全属性，需在理论与方法上突破。

最后，在治理主体界定上存在偏差，需突破去国家中心主义限制。现有研究缺乏对国家安全关切的重视。西方多元化与去国家中心化理念难以在中国适用，需构建以国家为核心的多元化治理方案。非传统安全问题国家安全化已成为重要国际政治现象，全球安全格局转变要求研究正确面对国际体系特征，以新视角审视治理问题。

由此可见，非传统安全研究需在概念界定、理论建设与治理实践上进行深刻反思与调整，以更好地应对现实挑战。新兴技术安全治理是非传统安全治理的重要内容，也是当前大国竞争的焦点领域。新兴技术安全具备了推动国际体系变革的能力，必须从战略高度着手应对。因此，新兴技术安全治理研究需要从以下几个层面进行突破。

第一，在理论层面，需突破既有新兴技术安全研究框架，赋予其更确切的政治意义。新兴技术由于其技术属性和战略影响，其在国际安全中的重要性日益凸显。从人工智能、量子信息到生物技术等前沿科技领域，新兴技术在推动社会进步的同时，也带来了新的风险和挑战，成为国家安全和国际政治博弈的新"战场"。面对这一复杂形势，单纯从技术视角研究新兴技术安全问题已不足以应对挑战。本研究需要立足国际政治学科视角，摒弃价值偏好和意识形态束缚，深入分析新兴技术背后的权力博弈逻辑，揭示其在国际体系演进中的战略意义。

第二，在治理层面，需突破新兴技术治理碎片化、技术化和意识形态化倾向，探究其背后的政治逻辑。当前，国际社会对新兴技术治理缺乏统一认识，各国从自身利益出发，采取不同的治理策略和方式，导致治理碎片化问题突出。一些西方国家试图凭借其技术优势主导治理议程，将意识形态因素引入治理过程。中国作为新兴技术大国，需要深刻认识到新兴技术安全治理的政治属性，主动参与和引领国际规则制定。这就需要从国际政治的视角切入，分析各国在新兴技术治理中的诉求和博弈，揭示不同治理方案背后的利益考量，进而探寻兼顾各方利益、体现公平正义的治理之道。只有把握住新兴技术治理的政治逻辑，才能在复杂的国际环境中掌握战略主动。

第三，在战略层面，需明确国家安全在新兴技术治理中的核心地位，摒弃去国家中心主义，从维护国家利益和塑造国际格局的高度谋划中国新兴技术安全战略。新兴技术对国家安全和发展的影响已经超越了传统安全领域，成为影响国家命运的关键因素。在大国竞争日益激烈的背景下，中国必须将新兴技术安全上升至国家战略层面，充分发挥制度优势和后发优势，加强顶层设计，完善国家创新体系，在关键领域实现弯道超车、奋起直追，掌控新兴技术发展的主导权。对外，要立足维护国家主权、安全、发展利益，塑造有利于己的国际规则和标准体系。同时，还要统筹国内、国际两个大局，加强全球协作，践行真正的多边主义，推动构建人类命运共同体。唯有如此，才能在大国博弈中赢得战略主动，为实现中华民族伟大复兴提供坚实保障。

综上所述，在百年未有之大变局中，新兴技术已成为影响未来国际格局走向的关键变量。从非传统安全到新兴技术安全，反映的是国家安全观的深刻变革。中国要成为引领新兴技术发展的世界科技强国，就必须在总结历史经验教训的基础上，立足新发展阶段、贯彻新发展理念、构建新发展格局，把新兴技术安全治理作为国家战略的重要内容，在顶层设计上集中发力，多管齐下，标本兼治，推动实现高水平科技自立自强。在参与全球治理中，要秉持开放包容、互利共赢的理念，坚持独立自主、多边合作，推动构建公正合理的国际新兴技术治理体系，为人类文明进步贡献中国智慧和中国方案。

四、新兴技术的治理挑战及发展策略

通过对国内外新兴技术安全治理研究的梳理与回顾，我们发现国外学界的研究呈现多学科交叉、多视角融合特征。相关研究主要立足西方非传统安全治理理论框架，探讨如何构建符合西方价值的技术安全治理体系。这一思路无法回应当前传统安全与非传统安全高度融合，大国博弈日趋激烈，国家主体重新回归主导地位等现象对安全治理理论构成的挑战。国内学界的研究起步较晚，研究视角较为多元，涵盖技术评估、伦理审视、法律规制、战略研究等诸多维度，更强调治理措施要与中国发展阶段、制度特色相适应。然而，国内研究主要聚焦人工智能、大数据与合成生物学等专门领域的具体政策，理论上依然遵循非传统安全研究思路，无法回应新兴技术安全问题已然突破非传统安全框架，呈现与政治、经济、社会乃至军事安全高度融合的事实。在美国操弄安全议题围堵打压中国新兴技术发展，逆全球化思潮导致安全治理国际合作基础日渐萎缩，技术竞争矛盾凸显的背景下，现有研究对如何选择中国新兴技术安全治理道路，如何构建中国新兴技术安全治理顶层设计都无法给出令人满意的答案。

安全治理作为一种新的治理模式，越来越受到我国政府和国际社会的关注。在新时代新征程背景下，我国需要不断创新安全治理理论，提高应对非传统安全问题的能力。新兴技术的发展为我国的安全治理提供了新的思路和方向。首先，新兴技术的创新性和颠覆性特征使安全治理模式产生了进行调整的需求。当前，人工智能、大数据、物联网、生物技术、网络安全等新兴技术正在深刻改变着社会生产方式和生活方式，也给国家安全带来了新挑战。传统的安全治理模式可能无法有效应对这些新兴技术，探索新的安全治理模式以适应新时代的安全需求迫在眉睫。其次，新兴技术发展带来了新的安全风险。例如，人工智能的产业化推进将导致部分现有就业岗位减少，产生结构性失业问题；又如，新兴技术安全风险中的数据泄露、网络攻击、人工智能失控等问题亟待深入研究和有效管理。再次，安全治理离不开多元主体的共同参与。尤其在新兴技术领域，政府、企业、科研机构、公众是共同推动安全治理发展的基本要素，多元主体参与是形成有效安全治理体系的重要保障。最后，安全治理需要注重预防和应对。新兴技术领域既需要预见可能出现的安全风险，采取有效的预防和应对措施，也需要建立健全的应急机制，应对突发事件。可见，新兴技术为我国的安全治理提供了新的机遇和挑战。不断创新安全治理理论、提高应对非传统安全问题能力、加强多元主体参与、注重预防和应对，这些是实现安全治理新发展的必由之路。

本书通过梳理当前国内外新兴技术安全治理的主要理论，归纳影响新兴技术安全治理的主要因素；通过生物安全和网络安全案例研究，总结国际新兴技术安全治理实践，探寻新兴技术发展监管的国际合作模式与治理途径，旨在总结既有理论与实践经验、阐明规律，为中国新兴技术安全治理的国际合作与政策制定提供启示。

要实现安全治理，首先需要凸显多元安全主体，确保安全治理资源被全面整合。在传统安全领域，战争威胁靠军队、非战争威胁靠民事力量，国家政府是面对外来军事威胁时的安全提供主体。但与大规模入侵威胁相比，分散、无形、难预测是非传统安全领域的主要特征，威胁来源多样性与国家资源有限性使得单一国家或组织难以独立解决复杂的安全威胁。新的安全挑战使得多元安全主体共同参与治理成为趋势，国家开始将政府的某些安全治理职能外包给私营部门，注重建立各国政府、国际机构和私人等公私行为体之间网络型合作关系。① 其次，需要凸显安全治理综合结构，确保开展制度化安全治理合作。作为一种结构安排，安全治理综合性体现为由结构产生功能，并由功能导向行为，这种基于"结构-功能-行为"的制度化合作是使不同利益，甚至相互冲突的利益得以协调的本质保障。安全治理中，多元主体的利益诉求通过网络型合作，借助具有法律约束力的正式机制规则，或以自愿为基础的非正式制度安排来调和解决冲突。再次，需要凸显安全治理主体的主观参与性，确保安全治理共同价值认知及可持续发展。治理对主体间重要性的依赖程度不亚于对正式颁布的宪法和宪章的依赖程度，是一种需要被多数人或当权者接受才会生效的规则体系。② 安全治理作为一种治理体系，在需要制度化合作的同时，也需要参与主体的主观意愿、对治理政策的共同价值认知来协调行动一致性。在百年变局之下的国际安全合作中，安全治理的多元协商与非强制性特征使得以对话和参与的方式来进行国际性安全合作更为必要，非传统安全的跨国和全球性特征要求各方在应对安全风险时，摈弃排他性的、针对某一方的旧式安全合作模式，采取超越国界、种族和意识形态的解决方式来进行合作，以达到治理的预期效果。最后，需要凸显可操作的安全评估，确保安全监督与反馈形成闭环。安全治理具有很强的政策目的导向，兼顾安全政策的过程实施及结果评估，是安全治理理论与既往安全理论分析框架的核心区别。

安全治理者不能仅进行理论分析，而是必须将安全理论与界定政策目的及实现预定效果相结合，这是既往国际安全研究中通常被忽视的一环。因此本书将采用文献分析法、案例研究法和实证分析法，系统探讨基于安全治理理论的新兴技术风险

---

① Elke Krahmann, "Security Governance and Networks: New Theoretical Perspectives in Transatlantic Security," *Cambridge Review of International Affairs*, Vol. 18, No. 1, 2005, pp. 15—30.

② ［美］詹姆斯·罗西瑙：《没有政府的治理：世界政治中的秩序与变革》，张胜军等译，南昌：江西人民出版社 2001 年版，第 5 页。

管理途径。首先，本书将通过文献分析法梳理国内外关于安全治理理论、新兴技术风险管理理论和案例研究的相关文献，总结归纳安全治理理论基本内涵、新兴技术风险管理的主要内容和研究现状。其次，本书将采用案例研究法，选择典型的新兴技术多元行为体，深入剖析其在风险管理中的安全治理理念、机制和策略，并分析案例中的行为体在安全治理中的创新举措，总结可复制、可借鉴的经验做法。最后，本书将运用实证分析及定量分析与定性分析相结合的方式收集调查数据、案例行为体的新兴技术风险等信息，对新兴技术安全治理效果进行评估，提出基于安全治理的新兴技术风险管理对策建议。本书通过梳理安全治理理念和方法，来识别、评估和应对新兴技术风险，包括建立风险管理制度、设置风险阈值、进行持续监测，开展风险评估等；通过分析新兴技术安全治理面临的挑战（如信息不对称、监管难度大、公众参与不足等），来提出应对策略；通过展望新兴技术安全治理未来发展方向（如引入更多社会力量及多元主体参与、建立风险预警机制、推动监管科技应用审查等），来展现新兴技术安全治理实践态势，为我国新兴技术安全治理提供借鉴和参考。

随着新兴技术的快速发展，其风险日益凸显，在未来发展策略上需要有效管理新兴技术风险，通过政府、企业、社会组织和公众等主体的共同参与，形成基于安全治理的新兴技术风险管理体系。首先，政府是新兴技术风险管理的重要主体。政府应加强对新兴技术风险的识别、评估和监测，制定和实施风险应对策略，引导企业承担社会责任，加强公众参与，完善相关法律法规，建立健全风险治理机制，提高风险治理能力。其次，企业是新兴技术风险管理的关键主体。企业应建立健全风险管理制度、开展风险评估和隐患排查、制定风险应对预案，除了必要的培训和教育，还应主动承担社会责任，加强与政府、社会组织和公众的沟通与合作。再次，社会组织是新兴技术风险管理的重要参与主体。社会组织可以发挥桥梁纽带作用，促进政府、企业和公众之间的沟通协调，传递各方诉求。一方面，社会组织可以代表公众利益，对新兴技术进行监督，提高企业和政府的责任感；另一方面，社会组织可以开展风险防范教育和宣传，提升公众风险意识，引导公众建立科学理性看待新技术的态度。社会组织还可以整合各方资源，开展新兴技术风险防范的研究、培训和实践活动。最后，公众是新兴技术风险管理不可或缺的参与主体。公众要主动学习了解新技术知识，增强风险防范意识，培养科学理性思维，对新技术保持开放审慎态度。公众可以通过正规渠道表达自身诉求，积极参与新兴技术风险管理，与政府、企业形成良性互动。公众还要提高自我保护能力，采取必要措施规避新技术可能带来的隐私泄露、财产损失等风险。作为新技术的使用者和受益者，公众也应承担相应的责任义务。总之，有效管理新兴技术风险需要形成多方参与、协同治理的机制。政府要加强统筹引导，完善制度建设；企业要恪守商业伦理，落实主体责任；社会组织要发挥第三方优势，搭建沟通平台；公众要积极参与，理性看待新技术。各方携手努力，共建共享，才能在发展新兴技术的同时最大限度规避和控制风险，实现新技术持续健康发展，更好地造福人类社会。这需要摸索实践，建立顺畅的沟通协调机制，形成常态化、制度化的风险治理体系，让安全成为新兴技术创新发展进程中的必要考量，使新兴技术成为驱动人类社会进步的积极力量，让科技向善、造福人类。

本书有六大目的。第一，梳理和归纳国内外新兴技术安全治理的理论框架和经验做法。本书将综述全球治理、安全治理、新兴技术治理等相关理论发展脉络，分析不同理论视角下新兴技术风险管理的内涵和要求，并总结国内外在新兴技术风险管理方面的实践探索，归纳提炼可资借鉴的成功经验。第二，分析新兴技术风险的主要来源和特点。本书将从技术本身、应用场景、多元主体行为等多个维度剖析新兴技术可能带来的安全风险，归纳其共性和特点，为风险评估提供基础。第三，构建适用于新兴技术风险管理的安全治理体系。本书认为，要应对新兴技术风险，就应在国家安全战略指导下，整合政府部门、企业、社会组织等多方力量，形成系统化、科学化的新兴技术风险管理体系。第四，探索新兴技术风险管理的安全治理模式。本书认为，要应对新兴技术风险，就应在政府主导下，构建政府与企业、社会组织共同参与的安全治理机制，形成风险预防、应对、评估、监管的闭环管理。第五，提出新兴技术风险管理的政策建议。在总结国际经验的基础上，本书结合中国国情提出安全治理、防范风险的政策建议。第六，对比分析不同国家在新兴技术风险管理方面的做法。本书将研究主要国家在新兴技术风险管理方面的政策举措，分析其成效得失，为中国提供借鉴。本书力图从理论构建、风险识别、治理模式、政策建议等多个维度系统梳理和分析新兴技术安全治理的相关内容，以期为我国在新兴技术快速发展背景下加强安全治理、防范风险提供理论支撑和实践参考。

本书旨在通过梳理和归纳国内外新兴技术安全治理的理论框架和经验做法，总结新兴技术风险管理方面的实践探索得失，归纳提炼可资借鉴的成功经验。

导论部分介绍了新兴技术的研究价值、战略意义、主要特征及安全风险，评述了既有研究，提出了新兴技术面临的治理挑战，并探讨了未来的发展策略，为全书奠定了研究背景和问题意识。

第一章和第二章聚焦人工智能技术。第一章探讨了负责任人工智能的内涵、价值以及中美两国在这一领域的理念差异与合作空间，提出合作视野下负责任人工智能的转型路径。第二章则以美国为例，分析了大国竞争对人工智能安全治理的影响，考察美国政府人工智能安全议程的演进、特征、战略逻辑及影响。这两章形成呼应，共同揭示人工智能安全治理面临的机遇与挑战。

第三章和第四章关注新兴生物技术领域。第三章分析了全球新兴生物技术的发展态势，指出其两用性特征带来了治理困境，提出跨境混合治理路径及中国方案。第四章同样以美国为例，考察了安全化对新兴生物技术治理的影响，揭示了两用性安全叙事下的生物技术安全化进程及政策回应，指出极端安全化导致的治理困境。

第五章和第六章转向网络空间安全治理。第五章从战略稳定的视角探讨网络空间安全的理想模式，剖析了新技术条件下网络空间稳定面临的困境，并探索中国的治理路径选择。第六章则聚焦美国，考察传统战略思维如何影响新兴技术治理，剖析了网络威慑政策的历史演进、理论突破及其对网络安全治理的影响。这两章为读者理解新技术环境下网络空间安全提供了宏观和微观的视角。

综上，本书以人工智能、生物技术、网络空间三大新兴技术领域为例，在宏观层面总结新兴技术的特征、风险与治理挑战，在微观层面剖析美国在相关领域的政策实践及影响，并结合中国视角提出应对之策，多维度、系统性地探讨了新兴技术安全治理这一重大而紧迫的全球性议题。各章虽各有侧重，但形成了理论-实践、宏观-微观、中国-美国的多个维度互动，共同回应导论提出的核心问题，体现了严密的内在逻辑和完整的知识体系，具有很深的理论深度和很强的现实针对性。

五、小结

国际关系学界对安全概念及安全治理的研究，为新兴技术治理提供了非常重要的理论基础。特别是冷战后，国际关系学界对安全概念的新认识与安全问题的新探索，成为国家安全研究的理论宝藏。本质上，安全治理理论是对现实主义安全研究范式的反思与批判。这种批判一方面是为了摆脱现实主义范式中难以避免的安全困境问题，另一方面也是对全球化背景下各种新兴的安全问题的挑战的回应。安全治理理论的提出，具有以下几个重要意义。

　　首先，构建了安全研究的新领域与新视野。非传统安全治理概念的提出，扩大了国际安全研究的领域，拓宽了安全研究的视野。这种对安全概念的积极拓展，成为国家安全理念转型与治理方略转变的基石。从安全治理内容上看，非传统安全概念拓展了安全概念的边界，丰富了安全问题的内涵，重构了安全利益。冷战以后，西方学界对安全概念的不断探索，推动了安全理论的发展。无论在内容、层次，还是维度上，都拓展了安全概念的深度与广度，也为安全概念突破传统政治与军事范畴打下了坚实的理论基础。这种突破将很多新的风险与新威胁定义为安全问题。特别是安全谱系方法的提出，为合理定位与识别各种安全问题的属性与特征提供了有效的分析与识别工具。在非传统安全视角下，越来越多的学者和决策者已经意识到，要在新的环境下确保国家利益，就必须走出传统的认知框架并以多维视角看待国家利益，以多种方式维护国家利益。传统安全视角创造安全困境，非传统安全问题则制造安全上的相互依赖，国家民族的安危及发展与国际共同体变成了唇齿相依的关系。①

　　从安全治理主体上看，非传统安全概念将更多的行为主体纳入安全研究视野，为多元主体参与安全治理奠定了理论基础。非传统安全概念的提出，在安全的问题领域和对象层次上，突破了传统安全概念的限制，将更多的社会议题和行为主体纳入安全研究理论视野。多元主体的加入，使得安全治理有了更多的路径选择，也为应对各种跨境安全问题提供了必需的行为主体。例如，国际恐怖组织作为一种非国家行为体，其采取的攻击行动及导致的社会影响与传统的国家行为体存在巨大的差别。因此，为应对国际恐怖主义的威胁，一个主权国家必须改变应对方式，依靠与各国和国际组织的合作来应对恐怖主义的威胁，以确保其国家安全。

　　从安全治理手段上来看，非传统安全概念的提出将应对安全问题的手段由竞争与对抗转变为合作与共赢，使得安全治理成为可能。传统的安全或战略研究常常把国际无政府状态下的安全维护视为零和游戏，国家只能以自助的方式获得安全，因此提高国家的军事力量成了防御威胁的主要手段。非传统安全威胁的来源与存在形态则更为复杂，也不是由国家间军事对抗产生的，更为重要的是其中的安全风险的来源不是其他主权国家，而是其他种类的国际行为主体，这必然使得在非传统安全的议题下，国家间关系由"对抗"转变为"合作"，安全治理的结果也必然是共赢。

---

① 　王逸舟：《论综合安全》，载《世界经济与政治》1998 年第 4 期，第 9 页。

其次，形成未来分析安全问题的新方法与新视角。各种非传统安全研究理论为揭示非传统安全产生的原因、发展的趋势及主要特征做出了重要的贡献，为非传统安全治理研究提供了很多重要的分析工具。从方法论上看，建构主义为打破传统现实主义研究范式的垄断提供了重要理论工具。建构主义强调观念、身份、规则等对主体互动方式与结果的塑造，对传统的以理性主义物质决定论为根基的现实主义研究范式造成了巨大的冲击。在建构主义方法下，国家安全是一个相对概念，并且具有很强的主观性。这种论断直接挑战了传统现实主义国家安全研究奉行的物质决定论思想。更为重要的是，建构主义能够解释为什么冷战后，在国际体系并没有发生重大变迁的情况下，诸多原先并不引起社会关注的问题转变为重要的安全议题。建构主义方法的成功，从一个侧面证明了非传统安全议题具有非常浓厚的主观色彩。在建构主义的基础上，哥本哈根学派的安全化理论更进一步向学界展示了一种分析非传统安全问题的全新方法。安全化理论重点关注非安全问题转化为安全问题的"动力"与"过程"，通过对社会与政治互动的分析来揭示安全困境产生的原因，并试图通过抑制安全化，或者发动去安全化社会过程来实现和平，为非传统安全研究提供了非常重要的分析思路。

从非传统安全内涵上看，现有的非传统安全理论全面深化了安全研究的内涵，为安全提供了明确治理目标体系。关于女性主义和人的安全的研究，为安全治理提供了非常重要的理论视角。国家安全不仅仅意味着国家主权不被干涉或领土不被侵犯，更是指国家整体的安全、国内社会的稳定状况、公民个体的安危以及人与自然的关系都保持良好的平衡、处于良性循环的状态。而人的安全这一总体安全的基石和出发点，也是安全价值追求与安全政策实施的核心。这些安全研究涉及对安全本质的研究——谁的安全的问题。联合国提出的"人的安全"概念在更大程度上超越了传统的国际关系研究范畴，走向了以人为本的非传统安全研究。社会安全、人的安全作为非传统安全理论研究中的主要领域，将"人"和"社会"作为安全的指涉对象，为安全治理提供了新的主体和目标。

最后，提出了维护安全的新机制与新路径。安全治理理论为应对非传统安全提供了全新的理念与路径选择，它的理论探索和政策实践代表着应对安全问题的新观念与新思维。安全治理作为应对非传统安全的一种新模式，着眼于多元行为主体的参与、安全环境的全方位改善、多种资源的有效整合和运用以及安全政策实施的现实目标。安全治理正是因为有这种价值导向和政策意义，加之它探索非国家中心主义的治理模式，寻求非传统安全威胁应对的国际合作路径，才显示出与众不同的特征和优势。

从管制转向治理，由对抗转向合作，是现代安全治理理论为应对全球性危机做出的主要理论贡献。安全治理本质上是维护安全手段的思想的革命性转变。长期以来，在现实主义思维下，安全问题等同于安全竞争，国家安全就是一种零和博弈，这种思维下的安全问题最终都会变成安全困境。安全治理理论则为维护安全找到了一套全新的合作路径。现实主义视野下安全行为体（主要是国家）应对的不是安全问题本身，而是其他行为体（其他国家）；但在安全治理理论下，各行为体将安全问题本身作为治理对象，安全治理的目标是消解安全威胁，降低安全风险，而不会削弱其他行为体的安全能力。如果说在现实主义思维下，传统安全维护可以被理解为保卫国家不受攻击、侵略、征服和毁灭，那么在安全治理视野下，非传统安全治理可以被理解为是在非军事领域关注人的安全、维护社会稳定、防止国家危机、确保国际和谐。

安全治理理论的不断发展使国际合作成为可能。因此，为应对非传统安全风险，出现了全球安全治理与各种区域安全合作的模式。这些安全治理理论研究与实践，为中国开展国际安全治理合作、积极参与全球安全治理体系提供了重要的理论参考。

总之，非传统安全在安全理念、思维模式、实践行动各层面上为安全研究提供了全新的方法与思路。特别是在冷战后很长一段时间内，非传统安全概念及相关理论对不断涌现的全球性安全问题具有很强的解释力，因此促进了自身的发展。

第一章　人工智能技术风险责任与安全治理

　　人工智能作为引领未来的战略性技术，重要目标就是让机器代替人类完成原来由人类心智所做的各种事情，但是机器是否具备独立的代理资格，是否能够肩负起人类"代理者"所必需的道德责任，却存在很大争议，[①] 成为人工智能技术重要风险因素。2015 年 9 月，国际期刊《负责任创新》(*Journal of Responsible Innovation*) 组织全球十多位科技政策与科技伦理专家在《科学》杂志上发表了一封题为"承认人工智能的阴暗面"(Acknowledging AI's Dark Side) 的公开信，表达了对人工智能潜在风险的担忧并呼吁放缓人工智能研发速度。[②] 当前，人工智能技术在训练数据层面缺乏管控机制，难以保证数据质量与保护使用者个人隐私；在算法层面缺乏透明性，难以保证机器决策的正当性与客观性；监管规范发展滞后，难以控制人工智能技术对人类社会秩序的冲击。[③] 随着人工智能技术的大规模应用，这些问题将变得愈发突出，对人类社会构成系统性挑战，国际社会亟需一个有效规范性框架，保证人工智能技术可控与可靠。在此目标下，各国政府和国际组织出台了一系列文件、框架和准则来指导人工智能的负责任开发和使用。"负责任人工智能"(Responsible AI) 理念在国际社会已经形成共识，成为其他人工智能技术监管规则与政策的价值基础，以及引导人工智能技术未来发展方向的重要准则。

　　中美两国均十分重视负责任人工智能发展，围绕这一理念分别发布了多份文件，提出了各自主张。一方面，2019 年 6 月，中国科技部下属的国家新一代人工

① Luciano Floridi and Jeff W. Sanders, "On the Morality of Artificial Agents," *Minds and machines*, Vol. 14, 2004, pp. 349—379.

② Christelle Didier, Wu Duan, Jean-Pierre Dupuy et al., "Acknowledging AI's Dark Side," *Science*, Vol. 349, Issue. 6252, 2015, pp. 1064—1065.

③ Claudio Novelli, Federico Casolari et al., "Taking AI Risks Seriously: A New Assessment Model for the AI Act," AI & Soc, 2023, https://doi.org/10.1007/s00146-023-01723-z，访问时间：2024 年 3 月 3 日。

智能治理专业委员会发布《新一代人工智能治理原则——发展负责任的人工智能》，突出了"发展负责任人工智能"这一主题，强调了和谐友好、公平公正、包容共享、尊重隐私、安全可控、共担责任、开放协作、敏捷治理等八项原则，旨在指导人工智能的健康发展并处理因技术进步而可能出现的伦理和社会问题。① 另一方面，美国先后发布《国家人工智能倡议法案》和《负责任人工智能战略和实施途径》等文件，在人工智能的研发、国际合作与军事应用领域提出自己的主张。中美两国虽然都认同负责任人工智能理念，但是在部分价值理念与政策取向上存在较大分歧。这种理念层面的分歧给两国在人工智能技术监管与安全政策领域开展合作制造了很多困难，甚至成为美国国内部分反华势力抹黑中国人工智能技术发展，打压中国科技企业的政治工具。

但人工智能技术导致的现实威胁是客观存在的事实。2023 年 5 月 31 日，350 名人工智能领域的行业高管和专家公开警告，人工智能可能对人类带来像核武器、流行病一样的"生存性社会风险"，引发全球公众对人工智能潜在伦理风险的高度关注；2023 年 12 月，联合国人工智能高级别咨询机构发布《为人类治理人工智能》临时报告，认为人工智能的风险难以穷尽，将给人类社会带来全方位调整，一旦这一技术失控，其危害将迅速扩散并破坏整体人类社会。② 中美两国政府都深刻认识到了这一问题的紧迫性。虽然两国在人工智能治理的理念与实践上存在一定的差异与分歧，但在负责任人工智能框架内的共同利益大于分歧，为治理合作奠定了基础。中美双方均十分重视人工智能技术的负责任发展，在人工智能的可控性和社会效益等方面存在较大合作空间。如何利用负责任人工智能框架的积极因素规避中美两国的理念分歧，开拓合作空间，为推动人工智能技术的合理有序发展作出表率，是一个重要的研究课题。

第一节　负责任人工智能的内涵与价值

人工智能的发展应用有可能推动人类社会运行模式和发展形态发生深层次、根

---

① 中华人民共和国科技部：《发展负责任的人工智能：新一代人工智能治理原则发布》，2019 年 6 月 17 日，https://www.most.gov.cn/kjbgz/201906/t20190617_147107.html，访问时间：2024 年 3 月 3 日。

② United Nations, "Governing AI for Humanity," December 2023, https://www.un.org/sites/un2.un.org/files/un_ai_advisory_body_governing_ai_for_humanity_interim_report.pdf，访问时间：2024 年 3 月 3 日。

本性变革。人工智能技术的发展过程中出现的大量负面安全问题促使开发者开始思考以一种合乎伦理的、透明的以及可追责的方式，来培养信任、维护隐私以及减少风险，使人工智能技术始终处于可控状态。① 在这一背景下，人工智能的开发和使用需要遵循"负责任"原则理念成为人工智能技术研究与发展领域的重要伦理标准。②

一、负责任人工智能的内涵

负责任人工智能的具体框架很多，总体上看，负责任人工智能是一套技术开发与应用的原则，确保人工智能符合使用者的道德价值观念以及社会法律和规范。③ "负责任人工智能"概念是随着人工智能技术的发展和应用，由全球多个学者、技术专家、政策制定者和伦理学家共同提出和推动发展而来的。其理论根源来自负责任创新思想，重点关注技术创新中潜在的社会与环节风险。④ 负责任创新要求所有创新利益相关者都应共同承担责任，以实现创新过程的（伦理）可接受、可持续、社会认同以及创新产品的可市场化。⑤2019 年，欧盟委员会人工智能高级别专家组发布《可信赖人工智能伦理指南》，首次提出"负责任人工智能"这一概念，并将其作为可信赖人工智能系统应遵守的重要伦理原则。⑥ 负责任人工智能是负责任创新思想在人工智能技术领域的延伸，其目标并不是使机器对其行为和决策负起

① Ramzi El-Haddadeh, Adam Fadlalla and Nitham Hindi, "Is There a Place for Responsible Artificial Intelligence in Pandemics? A Tale of Two Countries," *Information Systems Frontiers*, Vol. 25, No. 6, 2023, pp. 2221—2237.

② Barredo Arrieta, "Explainable Artificial Intelligence (XAI): Concepts, Taxonomies, Opportunities and Challenges toward Responsible AI," *Information Fusion*, Vol. 58, pp. 82—115, https://doi.org/10.1016/j.inffus.2019.12.012, 访问时间：2024 年 3 月 3 日。

③ Daniel Schiff, Bogdana Rakova et al., "Principles to Practices for Responsible AI: Closing the Gap," Cornell University ArXiv Preprint, June 8, 2020, https://arxiv.org/abs/2006.04707，访问时间：2024 年 3 月 3 日。

④ Wenda Li et al., "The Making of Responsible Innovation and Technology: An Overview and Framework," *Smart Cities*, Vol. 6, No. 4, 2023, pp. 1996—2034.

⑤ Richard Owen, René Von Schomberg and Phil Macnaghten, "An Unfinished Journey? Reflections on a Decade of Responsible Research and Innovation," *Journal of Responsible Innovation*, Vol. 8, No. 2, 2021, pp. 217—233.

⑥ High-Level Expert Group on Artificial Intelligence, "Ethics Guidelines for Trustworthy AI," European Commission, April 8, 2019, https://digital-strategy.ec.europa.eu/en/library/ethics-guidelines-trustworthy-ai, 访问时间：2024 年 3 月 3 日。

责任，从而在此过程中免除相关组织和使用者的责任。这一理念的核心要义是，要求相关组织和使用者在开发与使用人工智能技术时，对人工智能应用程序的决策和行动承担更多责任。① 从技术角度看，负责任人工智能是一种以安全、可靠和合乎道德的方式来开发、评估和部署人工智能系统的方法。② 在负责任人工智能系统的设计、开发、部署和应用过程中，必须充分考虑人工智能技术的潜在风险和影响，采取各种措施来确保人工智能系统的安全、可靠、透明、可控，防止人工智能技术被滥用或误用，从而使人工智能技术负责任地服务于人类社会。从社会伦理看，负责任人工智能的理念是从安全性、可靠性、透明度、可控性和社会效益这五个方面，对人工智能技术的生态系统负责，构建人工智能技术道德框架，最终使得整个系统得到社会信任。③

基于上述定义，负责任人工智能应包含伦理与功能两个维度的责任需求。在伦理维度下，负责任人工智能代表的是一种社会责任价值取向。在这一价值取向下，人工智能技术发展必须符合社会道德标准，人工智能应用也必须承担其维护公平、透明、安全、隐私与包容性等价值准则的责任。在功能维度下，人工智能技术需要让计算机以一种智能的方式发挥作用，构筑人工智能生态系统，应对社会挑战并肩负其促进社会发展的责任。④ 只有同时满足这两种责任需求的人工智能，才能被视为负责任并值得信赖的人工智能。

二、负责任人工智能的主要原则

负责任人工智能是在将人工智能技术应用于实际场景时，充分考虑其伦理、法律、社会和文化影响的理念。负责任人工智能不仅要求相关技术能够提高生产效率、提高生活质量，同时为技术应用设定了道德原则和伦理规范，确保技术应用的可持续性与安全性。为实现这一目标，负责任人工智能理念需要满足透明性、公平

---

① Virginia Dignum, "Relational Artificial Intelligence," Cornell University, February 4, 2022, https://arxiv.org/abs/2202.07446，访问时间：2024 年 3 月 3 日。

② Mehrnoosh Sameki 等：《什么是负责任 AI？》，Microsoft Azure Gloal Edito，中国技术文档网站 2024 年 1 月 31 日，https://learn.microsoft.com/zh-cn/azure/machine-learning/concept-responsible-ai?view=azureml-api-2，访问时间：2024 年 3 月 3 日。

③ Virginia Dignum, "Responsible Artificial Intelligence-from Principles to Practice," ACM SIGIR Forum, May 22, 2022, https://doi.org/10.48550/arXiv.2205.10785，访问时间：2024 年 3 月 3 日。

④ Lu Cheng, Kush R. Varshney and Huan Liu, "Socially Responsible AI Algorithms: Issues, Purposes, and Challenges," *Journal of Artificial Intelligence Research*, Vol. 71, 2021, pp. 1137—1181.

性、安全性、尊重个人隐私、可解释性等一系列要求。

第一，透明性是人工智能技术可控的基本保障。在透明的人工智能系统应用环境中，用户和监管机构能够清晰了解其工作原理和决策过程。这要求人工智能系统公开算法、数据使用和决策流程等重要运作机理。① 例如，在医疗领域，医生和患者需要了解人工智能系统的决策依据和过程，以便更好评估治疗效果和安全性。透明性是确保人工智能技术的安全、合规与可持续发展的基础。

第二，公平性是人工智能应用的重要原则。人工智能系统应该使用不带偏见的数据，保证一视同仁地对待所有用户，避免因算法导致的歧视性政策产生。公平性原则有助于减少社会不公和歧视现象，提高社会公平和正义。在技术上，这要求人工智能在开发时就加入相应控制功能，及时评估模型公平性，而不是一味追求效率。②

第三，安全性是人工智能技术的遵循底线。人工智能的安全性涉及两层含义，一方面，人工智能技术本身应该是安全可靠的，不会在使用过程中因受到攻击或其他意外情况，而失去正常功能并导致风险；另一方面，人工智能技术不应被恶意使用，应避免损害他人利益或导致重大潜在风险。③

第四，尊重个人隐私是人工智能技术需要遵守的伦理准则。在技术应用过程中，人工智能应当遵循相关法律法规，保障用户数据安全，确保用户对自身隐私拥有完全掌控的能力。尊重个人隐私既是人工智能技术获得用户信任的基础，也是人工智能技术在投放市场后，必须肩负的重要法律与社会责任。④ 尊重个人隐私要求人工智能系统在运用时，必须合法地采取、处理与应用数据。

第五，可解释性是确保人工智能系统获得有效监管的主要依据。用户和监管机构应当能够理解和解释人工智能系统是如何做出决策的，人类需要掌握人工智能的

---

① Stefan Larsson and Fredrik Heintz, "Transparency in Artificial Intelligence," *Internet Policy Review*, Vol. 9, Issue. 2, 2020.

② John Mathews, Jean Marie, Dominique Cardon and Christine Balagué, "From Reality to World: A Critical Perspective on AI Fairness," *Journal of Business Ethics*, Vol. 178, No. 4, 2022, pp. 945—959.

③ Shasha Yu and Fiona Carroll, "Implications of AI in National Security: Understanding the Security Issues and Ethical Challenges," *Artificial Intelligence in Cyber Security: Impact and Implications: Security Challenges, Technical and Ethical Issues, Forensic Investigative Challenges*, Cham: Springer International Publishing, 2022, pp. 157—175.

④ Raymond S.T. Lee, "AI Ethics, Security and Privacy," *Artificial Intelligence in Daily Life*, 2020, pp. 369—384, https://doi.org/10.1007/978-981-15-7695-9_14，访问时间：2024 年 3 月 3 日。

运作机理。人工智能模型的产生方式较为复杂，理解人工智能运作机理，在提高公众对人工智能接受度、发现和解决潜在风险方面具有重要价值。可解释性将大大降低人工智能运作的不确定性，成为人工智能技术取得社会信任的基础。[1]

除了上述五点核心要求外，包容性、可靠性与问责性等诸多负责任人工智能应具备的特征也应逐步被研发者纳入评估体系。总体上看，这些准则共同蕴含的核心思想在于保障个体权利、维护社会公平、确保系统安全可控三个方面。由此可见，负责任人工智能的内涵基本囊括国际社会对人工智能治理的共同利益诉求，这一理念已具备成为全球人工智能治理共识的基础条件。

三、负责任人工智能的意义

从人工智能发展趋势看，近年来人工智能治理理论先后提出了"为社会负责任的人工智能"（Socially Responsible AI）、"为社会负责任的人工智能算法"（Socially Responsible AI Algorithms，SRAs）等概念，明确将社会责任与人工智能发展置于同一框架内讨论。[2] 这一框架的基本目标是为人工智能设置限制性框架，并在其发挥最大功能的同时，防止其对现有社会秩序产生伤害。[3] 负责任人工智能概念及其基本理念对当前全球人工智能技术治理具有重要意义。

第一，负责任人工智能概念以价值伦理的形式，为技术设置安全围栏。人工智能对经济发展巨大的推进作用令人鼓舞，但其负面效应也日渐显现，负责任人工智能概念的提出在应对这些负面效应方面具有重要意义。一方面，负责任人工智能概念是超越现实利益的价值规范。在负责任人工智能理念框架内很少涉及利益比较与算计，更多是明确提出具有指导性的行为准则，以控制潜在风险。例如，在负责任人工智能框架内，拜登政府提出"推进值得信赖的人工智能"（Trustworthy Artificial Intelligence）的发展政策，通过加强政府对人工智能的监管，促进人工智能技术领域的道德标准、消除偏见、提高公平和隐私保护，将现实利益置于伦理准则之后，

---

[1] Takashi Izumo and Yueh-Hsuan Weng, "Coarse Ethics: How to Ethically Assess Explainable Artificial Intelligence," *AI and Ethics*, Vol. 2, No. 3, 2022, pp. 449—461.

[2] 闫宏秀：《负责任人工智能的信任模塑：从理念到实践》，载《云南社会科学》2023 年第 4 期，第 40—49 页。

[3] Philip Brey, "Ethics of Emerging Technology," *The Ethics of Technology: Methods and Approaches*, London: Rowman & Littlefield, 2017, pp. 175—191.

在人工智能技术与公民权之间设置安全护栏。[①] 另一方面，负责任人工智能以伦理标准的形式，约束人工智能研发与应用主体的行为。其针对的主体是人的行为，而不是技术的属性。负责任人工智能的责任主体指向的不是技术，而是开发与应用技术的人，其目的是规范人工智能可以（和不可以）做什么，以及评估人工智能如何影响个人决策和塑造社会。中国提出《新一代人工智能治理原则——发展负责任的人工智能》，将人工智能研发者、使用者及其他相关方视为共同承担责任的主体，将从事人工智能管理、研发、供应、使用等相关活动的自然人、法人和其他相关机构等均作为相关主体。因此，负责任人工智能理念既是人工智能生态系统中人的行为准则，也是传统社会道德伦理规范在技术层面的有机延伸。

第二，负责任人工智能概念以技术标准的形式，塑造社会对人工智能技术的认同。人工智能技术对人类社会具有颠覆性影响，但其高度自主化与智能化的特征也产生了诸多信任问题。2022 年 6 月，美国国防部发布《负责任人工智能战略和实施途径》，认为负责任人工智能的最终期望状态是构建信任与认同。[②] 人工智能的价值在于取得社会认可，满足社会期望。在实践应用中，人们很难完全信赖人工智能系统，其做出的决策是否正确、判断是否合理难以界定。负责任人工智能提出的人工智能透明与可解释性等要求，能够很好满足社会对人工智能系统的信任要求。[③] 负责任人工智能标准为算法与应用提供了获得社会信任的基础性标准，是人工智能技术取得社会认同的重要准则。

第三，负责任人工智能以发展理念的形式，促进国际治理合作。当前，全球人工智能技术监管已经引起国际社会高度重视。相关的规制主导权争夺进入深度博弈，大国围绕监管规制权的竞争日趋激烈，亟需一个具有共识基础的顶层理念，来加强全球人工智能治理的协调，促进国际合作。负责任人工智能概念脱胎于负责任

---

①　The White House, "Ensuring Safe, Secure, and Trustworthy AI," July 2023, https://www.whitehouse.gov/wp-content/uploads/2023/07/Ensuring-Safe-Secure-and-Trustworthy-AI.pdf，访问时间：2024 年 1 月 29 日。

②　U.S. Department of Defense, "Responsible Artificial Intelligence Strategy and Implementation-Pathway," June 22, 2022, https://media.defense.gov/2022/Jun/22/2003022604/-1/-1/0/Department-of-Defense-Responsible-Artificial-Intelligence-Strategy-andImplementation-Pathway.pdf，访问时间：2024 年 3 月 3 日。

③　Brian Stanton and Theodore Jensen, "Trust and Artificial Intelligence," NIST Interagency/Internal Report (NISTIR 8830), National Institute of Standards and Technology, https://tsapps.nist.gov/publication/get_pdf.cfm?pub_id=931087，访问时间：2024 年 3 月 3 日。

创新思想，具有较为深厚的哲学理论基础，并且负责任人工智能技术将技术可控、权利保护与多元参与等诸多先进的社会发展理念都纳入其概念框架，能够较容易地对接各国发展需求，具有良好的可塑性与兼容性。作为一种发展理念，负责任人工智能概念能够在促进国际合作层面发挥很大作用。

　　负责任人工智能概念在安全、认同与合作方面具有重要意义，受到国际社会高度关注，产生巨大影响力。中国、美国与欧洲一些人工智能技术大国都将负责任人工智能作为重要的技术治理原则，纳入自身人工智能发展战略中。中国将负责任人工智能概念视为人工智能治理的重要基础性理念，在 2019 年的《新一代人工智能治理原则——发展负责任的人工智能》和 2021 年的《新一代人工智能伦理规范》中，较为系统地提出了人工智能治理的框架和行动指南，积极引导全社会负责任地开展人工智能研发和应用。美国则以负责任人工智能理念作为人工智能政策的重要蓝本。2022 年 10 月，美国白宫科技政策办公室出台《让自动化系统为美国人民服务：人工智能权利法案蓝皮书》，明确以负责任人工智能概念为理念基础，列出五项关键原则，即创建安全有效系统、算法歧视应对、数据隐私保护、系统透明性和公众自由选择性，以支持人工智能监管政策制定和具体实践开展。[①]2023 年，美国国家科学基金会与合作机构共同推出美国国家人工智能研究资源工作组，发布人工智能政策建议，该建议基于负责任人工智能概念下的公开透明、可信可靠等原则，为美国人工智能创新生态系统的设计、开发和部署提供指导思路。[②]欧盟则以负责任人工智能作为立法依据，在 2022 年 9 月先后通过《人工智能责任指令》和《产品责任指令》修订版两项提案，确定人工智能导致损害的界定与追责方式和范围。[③]此外，英国国防部也在 2022 年 6 月发布《国防人工智能战略》，着重强调安

① The White House, "Blueprint for an AI Bill of Right," October 2022, https://www.whitehouse.gov/ostp/ai-bill-of-rights/，访问时间：2024 年 3 月 3 日。

② National Artificial intelligence Research Resource Task Force, "Strengthening and Democratizing the U.S. Artificial Intelligence Innovation Ecosystem an Implementation Plan for a National Artificial Intelligence Research Resource," AI Government, 2023, https://www.ai.gov/wp-content/uploads/2023/01/NAIRR-TF-FinalReport-2023.pdf，访问时间：2024 年 3 月 3 日。

③ European Commission, "Liability Rules for Artificial Intelligence," September 2022, https://commission.europa.eu/business-economy-euro/doing-business-eu/contract-rules/digital-contracts/liability-rules-artificial-intelligence_en，访问时间：2024 年 3 月 3 日；European Commission, "Liability for Defective Products," September 2022, https://single-market-economy.ec.europa.eu/single-market/goods/free-movement-sec-tors/liability-defective-productsen，访问时间：2024 年 3 月 3 日。

全和负责任地使用人工智能技术。①

　　各国对负责任人工智能概念的积极回应与政策立法反馈，折射出国际社会对负责任人工智能概念的高度认同。当前国际社会人工智能治理实践揭示了负责任人工智能在治理中的巨大价值与理念层面的重要意义。负责任人工智能概念为人工智能技术全球治理合作提供重要共识基础。随着大国竞争日趋激烈，欧美在负责任人工智能概念领域出现意识形态化趋势，这种过度强调价值优先的态度，损害了负责任人工智能的包容性特征，给人工智能治理国际合作带来不确定因素。特别是中美两国在人工智能价值伦理层面存在较为明显的分歧，令负责任人工智能概念下的双边治理合作前景蒙上了一层阴影。

第二节　负责任人工智能理念差异分析

　　虽然中美两国都将负责任人工智能视为人工智能治理的重要准则，但是两国在国家战略与价值取向上的差异导致了负责任人工智能理念认识上的明显分歧。

一、负责任人工智能理念的主要差异

　　人工智能发展理念影响全球人工智能发展，包括如何使用人工智能、在何种背景下使用人工智能，以及人工智能系统所反映的价值观。中美两国存在文化背景、政治制度与社会发展路径的差异，因此在人工智能责任的认识上存在分歧。

　　第一，在利益取向上，中国更倾向于对整体利益负责，美国更注重保护个体权利与维护霸权。这种利益取向差异主要体现在国内政策、国际合作与安全诉求三个层面。在国内政策层面，中国一贯以集体主义理念为出发点，提倡将网络主权作为互联网治理的首要组织原则，而美国更多立足于个体利益与国际权力竞争，在人工智能治理责任上也更强调维护其技术领导权。在国际合作层面，中国政府积极推动更开放的人工智能国际合作，如与联合国、欧盟等国际组织合作，共同推动人工智能全球治理，旨在确保人工智能发展能够造福人类，并减少可能带来的负面影响。美国更注重合作的价值一致性基础，更希望与西方国家结成联盟，并以维护与巩固

---

① Ministry of Defence, "Defence Artificial Intelligence Strategy," June 2022, https://www.gov.uk/government/publications/defence-artificial-intelligence-strategy/defence-artificial-intelligence-strategy，访问时间：2024 年 3 月 3 日。

自身价值观念为核心利益。在安全诉求层面，中国政府注重社会整体安全利益，美国政府关注充分伸张各利益群体的安全诉求。中国的负责任人工智能体系倾向于务实平衡的整体安全，将个体安全诉求与整体安全进行有机结合。美国多元化的政治和利益诉求也创造了多样化的安全诉求，这种多元安全利益共存的方式，客观上导致了美国负责任人工智能在安全诉求上的碎片化与复杂性，致使中美两国在负责任人工智能领域的安全诉求存在分歧在所难免。中国的整体性安全诉求需要加强政府监管，遏制不合理安全诉求；美国的碎片化安全诉求却建立在反对政府监管与局部利益至上的基础上，这终将导致中美两国对安全责任的不同理解。

第二，在价值原则上，中美两国对人工智能治理方式的选择，以及应将哪些道德规范用于指导或影响技术的实施和采用上存在明显分歧。中国人工智能治理强调维护社会稳定，美国则立足保护个人权利。2021 年 12 月，中国国家互联网信息办公室、工业和信息化部、公安部、国家市场监督管理总局四个部门联合发布《互联网信息服务算法推荐管理规定》，为解决推荐算法乱象的情况提供了指引和规范，包括不得"扰乱……社会秩序"或"违背公共秩序和良好的社会秩序"，该规定以公共利益为治理取向，有利于互联网生态环境改善。而美国人工智能道德标准更强调隐私与公民权利保护，以维护个体利益为治理取向，强调人工智能的发展和应用需遵循市场规律，政府应发挥引导和监管作用，而非直接干预。在这两种取向下对于安全的定义，两国也存在差异。美国民权运动为保护个人利益，主张放弃侵犯个人自由的人工智能检测与识别系统；而在公共利益取向下，中国遏制犯罪行为的监控机制颇受欢迎。随着中国人工智能的能力增长，中美两国紧张关系日渐加深，人工智能伦理矛盾日趋明显。①

第三，在责任主体上，中国强调政府主体责任。国务院出台《新一代人工智能发展规划》，对人工智能发展进行全面部署。②该规划提出，建立人工智能伦理审查和监管机制，明确政府监管职责。此外，中国还提出建立人工智能安全审查制度，确保关键信息基础设施安全。这一观点主要基于中国价值观强调集体主义和社会责

---

① Paul Mozur, "Let's Talk About China," *The New York Times*, September 21, 2018, https://www.nytimes.com/interactive/2022/uri/embeddedinteractive/54110634-8e67-5c2f-99bd-af9b2542304f?，访问时间：2024 年 1 月 29 日。

② 《国务院关于印发新一代人工智能发展规划的通知》，中国政府网，2017 年 7 月 20 日，https://www.gov.cn/zhengce/content/2017-07/20/content_5211996.htm，访问时间：2024 年 3 月 3 日。

任，更关注社会公平和公共利益。中国对安全稳定的重视，使得政府成为人工智能技术监管核心主体。当集体利益与个人利益发生冲突时，中国一般优先考虑集体利益。在中国人工智能监管体系的发展过程中，中央政府成为监管政策主要推动力，中国的社会主义制度也保证了中央政府能够协调基层利益并作出适当应对。这种治理体系使得中国人工智能治理更高效、推动进程更快捷、技术发展更顺畅。[①] 中国政府认为，在人工智能技术的发展和使用中，政府应承担起主要责任，以确保人工智能技术的负责任、公平和安全发展。美国强调企业与市场主体责任。美国政府在人工智能的发展方面扮演着"守夜人"的角色，主要通过美国人工智能国家安全委员会等机构引导企业遵守负责任人工智能规范。该委员会强调企业应主动承担起产品责任，确保人工智能系统的安全性、透明度和公平性。[②] 这一观点主要基于美国价值观强调个人主义和市场导向，更关注企业创新和效率。美国认为，企业应在人工智能技术的发展和使用中承担起首要责任，以确保人工智能技术的健康、可持续和负责任发展。主体的市场化与民间化使美国人工智能治理体系呈现碎片化特征。由于其行业自律的历史传统，以及发生恶性应用后再进行事后干预的普遍做法，美国的治理模式需要满足"促进公平""促进权利""促进竞争"等多元化战略目标。多重使命导致人工智能监管机构组成复杂、目标各异，难以形成类似中国的统一管理局面，多元利益导致多头管理、分散资源，这些都使得美国目前难以形成高效的人工智能治理体系，人工智能战略与相关政策实施缓慢，而利益冲突却很明显。[③]

二、负责任人工智能理念差异的原因

抛开中美两国战略竞争因素导致的国家战略分歧，中美两国在负责任人工智能理念上的差异根本上源于文化与国情体制的差异，这种源于技术发展生态体系的分

[①] Jinghan Zeng, "Artificial Intelligence and China's Authoritarian Governance," *International Affairs*, Vol. 96, No. 6, 2020, pp. 1441—1459.

[②] The National Security Commission on Artificial Intelligence, "Final Report," March 2021, https://nwcfoundation.org/wp-content/uploads/2021/04/NSCAI-Final-Report-AI-Accelerated-Competition-and-Conflict.pdf, 访问时间：2024 年 1 月 29 日。

[③] Emmie Hine and Luciano Floridi, "Artificial Intelligence with American Values and Chinese Characteristics: A Comparative Analysis of American and Chinese Governmental AI Policies," *AI & Society*, June 25, 2022, pp. 1—22, https://doi.org/10.1007/s00146-022-01499-8, 访问时间：2024 年 3 月 3 日。

歧难以在短时间内弥合。作为人工智能技术载体的程序本身不会承担责任,需要负责任并确保信任的是程序所属的"社会-技术"生态系统。① 人工智能不是单独的技术问题,其高度嵌入社会的特点使负责任人工智能必须以一个生态体系的方式进行发展。② 中美两国人工智能技术成长社会环境与市场环境存在较大差异,这种"社会-技术"生态系统的不同是带来负责任人工智能理念差异的根源。这种差异最终反映到政府与社会对人工智能基本问题的认知与政策上后,就形成了难以消除的分歧。

美国及西方资本主义体系更倾向于从市场竞争角度出发,强调在市场体系下推动负责任人工智能理念发展,认为通过市场竞争可以实现优胜劣汰,进而推动人工智能的健康发展。美国国家科学技术委员会发布《国家人工智能研究与发展战略计划》,强调市场竞争在人工智能治理中的重要性,认为市场竞争可以有效推动人工智能技术的创新和发展。③

中国注重国家在人工智能治理中的宏观调控作用,强调政府引导和规范,认为人工智能发展必须符合国家利益和社会伦理,不能只追求经济利益。中国的人工智能治理政策以《新一代人工智能发展规划》为核心,强调人工智能发展的可持续性、安全性和公平性,对人工智能的伦理、法律和社会影响进行了深入研究。这些政策文件明确提出了人工智能治理的目标和方向,强调了政府在人工智能治理中的主导作用。

中美两国在人工智能生态系统上的差异,导致两国在负责任人工智能的诸多领域无法达成共识。例如,中国在以国家为核心的生态系统下,强调人工智能技术带动整体经济转型发展,强调人工智能的开发与协作,充分尊重各国人工智能治理原则和实践;但美国在以市场为核心的生态系统下,关注人工智能应用是否会影响某一行业的劳工利益,强调唯有符合资本主义价值观与道德准则的人工智能技术,才

---

① Virginia Dignum, *Responsible Artificial Intelligence How to Develop and Use AI in a Responsible Way*, Cham: Springer, 2019, pp. 9—34.

② European Commission, "White Paper on Artificial Intelligence—A European Approach to Excellence and Trust," February 19, 2020, https://ec.europa.eu/info/sites/default/files/commission-white-paper-artificial-intelligence-feb2020_en.pdf, 访问时间:2024 年 3 月 3 日。

③ National Science and Technology Council, Networking and Information Technology Research and Development Subcommittee, "The National Artificial Intelligence Research and Development Strategic Plan," October 2016, https://www.nitrd.gov/pubs/national_ai_rd_strategic_plan.pdf, 访问时间:2024 年 1 月 29 日。

是安全和值得信任的人工智能技术。① 同样，市场生态体系的不同导致中美两国对专利所有权人的认定、著作权的归属、人工智能侵权时的责任主体认定等法理问题上的认知与政策也不一样。人工智能技术发展方面的"技术–社会"生态系统的差异是导致中美两国负责任人工智能分歧的基础，而在大国竞争背景下，部分美国政客刻意夸大中美人工智能发展理念分歧，在伦理问题上刻意抹黑中国人工智能技术，则进一步扩大与深化了这种差异，在社会层面放大了"技术–社会"生态系统的差异及其影响。

三、负责任人工智能理念差异的影响

价值理念是影响现实行为的重要因素。中美双方对负责任人工智能理念的差异会传导到政策实践领域，乃至双边关系领域，造成深远的影响。

第一，理念差异影响中美两国人工智能产业发展与应用方式。对美国而言，其负责任人工智能理念继承了西方社会主流价值伦理中注重个人隐私保护和公平非歧视理念。但其过度强调隐私和避免歧视，也可能在一定程度上限制人工智能技术在诸如公共卫生、治安防控与金融安全等很多领域的应用空间和数据获取，使这些行业难以迅速推动人工智能技术应用。对中国而言，政府主导的人工智能治理模式有助于在国家战略层面统筹规划和引导人工智能发展，集中力量突破关键核心技术。侧重国家安全的理念，也使得中国在部分涉及公共利益和国家安全的领域能够相对更快地推进人工智能技术落地。

第二，理念差异将影响中美企业负责任规范体系，增加经济交流成本。对人工智能透明度和可解释性的要求，有助于提高人工智能系统的可理解性和可问责性，但也给人工智能产业带来了更高的技术挑战和成本压力。同样，中美两国在个人隐私保护、伦理道德约束等方面存在的分歧可能导致国内监管政策的差异，从而在一定程度上影响中美人工智能企业在数据共享、联合建模等领域深度合作的开展。这种差异使两国人工智能企业进入对方市场时都可能面临一定的规范调整成本，并需

---

① U.S. Senator Martin Heinrich, "Heinrich, Portman Urge National Science Foundation to Prioritize Safety and Ethics in Artificial Intelligence Research, Innovation," Martin Heinrich Newsroom, May 13, 2021, https://www.heinrich.senate.gov/press-releases/heinrich-portman-urge-national-science-foundation-to-prioritize-safety-and-ethics-in-artificial-intelligence-research-innovation，访问时间：2024 年 1 月 29 日。

要根据不同的政策体系调整产品设计和数据处理流程。

　　第三，理念差异将影响中美两国人工智能风险界定，削弱两国人工智能领域互信。中美负责任人工智能理念差异可能导致对人工智能风险与威胁的不同认知，更可能进一步对对方的政策行为产生误判，从而破坏双方的信任。在利益、价值与责任主体上的不同认知与立场差异，导致负责任人工智能在中美两国间不仅难以形成治理共识，反而更容易成为矛盾焦点，一国强调的责任或成为另一国眼中的风险。负责任人工智能理念是社会对人工智能技术信任的基础，这种分歧可能加剧中美之间人工智能技术信任缺失问题，影响两国人工智能治理合作开展。①

　　负责任人工智能理念差异是影响中美两国人工智能治理合作顺利展开的重要因素。理念差异会在一定程度上影响双方企业进入对方市场、开展跨境合作的难度和规则遵循成本，也会削弱两国人工智能领域的互信。但从人工智能治理发展趋势看，发展负责任人工智能已成为国际社会共识，中美两国必须在这一框架下寻找合作空间，才能共同应对人工智能技术对人类社会的挑战。通过深入分析中美两国负责任人工智能理念的差异，我们可以更好地理解人工智能治理的复杂性和多样性，为人工智能治理提供更科学、合理和有效的指导。我们必须认识到，在中美两国政治、经济与文化的系统性差异下，过度强调负责任人工智能的伦理价值属性，对推动中美人工智能治理合作并无裨益。但是，中美两国在人工智能治理理念上的差异并不意味着无法实现合作，如果双方可以搁置在负责任人工智能上的价值冲突，寻找这一框架中的利益契合点，就能为中美人工智能治理创造出更广阔的合作空间。

第三节　负责任人工智能框架下的中美两国合作空间

　　中美两国在负责任人工智能理念上虽有一定分歧，但在人工智能发展与治理需求上却存在诸多共同利益。这些共同利益为中美人工智能治理合作奠定了基础。

一、中美两国人工智能治理利益重合

　　中美两国在人工智能领域的合作，尤其是负责任人工智能的治理合作上，具有巨大的潜力和价值。中美两国在人工智能技术的数据规模、应用场景和算法、算力

① Hillary R. Sutcliffe, and Samantha Brown, "Trust and Soft Law for AI," *IEEE Technology & Society Magazine*, Vol. 40, No. 4, 2021, p. 14.

等方面各具优势，双方在人工智能领域的合作不仅可以推动技术本身的突破与革新，还可以推动两国关系的稳定，甚至可能从科技领域率先实现从部分"脱钩"到"再挂钩"的进程。

首先，中美在人工智能领域拥有共同战略安全利益，美国需与中国在人工智能领域达成战略共识。一方面，仅靠遏制与打压等传统胁迫手段，无助于美国保持技术领先地位，反而会使人工智能技术被有意无意地用于军事目的，甚至导致人工智能军备竞赛。因此，中美在人工智能军事应用领域建立互信是符合双方共同利益诉求的。例如，在 2023 年 2 月召开的"军事领域负责任使用人工智能"峰会上，中美两国共同签署了《军事领域负责任使用人工智能行动倡议》。另一方面，中国和美国作为全球大国和人工智能技术的领跑国家，两国的共识与合作对引导人工智能"向善的规则"（Good AI）建设意义重大，可以起到全球治理的示范作用。① 只有以稳定的中美双边关系和扎实的合作成果为依托，才能推动人工智能领域的全球治理。人工智能技术普遍的安全、可信、可控，也符合两国的共同利益。

其次，中美两国在人工智能领域拥有共同技术安全利益，美国迫切需要中国积极配合、共同防范技术风险。人工智能技术的"发展与安全"矛盾共生共存。② 作为一种典型的跨境风险，遏制人工智能技术的滥用与谬用需要国际社会共同努力，任何一方的监管松懈，都将导致其他国家的监管失败，因此监管合作符合所有国家的利益。中国人工智能技术发展水平与巨大市场体量，都使美国无法回避中国影响力，只有中美两国在人工智能技术的安全监管上实现同步，才能有效规避人工智能技术带来的风险。因此，在人工智能安全治理领域，中美双方存在广泛合作空间，美国政府与美国人工智能行业也多次在公开场合表达这一态度。③

最后，中美两国在人工智能领域拥有共同经济发展利益，美国需要中国市场的支持。在人工智能领域，中美技术实力遥遥领先于全球其他国家和地区。美国在人工智能算法上具有较大优势，中国的数据量和多样性较为突出，在算力方面，中国

---

① Luciano Floridi et al., "AI for People—An Ethical Framework for a Good AI Society: Opportunities, Risks, Principles, And Recommendations," *Minds and Machines*, Vol. 28, 2018, pp. 689—707.

② Malik Ghallab, "Responsible AI: Requirements and Challenges," *AI Perspect*, Vol. 1, No. 3, 2019, https://doi.org/10.1186/s42467-019-0003-z, 访问时间：2024 年 1 月 29 日。

③ Graham Webster and Ryan Hass, "A Roadmap for a US-China AI Dialogue," Brookings Institution, January 10, 2024, https://www.brookings.edu/articles/a-roadmap-for-a-us-china-ai-dialogue/, 访问时间：2024 年 1 月 29 日。

正在逐步缩小与美国的差距。① 此外，美国原创性、创新性研究优势明显，中国不仅研究体量庞大，而且研究成果的转化与应用场景广泛，两国人工智能领域的发展可谓各有千秋。美国的技术需要转化为市场应用才能获得收益，并进一步反哺技术，实现资本的获利需求。美国人工智能技术的巨大投入需要市场应用支撑，人工智能相关的芯片、数据存储等产业链也需要庞大的中国市场来维系其正常运作。中美两国无法单独构建人工智能产业，这一"吞金巨兽"的"资本-技术-市场"循环必须通过有效外部合作，构建人工智能行业良性发展环境，并在此基础上为平衡国内群体的相关利益诉求寻找出路。

二、中美两国人工智能发展资源互补

中国和美国是世界上最大的两个经济体，两国的人工智能产业发展都非常迅速，双方都拥有实力雄厚的科技公司与庞大的应用市场，在人工智能发展资源上可以形成互补之势。

第一，中美两国在人工智能技术能力上各有优势，能够形成技术资源互补。美国在人工智能技术的算法、算力、基础硬件等方面具有较大优势，而中国在数据规模、应用场景等方面表现突出。2022 年，中国人工智能核心产业规模达 5 080 亿元，同比增长 18%。截至 2022 年底，全球人工智能代表企业数量为 27 255 家，中国企业数量达到 4 227 家，约占全球企业总数的 16%。相比而言，美国拥有全球最多的人工智能企业和最大的融资体量，企业覆盖产业链的各个环节，尤其在基础层和技术层的架构相对完整。美国公司在风险资本、私募股权融资额以及交易量方面表现较好。② 但人工智能技术创新需要大量数据资源与现实应用滋养，中国庞大的市场与人口基数是美国人工智能技术发展与实现获利的重要保障。中美两国通过合作，可以实现资源互补，推动人工智能技术发展。

第二，中美两国在人工智能治理上各有经验，能够形成治理资源互补。中国先后在 2018 年发布《人工智能安全白皮书》、2021 年发布《中华人民共和国数据安全

---

① Ernestas Naprys, "China vs US: Who's Winning the Race for AI Supremacy," *Cybernews*, November 28, 2023, https://cybernews.com/tech/china-usa-artificial-intelligence-race/，访问时间：2024 年 1 月 29 日。

② 孙成昊、赵宇琪：《中美人工智能领域合作的路径与前景》，载《网络空间战略论坛》2023 年第 7 期，第 71—74 页。

法》、2022 年发布《中华人民共和国个人信息保护法》等重要治理规范。美国也制定了诸多规范，积极推动负责任人工智能发展领域。例如，2016 年发布《国家人工智能研究与发展战略计划》、2019 年发布《美国人工智能倡议》、2021 年发布关于人工智能的《最终报告》、2022 发布《负责任人工智能战略和实施途径》、2023 发布《2023 年国家人工智能研究与发展战略计划更新》等文件，在负责任人工智能领域形成了较为完整的治理框架。因此，中美两国对人工智能领域的现实问题都具有较为深刻的认识，能够抛开价值偏见共同探讨人工智能技术的负责任使用问题，并在治理实践中互相借鉴经验，推动人工智能技术的安全、可信、可靠应用。

第三，中美两国拥有各自地缘政治优势，能够形成影响力资源互补。人工智能治理问题是一个全球性问题，单个国家无法实现人工智能技术治理全覆盖。在互联网时代，传统出口管制技术对限制人工智能技术的恶意使用基本没有效果，在当前世界各地的冲突中，高度智能化的小型民用无人机被频繁用于作战，这足以证明人工智能技术的治理亟需国际社会共同努力。大国应发挥各自的地缘政治影响力，对不同区域人工智能技术的恶意使用现象进行控制。特别是在防范恐怖组织与跨国犯罪集团使用人工智能技术的问题上，中美双方都需要借助对方独特的地缘政治影响力，来拓展自身安全利益覆盖范围。这种互补为中美人工智能安全治理奠定了坚实基础。

三、中美两国人工智能治理风险趋同

中美两国在人工智能技术领域的丰富经验和深厚积累，是全球其他国家难以匹敌的。而在人工智能技术的发展过程中，中美两国也面临诸多挑战，如数据隐私、网络安全、人工智能伦理等。这些问题不仅对两国自身的科技发展产生影响，也对全球人工智能技术的健康、有序发展产生影响。中美两国需要共同应对这些挑战，一起探索解决方案。

第一，在军事安全层面，中美两国都面临人工智能技术对传统战略稳定的挑战。人工智能技术拓展了智能武器应用场景，颠覆了既有军事理论与作战方式，削弱了传统军事防御手段有效性，对大国的常规与战略军事优势都构成挑战。这一问题是中美两国在人工智能技术面前都必须面对的问题。两国在涉及军事的人工智能领域可以开展危机预防、危机管控和防范军备竞赛等，存在很大的合作空间。

第二，在非传统安全层面，中美两国面对的人工智能潜在风险也高度一致。虽

然中美两国在负责任人工智能技术治理的部分原则问题上存在分歧，但双方在针对现实问题的表态上却存在诸多相通之处。中美两国都突出对人工智能技术透明性、可解释性的追求，强调人类对机器的控制；都反对人工智能产品的研发和应用对不同或特定民族、宗教、信仰群体的歧视；都支持人工智能发展要以增进人类福祉为目标等。这些表述的背后是中美双方对人工智能潜在风险认知的高度一致性，也预示着中美之间能够形成稳定的治理目标共识。

第三，在社会稳定层面，中美两国都面临人工智能渗透进人类生活后，所引发的各种不确定风险。人工智能技术将放大个人隐私、社会公平、经济平等诸多社会问题，并使政府治理这些社会问题增添结构性压力。例如，人工智能技术的大规模引用必然颠覆大量传统产业，导致就业空间广泛迁移，甚至造成社会动荡。[①] 这些风险虽在理论上存在，但却无法确定具体会在何时或何种情况下爆发，因此中美两国政府的人工智能政策必须为这种不确定挑战做好充分准备。中美两国经济联系紧密、风险传递迅速，很大程度上都会向对方外溢风险，因此这些不确定性风险实质上已是中美两国的共同风险。

概言之，中国和美国作为人工智能领域的两个重要国家，在推动负责任人工智能方面的合作空间巨大。双方应本着相互尊重、合作共赢的精神，加强在人工智能伦理、技术研发、产业合作和国际治理等方面的合作，为促进人工智能的可持续发展作出积极贡献。

第四节　合作视野下负责任人工智能的转型

在 2023 年 2 月荷兰海牙的"军事领域负责任使用人工智能"峰会上，包括中国和美国在内的 60 多个国家在"军事领域负责任使用人工智能"上达成了共识。2023 年 11 月，中国和美国都签署了《布莱切利宣言》这一关于人工智能技术标准的协议。同月，在旧金山中美元首会晤上，中美两国同意建立人工智能政府间对话机制等共识，为两国人工智能治理合作释放出积极信号。2024 年 1 月，中共中央政治局委员、中央外办主任王毅在曼谷同美国总统国家安全事务助理沙利文举行新一轮会晤，决定于 2024 年春天举行中美人工智能政府间对话机制首次会议。这些积

---

① Benjamin Cheatham, Kia Javanmardian, and Hamid Samandari, "Confronting the Risks of Artificial Intelligence," *McKinsey Quarterly*, Vol. 2, No. 38, 2019, pp. 1—9.

极信号为在大国竞争背景下，中美两国超越政治分歧开展人工智能治理合作奠定了基础。

负责任人工智能已经成为国际社会的共识，是中美两国开展人工智能治理合作的重要平台。在就"军事领域负责任使用人工智能"达成共识后，为了进一步扩大合作，中美两国需要在负责任人工智能议题上创造更大的合作空间、摆脱"竞争对抗"路径，通过将负责任人工智能议题上过度的价值伦理诉求转变为更切合实际的合作框架，为中美负责任人工智能治理合作打开新局面。

一、战略定位层面由伦理准则向合作框架转型

当前人工智能技术方兴未艾，人工智能技术大规模应用导致的各种社会问题尚未完全显现，因此，人工智能治理更多聚焦理念与价值基础建构层面。负责任人工智能理念的提出，正是这一时代背景特征的体现。一方面，中国与西方国家在文化传统、政治制度与社会结构等诸多方面存在差异，使得人工智能价值理念的分歧在客观上难以避免。另一方面，中美两国在人工智能治理议题上的合作空间，也是一种迫切的客观需求。在这一趋势下，负责任人工智能应实现由伦理准则向合作框架的转变。

首先，负责任人工智能的内涵需要由价值转化为问题。当前负责任人工智能概念的发展具有明显的伦理化与意识形态化趋势，过度强调行为的合法性原则而很少论证现实合理性需求。由于价值底线特征，技术伦理的过度价值化遏制了技术发展的合理突破与创新，消弭了不同价值取向间的弹性空间，成为遏制技术发展的负面因素。要推动人工智能治理的国际合作，必须以问题优先原则替代现有的价值优先原则。例如，有针对性地推动人工智能技术安全叙事，以安全利益代替价值利益，促进人工智能议题转变，完善人工智能治理国际合作议题框架。中美人工智能治理合作在价值与理念层面存在较大不同，因此应该突出中美合作在经济发展、国家安全等领域的共同利益，回避或搁置理念上的分歧。只有聚焦于解决现实问题而不是制造价值冲突，才有可能形成稳定的治理合作机制。

其次，负责任人工智能的内容需要由刚性规范标准转化为富有弹性的目标取向。负责任人工智能在价值优先的思维下，为人工智能技术发展制定了大量标准，并以这些标准判断人工智能是否可信。但是这些标准同样缺乏弹性，特别是对人工智能创新并不友好，成为大型企业实施垄断的工具。因此，负责任人工智能的治理维度应该由标准转化为取向，给予技术发展更多弹性空间。在取向之下达成共识，在共识之上建构标准。在这一共识性标准逻辑下，负责任人工智能才会有效转变为大国合作基础。

最后，促进负责任人工智能概念的多元化表述，将更多主体与价值取向纳入这一人工智能治理合作框架内，形成更具包容性的负责任人工智能理念框架。负责任人工智能的目标是建立社会对人工智能的信任，在为人工智能部署与应用把关的同时，也促进人工智能技术融入社会的步伐。因此，负责任人工智能具有成为行业门槛的潜力，其背后蕴含的市场利益难以估量。负责任人工智能的多元化水平与合作开放程度，是人工智能时代社会公平正义程度的基础。推动负责任人工智能成为一个开放体系，是实现人工智能技术民主的先决条件。为创造更多合作空间，中美两国在战略规划上可以形成多元化人工智能技术价值叙事，通过学术论文、媒体报道甚至文学作品等形式，将人工智能技术与更多议题关联，创造有利于国际合作的平等协商氛围。

通过对负责任人工智能进行问题转化、目标转化与价值转化，能够将负责任人工智能由一个伦理准则转化为一种合作框架。在这一合作框架内推动人工智能治理合作，将弥合中美两国在负责任人工智能上的理念差异，构建出两国的合作基础。

二、制度设计层面由单边标准向全球共识转型

在负责任人工智能领域，中国可优先推动构建人工智能国际共识，遏制美国将负责任人工智能转变为"国际标准"壁垒的企图，构建更公平合理的人工智能治理机制。在技术与市场发展领域，利用技术标准与国际规范设置门槛、打压竞争对手是美国惯用伎俩。在人工智能领域，美国一直以"负责任的技术"为口号，推行美式规范与价值。因此，国际社会需要将更多精力聚焦于国际共识、价值标准等基础理念的构建，而非专注于简单的利益博弈。人工智能技术进入规范化时代，在保障公民数据安全、个人隐私安全、防范人工智能滥用导致的歧视与侵权等问题上，国际社会存在一定共识。

在负责任人工智能的多元化叙事中，蕴含了尊重各自阶层利益的诉求，其利益多元化的设定为国际社会人工智能合作的形成创造了条件。中国可强调人工智能国际治理需要关注各国的发展权，利用国际制度来平衡美国技术霸权主义。人工智能领域的中美合作基础较为脆弱，在美国依靠中国资源解决了自身战略矛盾后，打压与遏制必然接踵而来。因此，应该将负责任人工智能概念纳入国际制度体系，以保

护中小国家发展权为支点，推行技术民主理念，将中美双边人工智能治理体系拓展为全球多边合作体系，将更多国际行为体纳入人工智能治理国际制度中，依托国际社会力量限制大国技术霸凌。应以人工智能全球安全治理推动人工智能国际合作，在全球治理框架下制定更为平衡的人工智能治理制度体系。

中美两国都发布过与人工智能安全治理和伦理治理相关的法律法规和政策文件。近五年来，中国发布了《新一代人工智能伦理规范》等一系列政策性文件，提出中国的人工智能治理诉求。美国、欧盟与世界卫生组织等在此期间也发布了《人工智能应用监管指南》《世界卫生组织卫生健康领域人工智能伦理与治理指南》等规范性文件。通过积极动员全球各国力量，共同参与人工智能伦理建设，从全球性制度的层面切入中美人工智能合作，既能有效遏制美国霸权思维，也能更顺利与美国国内的部分利益诉求对接，为负责任人工智能取向下的国际规范创造更有利的合作环境，形成人工智能治理的合力。

三、合作途径层面由政府主导向多元参与转型

负责任人工智能价值冲突源于部分国家的价值垄断企图。负责任人工智能是一个全球性议题，在国家主导之外，必须依赖多元主体参与。中美两国之间的价值分歧多在政府层面，非政府层面的利益诉求则更广泛与灵活。引入更多的参与主体，能够淡化政府间的价值冲突，创造更有效的合作框架。负责任人工智能架构下，人工智能治理实践能以引入企业、科研机构等多元主体方式，获得更丰富的治理资源，凝聚更广泛的共识，在技术上提出更高效的解决方案，在权威上获得更坚实的合法性技术，在发展上创造更广阔的空间。

人工智能治理合作需要更多技术专家与行业机构加入，积极拓展非政府组织功能，构建符合技术与行业发展需求的混合治理体系尤为关键。例如，不少专家建议在制定"深度伪造"（deep fake）治理规范时，应由电气与电子工程师协会、民间人工智能发展组织或其他人工智能行业组织与政府共同合作，构建混合治理机制全面应对。在国际层面，中美两国政府可以通过召集研究人员组成跨国混合治理小组共同制定对策，利用专业人员的共识弥补政府间互信的不足。[1] 采用非官方渠道的

---

[1]　Maarten Goos, Maria Savona, "The Governance of Artificial Intelligence: Harnessing Opportunities and Mitigating Challenges," *Research Policy*, Vol. 53, No. 3, 2024, https://doi.org/10.1016/j.respol.2023.104928，访问时间：2024 年 3 月 4 日。

协商治理方案不仅有助于避免中美大国战略竞争影响，建立更牢固的信任关系，而且能夯实国际标准和网络空间法规的基础。建立在二轨外交或一点五外交上的混合治理模式，能够对一系列与人工智能技术相关的、更透明、更具包容性的成果产生积极影响。应以科研共同体巩固中美人工智能科研合作，协调中美人工智能治理理念，遏制美国对华打压政策。美国对中国人工智能技术的"他者"叙事是中美人工智能存在分歧的根本原因。通过建立牢固的人工智能科研共同体，可以改变中国人工智能技术的"他者"身份。人工智能技术发展依赖于知识网络和跨国合作。[①]中国是全球最大的高端人工智能研究人才来源国，其次是美国、欧盟国家和印度，这将对全球人工智能研究与发展产生持久影响。由这些人才组成的人工智能研究跨国网络才是决定人工智能技术未来发展的关键。只有通过夯实科研共同体的方式，建立全球人工智能技术联盟，以技术合法性替代政治合法性，才能有效消除价值偏见导致的人工智能治理合作困境，为人工智能领域的充分合作奠定基础。

总之，人工智能技术需要跨国治理合作，这种合作的开展不能被伦理价值的差异绑架。负责任人工智能概念需要摆脱过度意识形态化与价值伦理化的趋势，转变为更为务实的合作框架，以全球共识为基础，以多元合作为路径，成为推动人工智能全球治理合作的基石。

第五节　本章小结

国际合作领域的价值冲突与价值博弈一直是全球治理中难以回避的问题。负责任人工智能概念作为人工智能领域重要的基础性准则，使得这一问题更为突出。在价值冲突维度，负责任人工智能的价值极端化趋势成为国际合作特别是中美合作的严重阻碍。在人工智能治理国际合作领域，国际社会应摒弃传统的观念与标准先行思维，以更开放、包容的态度构建合作框架，取代过度的价值偏好诉求。在价值博弈维度，美国对负责任人工智能概念主导权的觊觎，违背了负责任人工智能开放包容的内在要求，试图将社会共识性转化为政治工具，对人工智能技术的健康发展有百害而无一利。负责任人工智能是一个需要国际社会共同认可，共同遵守的原则性

---

① Owen-Smith, Jason, and Walter W. Powell, "Knowledge Networks as Channels and Conduits: The Effects of Spillovers in the Boston Biotechnology Community," *Organization Science*, Vol. 15, No. 1, 2004, pp. 5—21.

概念，其包容性、多元化的特征决定了人工智能治理合作必须摒弃走价值冲突和价值博弈的老路。

作为人工智能大国的中美两国，在人工智能技术领域的合作尤为重要。两国在数据规模、应用场景、算法和算力等方面具有各自优势，摈弃偏见、促进合作，可以实现资源互补、推动技术进步，更好实现人工智能的有序与可控。从长远角度看，中美双方在人工智能领域的合作，还可以更有效地应对近年来逐步涌现的人工智能风险与负面社会效应问题。在全球范围内，人工智能技术的飞速发展催生出越来越多的应用场景，各种治理问题随之出现。中国和美国是全球大国和人工智能技术的领跑国家，两国在负责任人工智能概念上抛开价值分歧，在构建共识与合作共赢的基础上，共同构建负责任人工智能合作框架引导人工智能"向善的规则"建设意义重大，在人工智能全球治理领域具有积极的示范效应。

综上所述，在人工智能以及更广泛的技术治理领域，中美两国需要抛弃价值偏见，正确认识人工智能治理理念的多元性现实，构建合作框架具有重要的战略意义。双方应摒弃竞争对抗心态，加强在人工智能的研究发展、风险防控及公平应用等领域开展积极合作，共同推动人工智能技术负责任使用。通过建立超越价值与理念分歧的人工智能治理合作框架，双方在推动技术进步、促进良性竞争、稳定双边关系、推动全球治理等方面都能取得显著成果。负责任人工智能概念由价值伦理转变为合作框架，不仅能为全球人工智能技术的发展和应用提供有力支撑，也能为大国竞争背景下其他场景下的治理合作提供有益的启示。展望未来，在全球治理领域，将伦理优先转变为问题优先、打破价值观念壁垒、增加合作弹性必将成为一种新趋势，中美两国在负责任人工智能领域的合作将具有广泛的标杆效应。

第二章　大国竞争背景下美国人工智能技术安全治理

当今世界正经历百年未有之大变局，新技术革命以人工智能等颠覆性技术为代表，成为这一大变局的关键变量之一。作为人工智能技术大国，美国很早就意识到人工智能技术的战略价值，对其可能带来的风险予以高度关注。2016 年的《国家人工智能研究与发展战略计划》是美国政府在人工智能领域发布的首份国家战略报告，标志着美国正式将人工智能发展上升到国家战略层面。[1] 人工智能技术迈入高速发展时期后，围绕着人工智能技术的安全风险，美国政府相继出台了多份报告，2019年 2 月发布的《美国人工智能倡议》、2021 年 3 月发布的关于人工智能的《最终报告》、2023 年 5 月发布的《2023 年国家人工智能研究与发展战略计划更新》等报告对人工智能的安全问题进行了详细阐释，形成了较为成熟的人工智能安全战略。[2]

既有美国人工智能安全战略研究立足政策分析，试图通过解读安全政策与战略目标间的因果关系来探寻美国人工智能安全战略的发展规律。[3] 在美对华采取竞争态度的国际大背景下，美国人工智能安全战略中的战略竞争因素成为研究重点，学界普遍将美国人工智能战略与技术霸权联系在一起，并基于此普遍认为美国人工智

---

[1] National Science and Technology Council Networking and Information Technology Research and Development Subcommittee, "The National Artificial Intelligence Research and Development Strategic Plan," the White House, October 2016, https://obamawhitehouse.archives.gov/sites/default/files/whitehouse_files/microsites/ostp/NSTC/national_ai_rd_strategic_plan.pdf, 访问时间：2024 年 1 月 29 日。

[2] Select Committee on Artificial Intelligence of the National Science and Technology Council, "National Artificial Intelligence Research and Development Strategic Plan 2023 Update," the White House, May 2023, https://www.whitehouse.gov/wp-content/uploads/2023/05/National-Artificial-Intelligence-Research-and-Development-Strategic-Plan-2023-Update.pdf, 访问时间：2024 年 1 月 29 日。

[3] 参见李云鹏、苏崇阳：《拜登政府人工智能政策探析》，载《国防科技》2022 年第 5 期，第 86—95 页；蔡翠红、戴丽婷：《美国人工智能战略：目标、手段与评估》，载《当代世界与社会主义》2021 年第 1 期，第 107—117 页。

能技术的霸权思维不利于全球人工智能技术发展。① 然而，维护霸权只是美国人工智能安全政策的目标之一，单线条的因果分析无法窥视美国人工智能安全战略的全貌。2023 年 10 月 30 日，美国总统拜登签署行政命令，制定人工智能安全新标准，将保护美国人隐私、促进公平和公民权利、维护消费者和工人利益、促进创新和竞争、提升美国在世界的领导地位等诸多议题纳入安全战略目标。② 由此可见，研究美国人工智能安全政策应该全面分析其安全政策在军事、经济、政治与社会等维度的目标，以及这些目标重要性等级或者优先次序，从而更为全面地认识美国人工智能安全战略。学界需要对美国人工智能安全议程展开全面而深入的研究。

"安全议程"是国际关系和安全研究领域的一个重要概念。它是指国际行为体（主要是国家，也包括国际组织、非国家行为体等）为了维护其安全利益而确定的一系列需要优先应对的安全问题、挑战和威胁。③ 这些议题构成了国际安全博弈的焦点，也是相关各方互动的基础。美国政府在人工智能领域安全议程的设置，反映了美国政府对人工智能安全形势的判断，体现其在这一领域的利益偏好、战略目标及实现路径等一系列重要问题。④ 安全议程的设置随着时间的推移而不断发展，不仅能够更为全面地反映安全行为体当下的安全政策，也能折射出未来安全战略的走向。

科学设置安全议程能切中安全问题的要害，积极调动安全治理资源，形成有效的治理路径；反之，如违反安全治理客观规律设置安全议程，就会束缚政府政策选择空间，放大风险与矛盾。人工智能技术的影响遍布军事、政治、经济与社会等多个领域。既往研究很少关注如何协调应对这一复杂的安全议题。面对人工智能技术向社会各界渗透所引发的多元安全议程，学术研究需要突破传统安全战略分析

① 参见王磊：《美国对华人工智能战略竞争的逻辑》，载《国际观察》2021 年第 2 期，第 103—126 页；孙海泳：《论美国对华"科技战"中的联盟策略：以美国对华科技施压为例》，载《国际观察》2020 年第 5 期，第 134—156 页；周琪、付随鑫：《美国人工智能的发展及政府发展战略》，载《世界经济与政治》2020 年第 6 期，第 28—54 页。
② "Fact Sheet: President Biden Issues Executive Order on Safe, Secure, And Trustworthy Artificial Intelligence," the White House, October 30, 2023, https://www.whitehouse.gov/briefing-room/statements-releases/2023/10/30/fact-sheet-president-biden-issues-executive-order-on-safe-secure-and-trustworthy-artificial-intelligence/，访问时间：2024 年 1 月 29 日。
③ Alejandra Torres Camprubí, "The Concept of Security: Brief Genealogy of an Ambiguous Symbol," in Jens Hillebrand Pohl, Joanna Warchol and Thomas Papadopoulos (eds.), *Weaponizing Investments: Volume I*, Cham: Springer International Publishing, 2023, pp. 79—94.
④ Merve Hickok and Nestor Maslej, "A Policy Primer and Roadmap on AI Worker Surveillance and Productivity Scoring Tools," *AI and Ethics*, Vol. 3, No. 3, 2023, pp. 673—687.

方法，综合考虑多种安全因素的影响，形成更适合人工智能安全问题特点的分析视角。

当前，美国的人工智能安全议程呈现多元分化的形态，剖析这种安全议程的特征、逻辑及战略影响，对理解美国人工智能技术安全战略具有重要意义。只有充分理解这一安全议程形成的动因，才能把握美国人工智能安全战略演变的规律，看清当前美国人工智能政策的实质，预见美国人工智能战略的未来走向，并在当前大国竞争的背景下，为中国谋划积极有效的应对策略。

第一节　研究评析与问题提出

人工智能理论最早出现于20世纪50年代，由著名学者阿兰·图灵（Alan M. Turing）提出。[1]2006年深度学习模型问世，成为人工智能技术发展的重要"跃迁点"，2010年后，人工智能三要素（数据、算法、算力）出现实质性突破，人工智能技术正式迈入实用化阶段。人工智能技术的持续突破及在各社会实践领域的爆发式增长，推动人类社会迈入人工智能时代。[2]随着人工智能技术高速发展，特别是生成式人工智能技术应用普及，人工智能技术风险与安全治理研究日渐兴盛。目前，学界对美国人工智能安全战略的研究主要集中在美国对人工智能的安全认知、安全战略与安全治理三个领域。

第一，美国人工智能安全认知研究。国外学者普遍认为人工智能技术能够创造新军事能力，影响未来战争形态。[3]国内学者通过研究美国相关政府文件，较为系统地论述了美国对人工智能安全风险认知。在人工智能应用领域，部分学者认为人工智能的军事应用属于核心问题，美国将其视为影响军事优势的关键技术。[4]除传

---

① Alan M. Turing, "Computing Machinery and Intelligence," *New Series*, 1950, Vol. 59, No. 236, pp. 433—460.

② The White House, "Artificial Intelligence for the American People," March 18, 2022, https://www.Whitehouse.gov/ai/，访问时间：2024年1月29日。

③ James Johnson, "Artificial Intelligence, Drone Swarming and Escalation Risks in Future Warfare," *The RUSI Journal*, Vol. 165, No. 2, 2020, pp. 26—36; Michae Horowitz, Kahn Lauren and Mahoney Casey, "The Future of Military Applications of Artificial Intelligence: A Role for Confidence-Building Measures?" *Orbis*, Vol. 64, No. 4, 2020, pp. 528—543.

④ 杨健、柏祥华：《美军人工智能技术动态研究》，载《航天电子对抗》2020年第1期，第6—10页；龙坤、朱启超：《美军人工智能战略评析》，载《国防科技》2019年第2期，第17—23页。

统的军事安全外，另一部分学者指出人工智能已成为美国国家安全核心领域，人工智能技术与经济安全、意识形态安全等非传统安全联系，成为一项重要公共安全议题。① 也有学者关注人工智能技术对国际秩序的颠覆性影响，将人工智能对国际秩序与国际体系的影响视为国家安全潜在威胁。②

第二，美国人工智能安全战略研究。学界对美国人工智能安全战略研究首先聚焦于军事安全领域，部分学者认为在人工智能技术发展浪潮下，美国将进一步加强人工智能的军事化应用，从而引发人工智能军备竞赛。③ 另一部分学者关注美国政府对人工智能战略的发展，比较不同时期政策异同，试图探寻美国人工智能安全战略发展规律。④ 在美对华采取竞争态度的国际大背景下，美国人工智能安全战略中的战略竞争因素成为研究重点，很多学者提出美国将技术霸权视为国家安全的一部分，维护其对华技术优势是美国人工智能技术战略的重要组成部分。⑤ 国外学者在研究中更关注中国人工智能领域的发展，聚集于中国人工智能技术对美国的挑战。⑥

---

① 刘国柱、尹楠楠：《美国国家安全认知的新视阈：人工智能与国家安全》，载《国际安全研究》2020 年第 2 期，第 135—155 页；吴凡、孙成昊：《美国情报界国际安全威胁认知变迁及对我国的启示》，载《情报杂志》2022 年第 12 期，第 6—15 页；罗曦：《人工智能发展和应用成为美国国家战略》，载《世界知识》2019 年第 6 期，第 48—49 页；Andreas Jungher, "Artificial Intelligence and Democracy: A Conceptual Framework," *Social Media+Society*, Vol. 9, No. 3, 2023, https://doi.org/10.1177/20563051231186353，访问时间：2024 年 1 月 29 日；Ryan Hass and Zach Balin, "US-China Relations in the Age of Artificial Intelligence," Brookings Institution, January 10, 2019, https://policycommons.net/artifacts/4140994/us-china-relations-in-the-age-of-artificial-intelligence/4949920/，访问时间：2024 年 1 月 29 日。

② 封帅：《人工智能时代的国际关系：走向变革且不平等的世界》，载《外交评论》2018 年第 1 期，第 128—129 页。

③ 李大光：《美国推出保持军事优势的"第三次抵消战略"》，载《国防科技工业》2016 年第 7 期，第 61—62 页。

④ 李云鹏、苏崇阳：《拜登政府人工智能政策探析》，载《国防科技》2022 年第 5 期，第 86—95 页；蔡翠红、戴丽婷：《美国人工智能战略：目标、手段与评估》，载《当代世界与社会主义》2021 年第 1 期，第 107—117 页。

⑤ 王磊：《美国对华人工智能战略竞争的逻辑》，载《国际观察》2021 年第 2 期，第 103—126 页；孙海泳：《论美国对华"科技战"中的联盟策略：以美国对华科技施压为例》，载《国际观察》2020 年第 5 期，第 134—156 页；周琪、付随鑫：《美国人工智能的发展及政府发展战略》，载《世界经济与政治》2020 年第 6 期，第 28—54 页。

⑥ Andrew Tilton and Hou Tina, "China's Rise in Artificial Intelligence," *Equity Research*, August 31, 2017, https://knowenproduction.s3.amazonaws.com/uploads/attachment/file/3075/China-Rise-in-AI.pdf，访问时间：2024 年 1 月 29 日。

第三，美国人工智能安全治理研究。针对美国人工智能安全政策，部分学者聚焦美国人工智能安全战略对中国的启示，通过分析人工智能技术在涉及政治、军事与情报等国家安全领域中的应用状况，对中国人工智能安全政策提出建议。[①] 另一部分学者更关注美国人工智能安全战略所面临的挑战及对全球人工智能发展的影响。[②] 国内学者普遍认为美国人工智能战略是其技术霸权思维产物，不利于全球人工智能技术的健康发展。国外学者的研究集中于人工智能技术安全伦理问题，探讨如何应对人工智能对现有社会秩序的影响。[③]

既有研究对美国人工智能安全战略及其对华影响做了较为全面的梳理，特别是在美国对中国人工智能技术竞争策略的研究上积累了丰富成果。但对美国人工智能安全战略的研究还存在一些不足之处。

首先，既有研究对美国政府人工智能安全概念建构的研究不充分。作为一项新兴技术，人工智能刚开始被投入实践应用，目前我们尚处于弱人工智能技术阶段，因此对人工智能技术安全风险的判读多立足于逻辑推理与理论假设，并无现实依据，人工智能安全问题多为建构而非事实。特别是在非传统安全领域，社会各界提出的人工智能安全风险可谓层出不穷，但真正被纳入美国政府战略视野的并不多。美国政府对人工智能安全议题的建构是其政策起点，安全认知并不代表安全政策，安全政策与被充分修饰过的政府安全叙事联系更为紧密。[④] 既有研究多聚焦于对人工智能安全的理论性分析，或对人工智能安全认知的分析，缺乏对美国政府人工智能安全叙事的剖析。这导致既有研究很难全面掌握被政治化的人工智能安全概念，因而难以充分理解美国政府人工智能安全战略形成的动因及相应政策的真实意图。

---

① 谢刚、池忠军：《美国整体政府方法的人工智能战略及应对研究》，载《重庆社会科学》2023年6月，第91—107页：李增华、李晓松、蒋玉娇等：《美国情报领域人工智能系统应用进展研究》，载《国防科技》2022年第4期，第1—5页；李红彩、马德辉：《人工智能对美国国家情报工作战略演进的影响》，载《情报杂志》2022年第3期，第9—17页。

② 李恒阳：《美国人工智能战略探析》，载《美国研究》2020年第4期，第94—114页：阙天舒、张纪腾：《美国人工智能战略新动向及其全球影响》，载《外交评论（外交学院学报）》2020年第3期，第121—154页。

③ Thilo Hagendorff, "The Ethics of AI ethics: An Evaluation of Guidelines," *Minds and Machines*, Vol. 30, No. 1, 2020, pp. 99—120; Benedetta Giovanola and Simona Tiribelli, "Beyond Bias and Discrimination: Redefining the AI Ethics Principle of Fairness in Healthcare Machine-Learning Algorithms," *AI & Society*, Vol. 38, No. 2, 2023, pp. 549—563.

④ 岳圣淞：《政治修辞、安全化与美国对华政策的调整》，载《世界经济与政治》2021年第7期，第78—103页。

　　其次，既有研究对美国人工智能安全战略的研究偏重军事安全，忽视非传统安全。美国政府非常重视人工智能在军事领域的应用及其对美国传统安全的影响，人工智能安全的核心议题是其对军事能力及未来战争形态的影响，并且美国政府早在2014年就开展第三次"抵消战略"，寻求在人工智能领域与其他国家拉开代差。①但随着人工智能技术的发展，美国政府对非传统安全问题的关注日渐增加。特别是在人工智能技术的进一步发展涉及大量个人数据采集与分析后，人工智能技术的公共安全属性更为明显。另一方面，人工智能在经济安全、意识形态安全等领域也具有重要地位。在美国政府的人工智能安全叙事中，非传统安全因素的重要性正在提升。可见，过多关注人工智能的军事安全问题，不仅难以完整覆盖人工智能安全概念的全部内涵，更是忽视了非传统安全议题对美国人工智能安全政策的限制作用，无法准确把握美国人工智能安全战略的完整面貌。

　　最后，既有研究过分强调霸权护持逻辑下的中美竞争，忽视人工智能安全领域的中美合作共治研究。人工智能安全的重要性已获得美国国防战略界一致认可，近年来美国在人工智能领域的对华打压与围堵从未停止。虽然美国在新兴技术领域的霸权逻辑必然导致中美两国激烈的科技竞争，但人工智能技术安全议题的多样性与全球性也为中美两国开展人工智能安全合作创造了空间。特别是人工智能技术普及后，人工智能安全治理已成为一个全球治理议题。人工智能安全治理的全球性与公共性特征为激烈的中美技术竞争创造出一定的合作空间。故而只谈安全竞争而不谈安全合作，既难以充分理解人工智能安全治理问题，也不符合实践需求。

　　由此可见，既有研究对美国人工智能安全战略与相关政策的研究思路依然局限于传统的大国竞争与霸权护持思想，并未注意到多元安全叙事对安全政策的影响与限制。随着人工智能技术安全向社会领域扩张，相关安全战略牵涉的安全利益日渐多元。在这种多元化的利益诉求下，美国政策目标不可能局限于仅为维护技术霸权服务。如何在安全政策研究中突破传统战略分析方法的束缚，综合考虑传统安全与非传统安全因素的影响，形成更适合新兴技术安全议题特征的分析视野，是国际安全研究的当务之急。在这一视野下，美国政府的人工智能安全叙事是理解与分析美国人工智能安全治理政策的一把钥匙。只有充分梳理自奥巴马政府以来美国人工智能技术议题

---

① McGrath J. R., "Twenty-First Century Information Warfare and the Third Offset Strategy," *Joint Force Quarterly*, 2016, Vol. 82, No. 3, pp. 16—23.

的安全叙事，全面掌握美国人工智能安全利益诉求及其演化特征，全图景分析美国人工智能安全利益诉求，才能探寻相关政策实质，找到其政策困境根源。本章将立足这些理论分析，寻找中美人工智能合作的利益基础，并为此创造政策空间。

第二节　美国人工智能安全议程的演进与特征

对于新兴技术而言，政策层面的关注通常与技术的突破性飞跃或大规模应用密切相关。"人工智能"的概念提出已近 70 年，[①] 鉴于技术发展局限性，2010 年前人工智能安全问题并未引起国际社会关注，美国亦未深度关注人工智能技术。2010 年是人工智能技术发展的飞跃点，在突破理论与计算机技术后，人工智能技术迈入实用化阶段。2011 年，国际商业机器公司（International Business Machines Corporation，IBM）研发的人工智能程序"沃森"（Watson）在智力问答节目中击败两位人类冠军选手；2014 年，人工智能程序在"图灵测试"中被判断具备人类智能，这一系列巨大成就使人工智能技术迅速进入国家战略视野，被视为一种能够改变世界的工具。[②] 自此，美国开始正视人工智能对国家安全的重要影响，2016 年，奥巴马政府明确表达其对人工智能及相关风险的关注，随后科研机构、民间组织、智库的相关研究报告大量涌现，安全议题成为美国人工智能技术政策的重要组成部分。

一、从社会风险议程到战略风险议程

美国政府层面的人工智能战略布局始于奥巴马政府时期。2016 年 10 月，美国政府密集发布有关人工智能的战略与政策，奥巴马在白宫会议上就人工智能技术的未来发展发表演说，阐明了美国人工智能技术发展的愿景。美国国家科学技术委员会发布《国家人工智能研究与发展战略计划》，提出美国人工智能技术发展的

---

① 1956 年，在美国达特茅斯学院（Dartmouth College）举行的一场研讨会中，约翰·麦卡锡（John McCarthy）第一次正式提出"人工智能"的概念。参见 Wang Guanghui et al., "Unveiling the future navigating next-generation AI frontiers and innovations in application," *International Journal of Computer Science and Information Technology*, Vol. 1, No. 1, 2023, pp. 147—156。

② Darrell M. West and John R. Allen, "How Artificial Intelligence Is Transforming the World?" Brookings Institution, April 2018, https://www.brookings.edu/research/how-artificial-intelligence-is-transforming-the-world/, 访问时间：2024 年 1 月 29 日。

七大战略方向，正式将人工智能技术纳入美国国家战略；① 白宫科技政策办公室发布政策报告《为人工智能的未来做准备》，阐述美国政府对人工智能的公共政策取向。②2016 年 12 月，美国总统办公室发布《人工智能、自动化与经济报告》，着重分析了人工智能对经济的影响。③

　　奥巴马政府的人工智能安全议程设置立足"新自由主义"原则，围绕经济安全、道德权利与技术风险等安全议题展开，以应对人工智能技术导致的社会风险为主要目标。④ 这一时期的人工智能安全议题主要集中在非传统安全领域。奥巴马政府围绕人工智能技术对社会公平尤其是就业市场的冲击⑤、人工智能应用中的意外情况导致的不确定风险⑥、人工智能破坏国际人道主义规范和引发道德危机等问题构建安全议程。⑦ 整体上看，这些安全议题现实威胁较小，对抗程度低。⑧ 在这一

---

① National Science and Technology Council Networking and Information Technology Research and Development Subcommittee, "The National Artificial Intelligence Research and Development Strategic Plan," the White House, October 2016, https://obamawhitehouse.archives.gov/sites/default/files/whitehouse_files/microsites/ostp/NSTC/national_ai_rd_strategic_plan.pdf, 访问时间：2024 年 1 月 29 日。

② Executive Office of the President National Science and Technology Council Committee on Technology, "Preparing for the Future of Artificial Intelligence," the White House, October 2016, https://obamawhitehouse.archives.gov/sites/default/files/whitehouse_files/microsites/ostp/NSTC/preparing_for_the_future_of_ai.pdf, 访问时间：2024 年 1 月 29 日。

③ Executive Office of the President, "Artificial Intelligence, Automation, And the Economy," the White House, December 2016, https://obamawhitehouse.archives.gov/sites/whitehouse.gov/files/documents/Artificial-Intelligence-Automation-Economy.pdf, 访问时间：2024 年 1 月 29 日。

④ 吴雁飞：《人工智能时代的国际关系研究：机遇与挑战》，载《国际论坛》2018 年第 11 期，第 39—41 页。

⑤ Executive Office of the President, "Fact Sheet: Improving Economic Security by Strengthening and Modernizing the Unemployment Insurance System," the White House, January 2016, https://obamawhitehouse.archives.gov/the-press-office/2016/01/16/fact-sheet-improving-economic-security-strengthening-and-modernizing，访问时间：2024 年 1 月 29 日。

⑥ National Science and Technology Council Networking and Information Technology Research and Development Subcommittee, "The National Artificial Intelligence Research and Development Strategic Plan," the White House, October 2016, https://obamawhitehouse.archives.gov/sites/default/files/whitehouse_files/microsites/ostp/NSTC/national_ai_rd_strategic_plan.pdf, 访问时间：2024 年 1 月 29 日。

⑦ Executive Office of the President National Science and Technology Council Committee on Technology, "Preparing for the Future of Artificial Intelligence," the White House, October 2016, https://obamawhitehouse.archives.gov/sites/default/files/whitehouse_files/microsites/ostp/NSTC/preparing_for_the_future_of_ai.pdf, 访问时间：2024 年 1 月 29 日。

⑧ Mara Karlin, "The Implications of Artificial Intelligence for National Security Strategy," Brookings Institution, November 2018, https://www.brookings.edu/research/the-implications-of-artificial-intelligence-for-nationalsecurity-strategy/，访问时间：2024 年 1 月 29 日。

安全议程下，美国政府开始主动介入人工智能技术发展，将人工智能技术发展纳入国家战略框架内。在此背景下，人工智能技术安全化的主要政治动机是为政府干预、监管新兴技术发展创造条件。相对而言，奥巴马政府并没有在有关人工智能政策的官方文件中将中国描述为威胁，此时的人工智能安全议程也没有将科技竞争安全化。

不同于奥巴马政府重点关注人工智能技术对美国经济发展与公共安全的影响，特朗普政府立足于"有原则的现实主义"（principled realism）理念，① 将人工智能安全问题提升到国家权力地位与经济安全的战略高度。2017 年，特朗普政府的首份《国家安全战略》报告将人工智能视为影响国家安全的重要因素，② 人工智能安全议程中战略安全的成分迅速增加。特朗普政府以人工智能影响经济安全为逻辑起点，以中国军事威胁为核心关切，步步推进，将人工智能的安全议程由国内拓展到国际，由社会安全拓展到经济安全与军事安全，极大拓宽了人工智能安全议程的覆盖范围。特朗普政府将人工智能技术与经济安全和现实利益挂钩，引发公众对人工智能安全问题的关注；③ 在安全议程设计上由应对风险转变为应对敌人，通过塑造竞争对手，进一步突出人工智能技术对美国国家安全的重要性；④ 这种安全议程设置突出传统安全风险，强调人工智能技术的军事属性与对抗性质。⑤

特朗普政府的人工智能技术安全议程与国家安全、大国竞争紧密联系，以强化大国竞争为主要目标。特朗普政府认为人工智能技术竞争的成败是国家安全的根基，其他国家一旦在人工智能领域超越美国，将损害美国经济实力并直接威胁美国国家安全。此时，美国在人工智能安全议程设置中提高技术竞争优先级，而淡化技术风险问题。自 2018 年起，美国连续发布《机器崛起：人工智能对美国政策不断

---

① Aaron Ettinger, "Principled Realism and Populist Sovereignty in Trump's Foreign Policy," *Cambridge Review of International Affairs*, Vol. 33, No. 3, 2020, pp. 410—431.

② The White House, "A New National Strategy for a New Era," 2018, https://trumpwhitehouse. archives.gov/articles/new-national-security-strategy-new-era/，访问时间：2024 年 1 月 29 日。

③ The White House, "National Security Strategy of the United States of America," December 18, 2017, http://nssarchive.us/wp-content/uploads/2017/12/2017.pdf，访问时间：2024 年 1 月 29 日。

④ The White House, "National Security Strategy of The United States Of America," December 18, 2017 https://trumpwhitehouse.archives.gov/wp-content/uploads/2017/12/nss-final-12-18-2017-0905-2.pdf，访问时间：2024 年 1 月 29 日。

⑤ The Department of Defense, "Sharpening the American Military's Competitive Edge: Summary of the 2018 National Defense Strategy," 2018, https://dod.defense.gov/Portals/1/Documents/ pubs/2018-National-Defense-Strategy-Summary.pdf，访问时间：2024 年 1 月 29 日。

增长的影响》《人工智能与国家安全：人工智能生态系统的重要性》《2019 年国家人工智能研究与发展战略计划更新》《美国人工智能行动：第一年度报告》《2020 年人工智能与国家安全报告》等一系列政策文件，不断加大在人工智能领域的战略关注和投入，提升大国竞争在安全议程中的地位。①

出于思维模式与政治立场的差异，奥巴马政府与特朗普政府对人工智能技术安全议程的设置存在较大差异，分别形成了社会风险管控与战略风险防范两套安全议程体系，形成了截然不同的人工智能安全战略。在政策实践中，控制人工智能的社会风险需要加强监管并开展更广泛的国际合作，维护人工智能的技术霸权则需要放松监管以尽力赢得技术竞争。显然，两种安全议程在立场、取向与实践中存在一定程度的冲突与对立。

二、安全议题的整合与多元安全议程的形成

拜登政府上台后，延续了特朗普政府将人工智能技术作为国家安全战略重要组成部分的政策。因此，其人工智能技术安全议程的主要议题没有发生根本性转变，并部分继承了特朗普政府有关人工智能大国竞争的主张。但与特朗普政府狂热的"美国优先"价值根基不同，拜登政府的人工智能安全议程更为理性与务实，体现出民主党建制派的执政理念与利益诉求，并在此基础上对人工智能技术安全议程进行了融合与重构。

首先，拜登政府将赢得与中国的技术竞争并维护其人工智能领域的技术霸权视为优先安全议程，延续了人工智能安全议程中的战略安全取向。在国家安全领域，人工智能大国竞争依然是美国政府人工智能的核心安全议题。在美对华全面竞争背景下，美国政府已明确将中国视为人工智能领域最重要的竞争对手，认为以人工智能为代表的新技术竞争将成为中美博弈新焦点。2021 年 3 月 2 日，美国人工智能国家安全委员会发表《最终报告》，将中国视为美国人工智能技术优势的挑战者，并将中国在人工智能技术领域的发展视为美国国家安全重要威胁。② 拜登政府非常关

---

① Eryn Rigley, Caitlin Bentley and Sarvapali D. Ramchurn, "Evaluating International AI Skills Policy: A Systematic Review of AI Skills Policy in Seven Countries," *Global Policy*, Vol. 15, No. 1, 2024, pp. 204—217.

② The National Security Commission on Artificial Intelligence, "Final Report," NWC Foundation, March 2021, https://nwcfoundation.org/wp-content/uploads/2021/04/NSCAI-Final-Report-AI-Accelerated-Competition-and-Conflict.pdf，访问时间：2024 年 1 月 29 日。

注中国在人工智能技术领域中取得的成绩，将中国技术优势的安全效应延伸到政治、经济、社会各领域，人工智能技术竞争上升为战略竞争。

其次，拜登政府提出"价值安全"的概念，推动整合不同利益取向的安全议题，构建了一套概念边界清晰、优先级别明确的人工智能安全议程。拜登政府摒弃了特朗普政府强调的经济与国家实力等现实利益原则，在军事安全之外实现了社会安全与战略安全的议程整合。拜登政府的议程设置原则回归到奥巴马时代的道德与价值主题。一方面，拜登政府提出，只有符合美国价值观与道德准则的人工智能技术才是安全的人工智能技术，将价值标准与人工智能安全深度捆绑，以价值安全议程弥合社会安全与战略安全议程中的差异。[①] 另一方面，在大国竞争背景下，获取人工智能技术优势已成为维护美国社会团结与信心的基础，拜登政府视获取人工智能技术竞争优势为一种超越现实利益的政治责任。拜登政府在发布促进产业竞争的行政命令时曾明确表示："在与中国的竞争中……让我们证明美国民主和美国人民能够真正胜过任何人。"[②] 拜登政府遵循民主党的价值取向，将人工智能技术优势上升到维护国家核心价值层面，通过将人工智能技术意识形态化，推动人工智能安全议程在内部保护与外部竞争两个议程上的统一，一定程度上弥合了不同安全利益取向导致的政治分歧。

拜登政府对人工智能技术的安全议程试图融合奥巴马政府注重道德与价值的取向和特朗普政府关注美国领导力与现实利益的利益诉求。虽然拜登政府在大国竞争领域仍延续特朗普政府的安全议程，并将中国明确定义为美国的战略竞争对手，但在安全议程的核心价值取向上体现了民主党的政治特色，通过价值安全议程弥合既有安全议程分歧，但这种整合也进一步凸显并固化了中美两国在人工智能技术安全问题上的分歧。拜登政府及其所属民主党在面对人工智能安全议题时更加关注其道德规范与利益多样性，故将各种不同群体的利益诉求都纳入人工智能技术安全议程

①　U.S. Senator Martin Heinrich, "Heinrich, Portman Urge National Science Foundation to Prioritize Safety and Ethics in Artificial Intelligence Research, Innovation," *Martin Heinrich Newsroom*，May 13, 2021, https://www.heinrich.senate.gov/press-releases/heinrich-portman-urge-national-science-foundation-to-prioritize-safety-and-ethics-in-artificial-intelligence-research-innovation，访问时间：2024 年 1 月 29 日。

②　The White House, "Remarks by President Biden at Signing of an Executive Order Promoting Competition in the American Economy," July 9, 2021, https://www.whitehouse.gov/briefing-room/speeches-remarks/2021/07/09/remarks-by-president-biden-at-signing-of-an-executive-order-promoting-competition-in-the-american-economy/，访问时间：2024 年 1 月 29 日。

中，通过安全化的方式回应美国社会各群体的利益诉求。拜登政府的人工智能安全议程成为一个巨大"容器"，将人工智能所附带的各种矛盾都装入其中，通过安全化推动其人工智能政策的实施。

最后，拜登政府将人工智能重构为战略稳定、大国竞争与治理合作三个维度的安全议程。2021 年 7 月，在美国国家安全委员会人工智能全球新兴技术峰会（Global Emerging Technology of the National Security Commission on Artificial Intelligence）上，美国国防部部长劳埃德·奥斯汀表示，在人工智能领域，美国在军事与社会核心价值方面遭受了双重挑战，美国政府开始尝试切分人工智能安全议程。① 美国国务卿安东尼·布林肯提出的对华政策"三分法"是这种边界设置的典型代表。这种"三分法"认为美国对华政策应该在"该竞争时竞争、应合作时合作、须对抗时对抗"，以确保中美之间进行的是"没有灾难的竞争"。② 拜登政府进一步将人工智能安全议程依据不同的战略取向进行更为细致的划分。遵循竞争、合作与对抗相互隔离的思路，拜登政府将人工智能安全议程切分为战略稳定议程、大国竞争议程与治理合作议程三个维度，形成多元安全议程并存的格局。具体而言，这体现在如下几个层面。

战略稳定议程主要集中在军事议题上。美国在军事领域的人工智能安全议程设置中显得较为保守，拜登政府将维护大国战略稳定作为安全议程的优先事项。拜登政府的人工智能军事安全议程延续了"中国军用人工智能技术威胁论"观点，将中国人工智能技术在国防军事领域的应用视为安全威胁，认为中国人工智能技术发展将会导致美国丧失在未来战场上的主动权。③ 不过拜登政府的安全议程更强调应对人工智能技术被应用到自主化武器系统时可能导致的战略误判与不确定风险，其安全优先事项是防范人工智能诱发的军事误判破坏大国战略稳定。新美国安全研究中

---

① Department of Defense, "Secretary of Defense Austin Remarks at the Global Emerging Technology of the National Security Commission on Artificial Intelligence," July 13, 2021, https://thepressreleaseengine.com/secretary+of+defense+austin+remarks+at+the+global+emerging+technology+summit+of+the+national+security+commission+on+artificial+intelligence+as+delivered+-id210220-1271616，访问时间：2024 年 1 月 29 日。

② 周文星：《美国霸权想象下的中国"大战略"——〈持久战：中国取代美国秩序的大战略〉评介》，载《美国研究》2022 年第 5 期，第 49—66 页。

③ The National Security Commission on Artificial Intelligence, "Final Report," NWC Foundation, March 2021, https://nwcfoundation.org/wp-content/uploads/2021/04/NSCAI-Final-Report-AI-Accelerated-Competition-and-Conflict.pdf，访问时间：2024 年 1 月 29 日。

心副总裁保罗·沙瑞尔（Paul Scharre）认为，美军一直担忧大国在人工智能军备竞赛的压力下匆忙部署未被充分检测的智能武器系统，导致军事稳定关系失控。① 在这一安全议程中，构建人工智能武器在道德与伦理上的底线，防止军备竞赛，防范人工智能技术破坏大国战略稳定是主要目标。

大国竞争议程主要聚焦于应对美国面对的战略风险。拜登政府将维护美国在人工智能领域的主导权视为安全议程的核心，拜登政府在其《2023 年国家人工智能研究与发展战略计划更新》中明确指出，中国致力于在人工智能领域超越美国成为全球领导者，在与中国的技术竞争中胜出是维护美国国家安全的重要事项。② 拜登政府以此为核心，将人工智能基础研究、产业发展、标准建设、人才培养等诸多领域的发展都纳入人工智能安全议程，摆出了开展全方位竞争的姿态。

治理合作议程则关注社会风险议题的应对。美国人工智能国家安全委员会在《最终报告》中反复强调人工智能具有双重用途，在为人类创造福利的同时，也会对人类社会构成危害。一方面，人工智能应用可能破坏美国现有政治制度，通过收集个人数据，有针对性地操纵或胁迫个人，影响美国政治体系运作。③ 另一方面，拜登政府将人工智能应用中对公民民事权利的侵犯视为人工智能技术的重要安全风险。白宫 2022 年 10 月发布的《让自动化系统为美国人民服务：人工智能权利法案蓝皮书》指出，人工智能可能导致在司法、医疗与教育等诸多领域的偏见，也可能侵犯工人群体利益，更有可能导致个人隐私泄漏等公共安全问题。④ 此外，拜登政府还将目光投向人工智能技术对其他领域安全的影响。2023 年 10 月，拜登政

---

① Michael Horowitz and Paul Scharre, "AI and International Stability: Risks and Confidence-Building Measures," *CNAS*, January 12, 2021, https://www.cnas.org/publications/reports/ai-and-international-stability-risks-and-confidence-building-measures，访问时间：2024 年 1 月 29 日。

② Select Committee on Artificial Intelligence of the National Science and Technology Council, "National Artificial Intelligence Research and Development Strategic Plan 2023 Update," the White House, May 2023, https://www.whitehouse.gov/wp-content/uploads/2023/05/National-Artificial-Intelligence-Research-and-Development-Strategic-Plan-2023-Update.pdf，访问时间：2024 年 1 月 29 日。

③ The National Security Commission on Artificial Intelligence, "Final Report," NWC Foundation, March 2021, https://nwcfoundation.org/wp-content/uploads/2021/04/NSCAI-Final-Report-AI-Accelerated-Competition-and-Conflict.pdf，访问时间：2024 年 1 月 29 日。

④ The White House, "Making Automated Systems Work for the American People: Blueprint for An Ai Bill of Rights," October, 2022, https://www.whitehouse.gov/wp-content/uploads/2022/10/blueprint-for-an-ai-bill-of-rights.pdf，访问时间：2024 年 1 月 29 日。

府在人工智能行政命令的情况说明中特别提到"防范使用人工智能设计危险生物材料的风险"。① 在这一类型的安全议程中，美国主张与中国开展合作，呼吁与中国就人工智能的伦理规范和价值导向开展对话，确保人工智能的研发和应用符合人类共同价值，这包括防止人工智能的滥用，消除算法偏见和歧视，保护隐私和公民自由等。②

通过整合与重构人工智能安全议程，美国政府将人工智能安全议程进行了较为明确的切分，为其在不同情境下的政策选择创造了更多空间。美国试图通过设置独立的安全议程，最大程度实现其在人工智能领域发展、稳定与合作的战略目标。

三、人工智能多元安全议程构成及特征

美国历届政府立足于自身政治与战略偏好，构建人工智能技术安全议程，通过安全化过程勾勒出人工智能风险与威胁图景，并在此基础上推动自身政策目标的实现。人工智能技术安全议程除了明确安全议题外，更为重要的是确定政府处理安全议题的优先顺序，协调安全资源与安全目标间的关系。

第一，维护霸权是美国人工智能竞争性安全议程的核心目标。美国人工智能安全议程主要围绕着赢得大国竞争，遏制对手以维护自身技术优势及全球霸权而展开。当人工智能技术优势成为国家权力要素后，美国政府为谋求技术霸权，打压竞争对手成为美国对有关大国的政策的重要一环。

在大国竞争安全议程中，人工智能领域的安全议题塑造与"他者"身份建构紧密关联。美国人工智能技术安全化围绕着外部威胁展开，通过明确威胁主体寻找威胁来源。在这一思路下，美国逐渐将中国确定为威胁的主要来源。除奥巴马政府外，特朗普与拜登两届政府都将中国视为人工智能外部威胁的主要来源。在美国人工智能安全议题塑造过程中，对外部威胁的建构一直伴随着"他者"身份的建构。特朗普政府将中国人工智能发展视为对美国经济与国家利益的重大威胁，拜

---

① The White House, "Fact Sheet: President Biden Issues Executive Order on Safe, Secure, and Trustworthy Artificial Intelligence," October 30, 2023, https://www.whitehouse.gov/briefing-room/statements-releases/2023/10/30/fact-sheet-president-biden-issues-executive-order-on-safe-secure-and-trustworthy-artificial-intelligence/，访问时间：2024 年 1 月 29 日。

② Kristen E. Eichensehr, "Biden Administration Pushes for Multilateral Cooperation and Domestic Action to Combat Climate Change," *American Journal of International Law*, Vol. 116, No. 1, 2022, pp. 171—179.

登政府将中国人工智能技术视为对美国价值观的挑战。拜登政府并没有因为两党政治取向的差异而摒弃特朗普政府所构建的大国竞争战略，而是基本接纳，并围绕着大国竞争构建民主党自己的话语体系，将大国竞争从"美国优先"框架转移到"价值优先"框架下，这不仅在最大程度上整合了各政治势力在人工智能技术领域的利益诉求，也为保持对中国人工智能技术打压与遏制构建了新的、更为牢固的政治基础。① 随着人工智能领域"他者"身份建构的不断强化，中国正在被美国人为贴上"负面"标签，这使得中国人工智能技术成果被美国视为威胁，这不再基于现实风险，而更多地出于价值判断。这种安全议程的设定看似针对人工智能技术安全，实质上针对人工智能技术对手。美国人工智能安全目标是一种典型的相对安全目标，强调通过构建相对技术优势来巩固其权力。这一目标是美国人工智能战略的根本目标，在多元安全议程中居于核心地位。

第二，维持大国战略稳定是美国人工智能对抗性安全议程的核心目标。美国为控制人工智能技术因陷入军备竞赛而导致的不可控风险，将维护战略稳定作为人工智能在传统安全领域的核心议程。为避免传统安全领域过度安全化导致人工智能军备竞赛，美国避免渲染人工智能技术在军事领域应用的严重后果，更多是笼统地称之为"能改变现代战争的性质"。② 在战略稳定安全议程中，美国政府的主要诉求是控制风险与避免对抗，因此采取了相对克制和谨慎的态度。美国政府对人工智能技术的军事价值与挑战有清晰的认知，立足于传统技术制胜的军事战略思路以及塑造相对于其他大国的军事优势需要，美国政府与军方在推动人工智能技术在军事领域的应用上力度颇大。③ 然而，人工智能军事化对国际格局稳定的挑战日益凸显，美国对华实施的技术脱钩与打压更是放大了产业链不稳定和技术安全控制能力不足的风险，容易在没有绝对优势的背景下陷入人工智能军备竞赛，甚至诱发不可控的冲突风险。④ 因此，相较于推动人工智能军事化研究以满足对华战略竞争的需求，美

① Arjun Kharpal, "First 100 Days: Biden Keeps Trump-Era Sanctions in Tech Battle with China, Looks to Friends for Help," *CNBC*, April 30, 2021, https://www.cnbc.com/2021/04/29/biden-100-days-china-tech-battle-sees-sanctions-remain-alliances-made.html，访问时间：2024 年 1 月 29 日。

② Defense Advanced Research Projects Agency, "Statement by Dr. Steven Walker," the White House, March 14, 2018, https://docs.house.gov/meetings/AS/AS26/20180314/107978/HHRG-115-AS26-WstateWalkerS-20180314.pdf，访问时间：2024 年 1 月 29 日。

③ 孙海泳：《美国人工智能军事化的发展态势、风险与应对路径》，载《国际论坛》2022 年第 2 期，第 33 页。

④ 傅莹：《人工智能与国际安全治理路径探讨》，载《人民论坛》2020 年第 36 期，第 6—7 页。

国政府与军方更担心美中两国因战略误判导致人工智能军备扩张。① 在此背景下，美国智库与学者都强调美军需要与中方建立信任，以尽力缓解颠覆性技术冲击美中战略稳定。② 维护美中战略稳定成为美国人工智能安全议程中的重要阶段性政策目标。奥巴马政府与拜登政府均积极构建人工智能武器道德规范，强调"不成熟的人工智能军事应用可能导致难以预料的后果"，试图将人工智能军控以及加强军事应用道义合法性作为传统安全领域的主要安全议程，以管控大国人工智能军备竞争，维护大国军事领域的正常互动。虽然压制中国军事智能化发展是美国政界与学界的一致目标，但是出于维护大国战略稳定的需要，拜登政府人工智能军事安全议程保持了相对克制的姿态。值得注意的是，这种克制姿态仅是一种阶段性现象，其实质依然是为竞争性安全议程创造稳定的战略环境，为美国取得最终的战略优势服务。

第三，保障社会与政治格局稳定是合作性安全议程的主要目标。美国政府在意识到人工智能重要的战略价值与颠覆性影响后，试图构建一套公共安全议程，以实现对人工智能安全风险的有效控制。奥巴马政府在人工智能技术刚进入实用化阶段后就注意到了这一技术对于美国经济与劳动力市场的影响，试图通过设置公共安全议程实现政府对人工智能技术的监管。③ 特朗普政府执政前两年坚持政府不干预的原则，在人工智能政策方面几乎没有采取任何行动，政府成员认为"没有必要进行人工智能登月计划，最大限度地减少政府干预是实现人工智能目标的最佳方式"④。但在人工智能技术对社会各阶层利益的巨大冲击面前，特朗普政府也从经济安全角

---

① "Task Force Report: The Role of Autonomy in DoD System," *FAS*, July 2012, https://irp.fas.org/agency/dod/dsb/autonomy.pdf，访问时间：2024 年 1 月 29 日；David Francis, "How a New Army of Robots Can Cut the Defense Budget," *Fiscal Times*, April 2, 2013, https://www.thefiscaltimes.com/Articles/2013/04/02/How-a-New-Army-of-Robots-Can-Cut-the-Defense-Budget，访问时间：2024 年 1 月 29 日。

② Michael Horowitz and Paul Scharre, "AI and International Stability: Risks and Confidence-Building Measures," *CNAS*, January 12, 2021, https://www.cnas.org/publications/reports/ai-and-international-stability-risks-and-confidence-building-measures，访问时间：2024 年 1 月 29 日。

③ Executive Office of the President, "Artificial Intelligence, Automation, And the Economy," the White House, December 2016, https://obamawhitehouse.archives.gov/sites/whitehouse.gov/files/documents/Artificial-Intelligence-Automation-Economy.pdf，访问时间：2024 年 1 月 29 日。

④ Will Knight, "Here's How The US Needs to Prepare for the Age of Artificial Intelligence," *MIT Technology Review*, April 6, 2018, https://www.technologyreview.com/2018/04/06/240935/heres-how-the-us-needs-to-prepare-for-the-age-of-artificial-intelligence/，访问时间：2024 年 1 月 29 日。

度出发，提出了自身的人工智能安全议程。① 随着拜登政府上任，奥巴马政府的人工智能安全议程在某种程度上得到延续，在公共安全领域，维护价值与道德成为人工智能安全议程的主题。拜登政府提出"推进值得信赖的人工智能"发展政策，通过加强政府对人工智能的监管促进人工智能技术领域的道德建设、消除偏见、提高公平和保护隐私。②

一方面，美国政府在治理合作安全议程中采取相对开放的态度，愿意同包括中国在内的其他国家共同应对人工智能安全风险，在人工智能价值与伦理、技术标准与风险评估上均采取开放合作的姿态。特别是在打击网络犯罪、反对人工智能歧视与偏见、保护个人隐私等公共安全议题上，美国主动表现出合作意愿。③ 另一方面，美国政府对人工智能技术社会风险的积极治理与管控，都服从于美国国家安全战略安排。在大国竞争与维护技术霸权的背景下，美国政府在经济、就业、公民权利等维度设置的安全议程，在回应各方利益诉求的同时，也在为构建美国获取人工智能国际规制、技术标准、伦理规范等领域内的主导权服务。这种主导权是美国技术霸权的一部分。合作性安全议程本质上服务于美国维护霸权的整体利益，其设置目标在某种程度上依附于竞争性安全议程。

美国人工智能安全议程的目标是分层设定的，除维护美国霸权的核心目标之外，维护战略稳定在当前阶段也具有重要意义。相对而言，治理合作与大国竞争和战略稳定相比，重要性并不突出，它随着美国政治环境的变迁呈现动态、多变的特征，甚至经常沦为替其他两种安全议程背书的政治工具。由此可见，在当前美国人工智能的多元安全体制下，大国竞争与战略稳定是两大并向主线，而治理合作议程的地位相对较低，这与美国在人工智能领域构建所谓安全"护栏"、积极竞争消极合作的政策一脉相承。

---

① Russell T. Vought, "Guidance for Regulation of Artificial Intelligence Applications," Executive Office of the President Office of Management and Budget, 2020, https://www.whitehouse.gov/wp-content/uploads/2020/11/M-21-06.pdf，访问时间：2024 年 1 月 29 日。

② The White House, "Ensuring Safe, Secure, and Trustworthy AI," July 2023, https://www.whitehouse.gov/wp-content/uploads/2023/07/Ensuring-Safe-Secure-and-Trustworthy-AI.pdf，访问时间：2024 年 1 月 29 日。

③ Michael C. Horowitz and Erik Lin-Greenberg, "Algorithms and Influence Artificial Intelligence and Crisis Decision-making," *International Studies Quarterly*, Vol. 66, No. 4, 2022, p. 69.

第三节　美国人工智能多元安全议程的战略逻辑

随着人工智能技术的迅速发展，其国家安全属性日益凸显。2017 年，美国国会颁布《人工智能未来法案》，针对人工智能发展带来的机遇和挑战提出建议，该法案成为美国针对人工智能发展的第一个联邦法案。2019 年 2 月，特朗普启动"美国人工智能倡议"，加大了联邦政府机构对人工智能研究的资金投入，并在其未来规划和年度预算中优先考虑人工智能的研究与开发情况。拜登政府进一步厘清人工智能技术安全议题的边界与性质，形成多元共存的人工智能安全议程，而这一多元安全议程的形成是多种战略因素共同作用的结果。

一、平衡多样化的安全利益诉求

从奥巴马到拜登，美国政府的人工智能安全议程不断发展，一个庞杂的人工智能安全概念体系亦逐渐形成。纵观美国政府人工智能技术安全议程设置的演进，自人工智能技术实用化以来，历届美国政府都非常重视人工智能技术对人类社会发展的重要影响以及对社会政治与经济发展的巨大挑战。基于这一判断，美国三届政府均改变了传统上政府对科技研究的"不干预政策"，强调政府对人工智能技术发展负有重要的扶持与监管责任。基于政治立场与利益取向的差异，民主党政府与共和党政府对人工智能设置了不同的安全议程。在中美大国竞争背景下，拜登政府继承了特朗普政府的大国竞争战略，延续了针对中国的全面打压与遏制政策。拜登政府以传统安全与非传统安全议题为边界，对人工智能安全议程进行重构；并以价值安全的名义对人工智能安全议程进行整合，这种安全议程设置折射出美国人工智能政策在三个主要维度上的利益诉求。

第一，权力政治诉求。美国西点军校学者迈克尔·杜达（Michael Duda）明确表示，人工智能将彻底改变大国安全关系，重新分配国际各行为体权力。[1] 无论从军事能力、经济发展，还是其他重要国家能力角度看，美国都将人工智能视为颠覆

---

[1] Michael Duda, "Disruptive Technology and American Influence in the Coming Decade," 72nd Student Conference on US Affairs, 2021, https://s3.amazonaws.com/usmamedia/inlineimages/academics/academic_departments/social_sciences/SCUSA/72%20Table%20Papers/SCUSA%2072%20Theme%20Paper.pdf, 访问时间：2024 年 1 月 29 日。

现有国家安全格局的核心变量。① 在这一安全关切下，美国唯有在人工智能技术领域保持全方位领先，才能实现自身国家安全目标，一旦在这一领域被其竞争对手超越或无法拉开差距，美国将面临严峻的国家安全风险。此外，确保人工智能技术领先地位还关系到国际社会对美国大国领导力与威望的认知，具有重要的国际权力效应。② 因此，美国政府将维护自身在人工技术上的霸权地位视为核心安全议题，并围绕这一逻辑设置安全议程。

第二，战略稳定诉求。从安全联动维度看，人工智能将深刻影响其他科学技术与社会议题的发展，具有更为广泛的安全效应。美国政府与学界多次表示，人工智能技术造成的颠覆性效应将放大其他技术的安全风险，人工智能军事应用形成的极速战将使决策者缺乏足够时间对危机作出合理判断。③ 此外，美国政府判断当人工智能技术被应用于生物技术、网络攻击、社会宣传等领域时，将放大这些领域原本已经存在的诸多安全问题。从社会生活领域看，人工智能技术将改变人类获取知识与相互交流的方式，冲击现有社会秩序，例如，生成式人工智能可能误导公众舆论，对社会价值安全造成冲击。④ 一旦人工智能技术落入军备竞赛，美中之间的战略稳定很有可能遭到破坏。因此在军事安全领域，美国需要与中国合作，缓解颠覆性技术冲击美中战略稳定。⑤ 在军事安全领域的安全议程中，美国在现阶段将维护战略稳定置于优先位置，在没有取得巨大优势前保持相对克制。

第三，政治整合诉求。人工智能将颠覆美国现有内部利益分配格局，对人工智能技术进行有效监管成为美国维护国家安全的重要因素。美国政府一直关注人工智能在应用中的诸多潜在风险，如歧视、侵犯个人隐私等。拜登政府在 2023 年 10 月

① Kelley Sayler, "Artificial Intelligence and National Security," Congressional Research Service 45178, May 31, 2022, https://apps.dtic.mil/sti/citations/trecms/AD1170086, 访问时间：2024 年 1 月 29 日。

② Rongsheng Zhu, Ziwen Feng and Qi Chen, "Competition of Artificial Intelligence in Big Countries: the Mystery of Power and Security," 2022 8th Annual International Conference on Network and Information Systems for Computers (ICNISC), Hangzhou, China, 2022, pp. 209—216.

③ Michael C. Horowitz and Erik Lin-Greenberg, "Algorithms and Influence Artificial Intelligence and Crisis Decision-Making," *International Studies Quarterly*, Vol. 66, No. 4, 2022, p. 69.

④ National Artificial Intelligence Advisory Committee, "National Artificial Intelligence Advisory Committee Year 1 Report 2023," May 2023, https://www.ai.gov/wp-content/uploads/2023/05/NAIAC-Report-Year1.pdf, 访问时间：2024 年 1 月 29 日。

⑤ Michael Horowitz, Lauren Kahn and Casey Mahoney, "The Future of Military Applications of Artificial Intelligence: A Role for Confidence-Building Measures?" *Orbis*, Vol. 64, No. 4, 2020, pp. 528—543.

30 日发布的《关于安全、可靠和可信地开发和使用人工智能的行政命令》中强调："不负责任地使用（人工智能）可能会加剧欺诈、歧视、偏见和虚假信息等社会危害，取代工人并剥夺他们的权利，抑制竞争并对国家安全构成风险。"[①] 在美国政府的安全认知中，人工智能应用既可以增强国家实力，也可能系统性地损害不同群体权利，冲击现有社会秩序和价值观体系。这将从根本上颠覆美国现有国家制度，威胁国家安全。政治整合逻辑下，拜登政府在安全议程设置中极力平衡各方利益诉求，提出通过价值安全理念整合社会安全与战略安全诉求，并通过这一手段进一步整合其盟友利益，集中精力围堵中国发展。[②]

三大诉求彰显了美国人工智能的发展目标，更促使其安全议程从国际权力博弈延伸到国内权利保护，再进一步发展到各种跨领域安全问题，覆盖领域十分广泛。人工智能技术被赋予各种不同安全叙事，各利益主体从不同角度解读人工智能技术安全风险，推动人工智能技术安全化，实现自身利益诉求。但是多元化的利益诉求难以在安全议程设置中完全实现，过度使用安全化手段也降低了政策自由度，导致多种安全目标互相干扰，造成一定政策困境。特别是，人工智能技术安全议题已然跨越了传统安全与非传统安全边界，稍有不慎易致竞争失控并转变为大国冲突。面对这一问题，美国采取在安全议程设置上多元分割的策略，将冲突、竞争与合作三种安全议程切分与隔离，在人工智能领域形成多个平行存在的安全议程，确保美国能以最小政治成本维护其人工智能技术霸权。这种多元分割策略看似解决了美国人工智能安全政策的困境，但长期来看，可能会带来更大挑战。

二、控制极端安全化的政治风险

人工智能安全议程的演进历程折射出历届美国政府政治立场与政策取向的差异。美国政府的人工智能安全议程与人工智能安全化存在紧密联系。安全议程由一系列相互关联的安全政策构成，其设置代表了美国政府对人工智能问题的研判与立

---

① The White House, "Executive Order on the Safe, Secure, and Trustworthy Development and Use of Artificial Intelligence," October 30, 2023, https://www.whitehouse.gov/briefing-room/presidential-actions/2023/10/30/executive-order-on-the-safe-secure-and-trustworthy-development-and-use-of-artificial-intelligence/，访问时间：2024 年 1 月 29 日。

② Kristen E. Eichensehr, "Biden Administration Pushes for Multilateral Cooperation and Domestic Action to Combat Climate Change," *American Journal of International Law*, Vol. 116, No. 1, 2022, pp. 171—179.

场，在某种程度上可以视为人工智能技术安全化的重要政治结果。① 一般情况下，安全化施动者对安全议题的建构是明确而单一的，但人工智能技术的巨大影响力与颠覆性特征，使得针对这一问题的安全化呈现多维度与复合性特征。过度安全诉求往往造成人工智能技术泛安全化与极端化问题的产生，不仅可能干扰理性判断，更易导致军事领域战略误判。美国政府既需要通过利益安全化推动大国竞争，也需要防范安全化引起战略误判、破坏战略稳定，更需要利用安全化在社会安全治理层面获取中国配合。在这一战略逻辑下，安全议程的合理切分成为规避极端安全化政治风险的捷径。

一方面，精准切分安全议程可以控制人工智能安全议题的外延范围，防范人工智能技术落入泛安全化陷阱，导致政治风险。在多元利益驱使下，人工智能议题被安全化为一个巨大"缝合怪"。自奥巴马政府以来，人工智能安全议题向经济、政治、文化、军事、公民权利等各领域延伸，几乎囊括所有利益相关者的诉求。如此庞杂的安全议题如缺乏管理，就会给人工智能安全政策制定增加政治负担。特别是人工智能具有明显两用性特征，易诱发传统安全关切、催生战略误判。为最大程度利用由安全化带来的政治利益，防范其破坏战略稳定及部分社会治理议程，美国政府需要通过切分安全议题来控制安全化的作用范围，防止其泛化与极端化。

另一方面，精准切分人工智能安全议程可以防范意识形态与政治操弄对大国战略稳定议程的影响。奥巴马政府设定的安全议程反映出对人工智能技术蕴含的道德风险及对劳工利益损害的担忧；特朗普政府推动人工智能技术竞争，主要是看到了巨大经济效益及与经济安全之间的紧密联系；拜登政府为整合人工智能安全议程，将价值安全纳入人工智能安全框架中，将人工智能安全议题推向意识形态范畴。以意识形态异同作为评判安全与否的标准，这使得美国竞争对手的人工智能技术无论实质如何，都将被视为具有安全风险，只有符合美国价值标准的人工智能才被视为安全的人工智能。② 相应地，拜登政府提出了所谓"值得信赖的人工智能"概念，强调保护隐私，促进"公平和公民权利"，维护消费者和工人利益，促进创新和竞争，提升美国在世界的领导地位等一系列所谓"好人工智能"的价值评判标准，试

---

① Daniel S. Schiff, "Looking through a Policy Window with Tinted Glasses: Setting the Agenda for US AI Policy," *Review of Policy Research*, Vol. 40, No. 5, 2023, pp. 729—756.

② The White House, "U.S.-EU Trade and Technology Council Inaugural Joint Statement," September 29, 2021, https://www.whitehouse.gov/briefing-room/statements-releases/2021/09/29/u-s-eu-trade-and-technology-council-inaugural-joint-statement/, 访问时间：2024 年 1 月 29 日。

图将其盟友纳入美国人工智能规范体系。① 姑且不论美国将人工智能技术进行意识形态化效果如何，仅从操作层面看，立足主观判断来评估风险，夸大价值冲突来建构威胁，将促使人工智能安全概念走向空心化与虚无化，虽然在一定程度上能够实现政治目标，但将安全问题置于难以调和的价值冲突领域容易导致矛盾固化，在传统安全领域，这种情况的发生将极大增加发生冲突的可能性。美国政府要使用价值伦理工具实施安全化，就必须将这种安全化控制在非传统安全领域，也必须将人工智能安全议程进行明确切割。

综上可知，美国政府为推动人工智能大国竞争，将价值伦理工具化，频繁使用安全化手段实施政治动员。但为规避这种极端安全化可能导致的政治风险，美国政府又通过建构多元化安全议程来精准切割安全议题，试图控制极端安全化负面效应的影响范围。

三、保留人工智能安全合作空间

人工智能安全议程无法回避社会安全诉求，在很大程度上，人工智能技术的有序发展需要各国共同参与治理与构建规范。② 人工智能技术发展与应用的规律决定了其安全议程无法回避国际安全治理合作。这使得在大国竞争之外，美国必须为国际合作，特别是与竞争对手合作保留一定政策空间。

第一，控制人工智能技术的社会风险需要国际社会统一行动。单一国家无法有效应对人工智能技术应用过程中的社会负面效应。人工智能系统的开发、部署和应用往往跨越国界，涉及多个利益相关方。一国出台的政策规定难以约束其他国家的行为。如果各国在人工智能治理上缺乏协调，就可能出现监管真空或监管冲突，导致风险失控。③ 为了控制人工智能安全风险，必须对某些研究与应用进行限制，而

---

① The White House, "Fact Sheet: President Biden Issues Executive Order on Safe, Secure, and Trustworthy Artificial Intelligence," October 30, 2023, https://www.whitehouse.gov/briefing-room/statements-releases/2023/10/30/fact-sheet-president-biden-issues-executive-order-on-safe-secure-and-trustworthy-artificial-intelligence/，访问时间：2024 年 1 月 29 日。

② Huiyun Jing et al., "An Artificial Intelligence Security Framework," *Journal of Physics: Conference Series*, Vol. 1948, No. 1, 2021, p. 4; Benouachane Hassan, "Artificial Intelligence in Social Security: Opportunities and Challenges," *Журнал исследований социальной политики*, Vol. 20, No. 3, 2022, pp. 407—418.

③ Daniel S. Schiff, "Looking through a Policy Window with Tinted Glasses: Setting the Agenda for US AI Policy," *Review of Policy Research*, Vol. 40, No. 5, 2023, pp. 729—756.

这些措施将影响人工智能发展进程和节奏，在激烈的国际竞争环境中，单方面的自我控制与监管将削弱美国技术领先优势。因此，除非实施有效的国际协调，让所有人工智能技术开发者都遵守统一的人工智能价值规范，否则仅凭美国自己，难以在国内政治利益与人工智能发展利益中取得平衡。

第二，人工智能风险管控的国际合作需要国际社会形成技术伦理共识。人工智能系统的自主性、不可解释性、不可预测性，对既有法律和伦理规范提出了挑战。很多风险超出现行制度的调整范围，需要国际社会共同探讨新的规则标准。不同国家和地区在人工智能伦理价值上存在差异，需要加强对话、寻求共识。[1] 例如，面对人工智能深度伪造对认知域的影响，需要全球统一行动，对人工智能生产的信息进行标识，才能有效遏制深度伪造的虚假信息在网络空间肆意扩散。如果没有其他国家配合，人工智能风险会不断从外部渗透至美国。

第三，人工智能技术研发模式需要美国与中国保持一定的技术合作空间。美国无法独立构建完善的人工智能技术发展生态环境。[2] 美国政府试图鼓励竞争与创新，促进形成健康的人工智能产业环境，通过增加政府购买的方式打造人工智能市场。但人工智能技术无论从研发和市场领域都离不开中国。从研发资源上看，中国庞大的人口提供了训练神经网络所需的大规模数据源，中国互联网公司能够利用这些数据开发和部署新产品，形成强大的创新能力；从商业应用上看，2021 年，中国在新资助人工智能公司和私营部门人工智能投资方面均排名世界第二，在全球前十名顶级人工智能初创企业中，中国企业占据三席，仅次于美国；从人工智能专利上看，人工智能专利授权量排名前 20 的公司中有 10 家总部位于美国，5 家总部位于中国，其余 5 家位于日本、韩国、德国和荷兰；从基础研究成果上看，中国优秀人工智能论文（引用率排名前 1%）于 2016 年超过欧盟，于 2019 年超过美国。当前中国在计算机视觉研究方面处于大幅领先地位，在自然语言处理方面落后于美国，在机器

---

[1] Chidiogo Uzoamaka Akpuokwe, Adekunle Oyeyemi Adeniyi and Seun Solomon Bakare, "Legal Challenges of Artificial Intelligence and Robotics: A Comprehensive Review," *Computer Science & IT Research Journal*, Vol. 5, No. 3, 2024, pp. 544—561.

[2] Cameron F. Kerry and Joshua P. Meltzer, "Strengthening International Cooperation on Artificial Intelligence," Brookings Institution, 2021, https://policycommons.net/artifacts/4143996/strengthening-international-cooperation-on-artificial-intelligence/4951885/，访问时间：2024 年 1 月 29 日。

人研究方面基本与美国、欧盟持平。① 美国无法完全回避中国对人工智能技术的影响力，甚至为了保持人工智能技术领先，必须与中国科技机构合作。美国战略与国际研究中心的学者甘思德（Scott Kennedy）认为，拜登政府贸易代表戴琪抛出"再挂钩论"（recoupling），表明美国对华脱钩是不切实际的。在甘思德看来，美国的目标应是满足本国在高新技术方面的技术安全和产业发展需求，而将中国排除在人工智能体系之外是不切实际的做法，也将损害美国人工智能的发展利益。②

人工智能安全离不开国际合作。美国在与中国战略竞争的同时，必须为人工智能领域的国际协调、伦理共识、技术合作保留政策空间。只有各国共同参与人工智能治理，负责任地开发应用人工智能，才能促进这一变革性技术造福人类。通过安全议程的切分，美国在社会风险安全议程上保留了中美合作的空间，保持了这一安全议程的独立性，回避了其他安全议程的影响，进而满足了美国人工智能安全战略的需要。

总而言之，美国在人工智能领域构建多元安全议程的战略逻辑可以归结为，在极限施压的同时保持战略稳定，在围堵遏制的背景下保留一定合作空间。这一战略逻辑充分体现美国政府竞争、合作与对抗三分法下精致的利益算计。这种精致的利益平衡凸显美国在人工智能时代国家战略的复杂性，也导致人工智能安全治理领域诸多潜在问题的产生。

第四节　美国人工智能多元安全议程的战略影响

美国采取了一系列举措推进人工智能发展，力图在人工智能国际竞争中占据制高点。但美国对人工智能霸权的追求也呈现相对复杂的特质：一方面，为获得技术优势，美国将中国视为人工智能领域头号战略竞争对手，将大国竞争作为人工智能核心安全议程，试图遏制中国人工智能发展；另一方面，美国清醒认识到在人工智能时代，单枪匹马难以应对共同的安全挑战，需要国际社会携手合作。更为重要的

---

① Cameron F. Kerry, Joshua P. Meltzer and Matt Sheehan, "Can Democracies Cooperate with China on AI Research?" *Rebalancing AI Research Networks*, January 9, 2023, https://www.brookings.edu/articles/can-democracies-cooperate-with-china-on-ai-research/，访问时间：2024 年 1 月 29 日。

② "First Takes: Our Initial Reactions to USTR Tai's CSIS Speech on China Policy," *CSIS*, October 5, 2021, https://www.csis.org/blogs/trustee-china-hand/first-takes-our-initial-reactions-ustr-tais-csis-speech-china-policy，访问时间：2024 年 1 月 29 日。

是，美国将战略稳定视为大国关系底线，极力避免因人工智能安全议程破坏中美战略稳定。在这一背景下，美国人工智能形成了多元化安全议程并存的格局。美国政府的战略考量看似逻辑严密，但在现实运作中，这一多元化策略易致各种问题产生，促使人工智能安全格局发生重大变化。

一、分散化议程设置降低安全治理效率

美国政府将人工智能安全议程切分为大国竞争、治理合作、战略稳定三个板块，反映出人工智能技术对国家安全和社会稳定的多元影响，体现了美国在人工智能治理中"分而治之"的策略考量。这种分散式议程设置既有利于因类施策、精准治理，也可能带来安全资源分配的失衡导致顾此失彼、效率低下等问题。

从正面来看，多元化安全议程有助于美国针对性地应对不同领域的安全风险，提高治理的精准性和有效性。在大国竞争议程下，美国可以集中力量发展人工智能核心技术，完善产业生态，提升综合国力，以应对来自战略竞争对手的挑战。在此过程中，美国可运用出口管制、投资审查、标准制定等手段，对外塑造人工智能治理规则，对内抢占人工智能制高点，巩固其技术优势地位。在治理合作议程下，美国可以聚焦解决人工智能在伦理、就业、隐私等方面引发的社会问题，最大限度降低人工智能的负面外部性。通过加强算法审计、完善隐私保护、建立问责机制等措施，美国可以让人工智能发展与社会价值观相协调，防止技术异化、失控。在战略稳定议程下，美国可以重点防范人工智能军事化带来的战略风险。通过军备控制谈判、信任措施构建等外交努力，美国可以规避人工智能军备竞赛，降低战略误判风险。同时，美国也可以适度开展人工智能军事应用，以维系威慑力量，保障国家安全。但从反面来看，分散式议程设置也可能产生"治理孤岛"效应，导致顾此失彼、低效运转等弊端。

首先，不同人工智能安全议程之间存在一定冲突张力，很难完全隔离。以追求技术领先为目标的大国竞争议程易助长人工智能军备竞赛，加剧战略稳定风险。[①]以规避技术风险为导向的社会风险控制议程易抑制人工智能创新活力，削弱美国在大国竞争中的优势。一味追求人工智能技术领先，大力投资军事智能化，忽视人工智能军控，易引发人工智能军备竞赛。一旦人工智能武器大规模部署，可能加剧大

---

① Utsav Sharma Gaire, "Application of Artificial Intelligence in the Military: An Overview," *Unity Journal*, Vol. 4, No. 1, 2023, pp. 161—174.

国战略不稳定。① 这将显著增加战略误判和冲突意外升级的风险。反之，若美国只顾防范和管控人工智能社会风险，设置过于严苛的规制和伦理审查，则会导致对人工智能创新生命力的遏制。在规制管制下，研究机构和科技公司可能失去人工智能突破性创新的动力和空间，削弱美国在大国竞争中的优势地位。

其次，分散式议程治理易致部门利益主导，陷入条块分割困境。安全议程多元化最终将传导至政府相关部门，导致不同政府部门利益分化。通常情况下，政府部门会从自身职能出发推进人工智能治理，在不同安全议程中可能出现认识不一致、标准不统一、行动不协调等问题。② 在非传统安全议程之外，分散式议程治理会形成政府部门相互掣肘与多头治理格局，不利于人工智能安全治理整体合力的形成。最终，政府部门易成为各自安全议程代理人，并展开资源争夺，不利于人工智能安全治理的稳定发展。

最后，割裂的议程设置使得美国无法从全局视角审视人工智能安全形势，也无法系统筹划应对策略。人工智能影响是全方位的，安全风险具有强关联性和外溢性。三个议程各自为政、相互割裂，会导致对人工智能安全风险的认知"盲区"，一些重大安全风险从源头上被切割、稀释又将进一步加剧这些问题。③ 治理方案的碎片化拼凑难以从根本上解决人工智能当前面临的复杂安全困局。

可见，美国人工智能多元化安全议程设置虽然在控制整体风险、提高政策灵活性上具有一定的意义，但是也会加剧不同安全议程间的冲突与张力，引发政府部门间的利益博弈，限制人工智能安全政策的视野，并最终对美国人工智能安全治理的系统性和协同性产生负面影响，降低人工智能安全治理的效率。

二、割裂安全议程增加政治操弄风险

美国政府为弥合人工智能安全利益分歧，将人工智能技术纳入价值安全体系，

---

① Stefano Felician Beccari and Matteo Bressan, "The Weaponization of Artificial Intelligence: Risks and Implications," *L'Europe en Formation*, Vol. 1, 2023, pp. 85—94.

② Patricia Gomes Rêgo de Almeida, Carlos Denner dos Santos and Josivania Silva Farias, "Artificial Intelligence Regulation: A Framework for Governance," *Ethics and Information Technology*, Vol. 23, No. 3, 2021, pp. 505—525.

③ Corinne Cath, "Governing Artificial Intelligence: Ethical, Legal and Technical Opportunities and Challenges," *Philosophical Transactions of the Royal Society A: Mathematical, Physical and Engineering Sciences*, Vol. 376, No. 2133, 2018, p. 80.

突出人工智能技术的政治价值属性以增强其安全化效果。人工智能无疑是一种强大的技术，会对社会价值产生深远影响。它不仅能改变工作方式、业务模型和经济结构，还会对伦理、隐私、安全性和社会平等方面产生影响。通过安全化凸显人工智能风险对维护社会秩序稳定、管控人工智能不确定风险、防范人工智能技术的滥用与谬用具有重要意义，但以价值立场为锚的安全化在政治动员上虽能取得效果，也可能导致难以调和的政治矛盾与利益冲突。① 拜登政府为避免这种矛盾与冲突扩散至传统军事安全领域，将安全议程切分，意图最大限度利用价值安全推动大国竞争安全议程，同时防范其造成实质性冲突。这一做法虽能控制极端安全化操弄向传统安全领域蔓延，但却无法控制其所导致的对抗情绪向战略稳定议程渗透。仅以军事议题为界来实施议程切割并不能完全保护战略稳定议程不受政治操弄侵害，表面上看似合理的安排放纵了政治操弄对安全议程的侵蚀。

　　一方面，因安全议题上的政治操弄导致的对抗情绪不会受安全议程边界影响，最终必然影响大国战略稳定。拜登政府人工智能安全政策重点突出其对美国价值观念的影响，将人工智能分为符合美国价值的人工智能与不符合美国价值观念的人工智能，并试图以此形成国际联盟，共同打压竞争对手。拜登政府在2021年的《最终报告》中明确地将"人工智能竞争"定义为"价值观竞争"，明确指出人工智能价值观竞争的对手是中国。② 这一论断将人工智能技术与意识形态进行捆绑，试图将意识形态利益凌驾于现实利益之上，迫使美国国内的科技企业与外部盟友放弃现实利益而与美国合作，共同遏制中国人工智能发展。在价值利益逻辑下，人工智能技术被打上意识形态标签，根据研发和使用者的立场来判断安全属性。这种主观判断难以揭示人工智能技术的真正安全风险。美国与中国具有不同文化传统，美国文化传统强调个人利益保护，中国文化强调集体秩序稳定，因此两国对于在社会管理领域中如何使用人工智能技术存在分歧。③ 拜登政府的大国竞争安全议程强调价值

① Janusz Filipkowski, "The Problem of Instrumentalization of Value of Security in the Contemporary Politics," *Journal of Modern Science*, Vol. 55, No. 1, 2024, pp. 155—170.

② The National Security Commission on Artificial Intelligence, "Final Report," NWC Foundation, March 2021, https://nwcfoundation.org/wp-content/uploads/2021/04/NSCAI-Final-Report-AI-Accelerated-Competition-and-Conflict.pdf，访问时间：2024 年 1 月 29 日。

③ The White House, "U.S.-EU Trade and Technology Council Inaugural Joint Statement," September 29, 2021, https://www.whitehouse.gov/briefing-room/statements-releases/2021/09/29/u-s-eu-trade-and-technology-council-inaugural-joint-statement/，访问时间：2024 年 1 月 29 日。

安全，进一步扩大了这种分歧，将文化差异转变为价值冲突，通过价值冲突增强威胁现实性。相较于战略利益，价值利益是难以切割与妥协的，因此当人工智能技术被绑上意识形态冲突的"战车"后，就形成"骑虎难下"的局面，对抗情绪的外溢在所难免。

另一方面，人工智能技术的军事应用与其他领域存在天然关联性，在技术高速迭代背景下，很难做到精准切割。人工智能技术是典型的军民两用性技术，其发展成果易被转化为军事用途。[1] 即使在议程设置中对军事议题进行切割，新的突破性进展也会迅速外溢到军事领域。当前人工智能正处于快速发展期，基础理论、算法模型、软硬件架构等方面均可能出现颠覆性创新，很难预测未来哪些技术因素会影响战略稳定安全议程。一些革命性突破将对战略稳定领域产生深远影响，仅仅切割军事议题无法从根本上化解人工智能领域的战略稳定风险。积极推动构建国际人工智能治理体系，在规则、规制、伦理、标准等方面加强国际协调，努力营造开放、包容、互信的人工智能治理生态，为人工智能健康发展创造良好的国际环境才是实现战略稳定的正确途径。为了国内政治利益一味使用价值安全化手段进行政治动员，恶化人工智能技术治理与发展的国内环境，很难保证这种政治操弄不会蔓延到战略稳定国际议程中，损害人工智能战略稳定安全议程的国际环境。

总之，美国政府试图通过切分人工智能安全议程，在利用价值安全推动大国竞争的同时防范矛盾蔓延至军事领域。但这种做法低估了价值对抗外溢风险，忽视了军民技术的关联性，无法从根本上防止风险跨越安全议程的边界。美国为了国内政治利益滥用安全化手段，在恶化人工智能治理环境的同时，也会影响战略稳定安全议程，导致风险外溢。摈弃政治操弄，营造开放、包容、互信的人工智能安全治理生态，才是实现人工智能健康发展与维护大国战略稳定的正途。

三、滥用极限施压侵蚀治理合作空间

美国人工智能安全议程存在理性部分，其安全诉求也具有一定合理性。美国政府对人工智能安全问题的认识本质上源于社会发展对人工智能技术不确定性的焦虑，在非传统安全领域与军控领域的安全议程能够立足于理性判断，对在全球范围内推动人工智能技术健康发展具有一定意义。但美国出于对技术霸权的维护，不断

---

[1] Nick Bostrom, "Strategic Implications of Openness in AI Development," *Global Policy*, Vol. 8, No. 2, 2017, pp. 135—148.

使用极限施压的方式打压与限制对手，将大国竞争推向对抗边缘。虽然美国通过安全议程的多元切割，意图控制大国竞争安全议程中极端政策对其他安全议程的影响，为治理合作保留空间，但是其在大国竞争中滥用极限施压手段所造成的负面影响，不是简单的议程切割能够回避的。

一方面，美国滥用大国霸权将加剧国际社会的战略互信赤字。美国极限施压策略引发国际社会广泛不满，各国对美国在人工智能治理中的真实意图产生怀疑，担心沦为美国维护霸权的牺牲品。战略互信赤字导致各方在人工智能治理问题上分歧不断累积，越来越难以弥合。滥用极限施压可能破坏人工智能治理的国际互信基础。当前，构建人工智能全球治理体系已成为国际社会普遍共识。在大国博弈加剧的背景下，美国试图以人工智能为筹码，通过技术封锁、科技脱钩等手段对竞争对手实施战略打压。[①] 一味强推极限施压，罔顾他国合理诉求，将严重损害各方在人工智能治理领域的战略互信。这种信任的缺失可能导致人工智能合作碎片化，侵蚀全球人工智能治理根基。

另一方面，一味强调维护其技术霸权将阻碍国际社会在人工智能治理问题上达成共识。极限施压政策体现了美国试图以实力而非共识来主导人工智能治理议程设置与规则制定，也预示着美国可能利用自身能力对他国施加不合理要求。这在很大程度上将引发国际社会的警惕与不满。这种情势可能迫使其他国家从自身利益出发制定差异化政策法规和标准体系，导致人工智能治理规则与标准趋于碎片化，各国难以在关键议题上达成一致。[②]

美国滥用极限施压破坏了人工智能治理的互信基础，引发了国际社会广泛不满，导致各方难以就人工智能达成共识，无法形成有效治理合力，并可能加剧地缘政治博弈。战略互信赤字与共识缺乏已成为制约人工智能全球治理体系构建的关键障碍。即便美国在其安全议程中为国际治理合作保留一定空间，其他国家是否愿意无条件地接受美国的合作条件积极参与美国的人工智能安全治理合作议程，依然存在很大疑问。

2023 年 12 月，联合国人工智能高级别咨询机构发布《为人类治理人工智能》

---

① Nurullah Gur and Serif Dilek, "US-China Economic Rivalry and the Reshoring of Global Supply Chains," *The Chinese Journal of International Politics*, Vol. 16, No. 1, 2023, pp. 61—83.

② Nora von Ingersleben-Seip, "Competition and Cooperation in Artificial Intelligence Standard Setting: Explaining Emergent Patterns," *Review of Policy Research*, Vol. 40, No. 5, 2023, pp. 781—810.

临时报告，指出人工智能对社会具有高渗透性与高风险性特征，需要国家间平等参与人工智能全球治理，使代表和监督机制具有广泛包容性，确保地缘政治竞争不会推动不负责任的人工智能或抑制负责任人工智能治理。① 人工智能安全风险需要各国更广泛地合作，才能产生切实效果。在这一背景下，人工智能技术竞争与大国博弈是小利，全球安全治理合作是大义，虽然不能要求所有国家都舍小利而存大义，但在这一问题上应始终保持泾渭分明的态度，不能让狭隘的政治利益侵占公共安全利益。对安全议程的切割仅是一种技术性手段，短期内可能有一定效果，长远看美国若不改变其将维护霸权与国家安全深度捆绑的态度，很难在人工智能安全治理领域获得他国信任，大国博弈的负面影响必然蔓延到战略稳定与治理合作议程中，诱发人工智能安全与治理危机。

第五节　本章小结

以人工智能技术等颠覆性技术为代表的新技术革命已深度改变了国际竞争格局。自奥巴马政府以来，历届美国政府都围绕人工智能技术推进安全化议程，形成国家安全与公共安全、传统安全与非传统安全、多领域多层次安全议题并存的多元人工智能安全议程，推动人工智能技术以符合美国战略利益的方式发展。为避免不同安全目标间的互相影响与牵制，美国政府将人工智能安全议程切割为大国竞争、战略稳定与治理合作三个维度，以期在避免大国冲突的基础上全力围堵、打压中国人工智能发展，维护其技术霸权并适当保留合作空间，为美国国内政策需求留有余地。

然而，美国通过切割安全议程来实现其战略利益最大化的设想在一定程度上过于天真。人工智能技术与互联网技术相似，对人类社会具有极高渗透性，其快速发展和广泛应用正在重塑人类生产生活方式，也深刻影响社会结构、就业形态等。社会各领域对人工智能的依赖程度与日俱增。这种渗透不是单向发生的，而是构建了一张互相关联的社会网络，无法通过简单的议程切割阻碍不同部门间的影响。② 多

---

① United Nations, "Interim Report: Governing AI for Humanity," December 2023, https://www.un.org/sites/un2.un.org/files/ai_advisory_body_interim_report.pdf, 访问时间：2024 年 3 月 3 日。

② Jorge Navarro and Pedro C. Marijuán, "The Natural, Artificial, and Social Domains of Intelligence: A Triune Approach," *Proceedings*, Vol. 81, No. 1, 2022, pp. 1—5.

元议程切割的实质是美国政府在对手日益壮大、自身能力不足的背景下，为维护技术霸权所做的权宜之计。这种切割一方面为实现政治动员目标而采取极端安全化手段创造政治条件，另一方面为避免极端安全化手段影响战略稳定，妨碍真正的安全治理合作而设置"护栏"。这使得美国人工智能技术多元安全议程的设置更像是以安全政策包装、掩护其霸权野心的行径。

这种安全议程设置在短期内能够取得一定效果，缓解美国在人工智能安全领域的政策困境，但从长远看，安全议程切割所形成的"护栏"并不能保护战略稳定与安全治理合作不受极端安全化，特别是人工智能价值安全化的影响。战略稳定迟早会被维护霸权的野心与价值安全的执念裹挟与冲击。在安全治理合作领域，这种冲击可能已然发生，人工智能的社会安全议程已沦为政治操弄工具，受到更严重的意识形态影响。在美国极端安全化政策与技术霸权野心下，国际互信与共识难以形成，人工智能安全治理合作特别是未来中美合作充满挑战。对此，作为受美国人工智能安全议程影响最大的国家，中国必须采取积极应对措施。

首先，面对美国以价值安全驱动极端安全化，将中美大国竞争作为人工智能核心安全议程的行为，中国应主动提出自身安全价值，在人工智能价值安全领域与美国开展积极竞争。中美两国虽然在人工智能安全问题上具有共同利益，但双方价值观存在较大差异。美国奉行个人主义，强调个体权利；中国强调集体主义，看重整体利益发展。这种价值观分歧下中国无法向美国推行的人工智能价值伦理妥协，只能通过坚持自己的价值原则赢得国际社会的理解与尊重。中国可强调各国发展权，形成更为重要的人类共同价值来对冲"美式价值"；以保护中小国家发展权为支点，推行技术民主理念，将大国双边人工智能治理体系拓展为全球多边合作体系，将更多国际行为体纳入人工智能治理国际制度中，依托国际社会力量来限制大国的"价值霸凌"；通过积极动员全球各国力量，共同参与人工智能伦理建设，以全球性制度的面貌切入人工智能安全治理合作，既能体现平衡美国的价值主导逻辑，也能更好与美国国内相应利益诉求方对接，为创造有利合作环境打开局面。

其次，防范大国竞争安全议程的负面效应向战略稳定议程外溢。随着人工智能军事应用的加速推进，如何防止人工智能军备竞赛、维护战略稳定成为各国面临的共同课题。中国和美国作为人工智能大国，应在这一问题上发挥引领作用，通过推动合理的人工智能安全议程，形成更广泛的国际安全共识，促进美国反思其政策的合理性与正当性。中国可有针对性地推动中国话语体系下的人工智能战略稳定议程，完善人工智能安全概念框架，通过扩大人工智能战略稳定议程的覆盖范围来压缩美国极端安全化操弄的空间；通过合理定位人工智能战略安全议程，削弱美国政府极端安全化的负面影响，团结更多国家形成有效的国际共识，将中美大国战略稳定延伸为全球战略稳定，通过多边安全架构加强人工智能战略稳定。只有让合理的安全诉求占据国际共识的道德制高点，才能为全球人工智能安全议程争取更多发展空间。只有在人工智能的国际规范共识形成强大合力后，才会撬动美国国内利益群体正视"他者"的利益，在安全与合作问题上回归理性思维，采取积极合作姿态。

最后，提升人工智能安全治理合作议程的地位，通过发展国际安全治理合作推动美国人工智能治理合作安全议程进一步发展。人工智能安全不仅涉及中美两国，而且事关全人类共同利益。美国政府将主要资源集中在大国竞争安全议程上，对治理合作的重视程度一直较低。在人工智能安全治理国际合作中，除了中美两国，欧盟、日本、韩国、印度等也是重要国际力量，联合国、二十国集团等多边机制也能够发挥重要作用。在人工智能技术领域，不同行为体的人工智能安全诉求不同，各方应在更广泛的人类命运共同体理念指导下谋求共识，探索构建普遍性国际规则的可能路径，通过理性且有限度的安全化推动国际合作，为人工智能技术健康发展创造条件，也为携手应对人工智能安全挑战、推进人工智能全球治理提供智力支持。美国试图以强调价值安全优先的方式构建人工智能"反华联盟"，领导盟友共同遏制中国人工智能技术发展。中国则可以在国际上强调社会安全优先原则，通过为各国争取人工智能技术管理权与使用权方式，反击美国对中国人工智能的负面安全叙事，并通过推动更为广泛的国际合作议程，带动美国治理合作安全议程发展，为全球人工智能安全治理创造新的议题与空间。

总而言之，美国试图通过建构多元化的安全议程，追求自身安全与战略利益的最大化，突出自身发展、稳定与安全利益，倾轧其他国际行为体的利益。这种做法难以持续并蕴含巨大风险。面对这样的安全议程设置，中国在安全战略层面需要认清其本质，在对外政策层面需要明确自己的安全理念与主张，在安全实践层面需要积极构建自身安全议程，以积极的行动平衡美国安全议程带来的负面影响，推动国际人工智能安全治理回归互相尊重、理性发展的道路。

第三章　新兴生物技术管控与治理

生物安全治理是维护公众安全、保证社会经济发展与稳定的重要议题。2020 年 2 月 14 日，习近平总书记在中央全面深化改革委员会第十二次会议上强调，要"把生物安全纳入国家安全体系，系统规划国家生物安全风险防控和治理体系建设，全面提高国家生物安全治理能力"。[①] 现代科技进步已经使得人类能够自由地编辑生物基因，让人类拥有前所未有的改造自然甚至创造自然的能力。[②]

新兴生物技术在给人类社会带来福祉的同时，也带来了生物技术的滥用与误用产生的生物安全风险。对新兴生物技术的监管成为全球生物安全治理的重要议题。在大国竞争的背景下，国家间技术创新能力对比成为国际政治格局的核心变量。[③] 激烈的生物技术竞争造成严重的生物安全风险，国际社会缺乏对基因编辑、合成生物学等前沿生物技术进行有效管控的措施，[④] 这些现象给全球生物安全治理带来了极大的不确定因素。如何管控生物技术竞争并将其纳入全球生物安全治理体系，如何在保障其造福人类的同时管控其潜在风险，已成为重要的国际安全治理议题。

第一节　全球新兴生物技术发展态势

新兴生物技术是一柄双刃剑。一方面，该技术的高速发展能为人类社会发展与

[①] 习近平：《完善重大疫情防控体制机制健全国家公共卫生应急管理体系》，载《人民日报》2020 年 2 月 15 日。

[②] 参见凌焱、段海清、陈惠鹏：《合成生物学》，载《军事医学科学院院刊》2006 年第 6 期，第 572—574 页；Amber Dance, "Core Concept: CRISPR Gene Editing," *Proceedings of the National Academy of Sciences*, Vol.112, No.20, 2015, pp.6245—6246.

[③] David Cearley and Brian Burke, "Top 10 Strategic Technology Trends for 2019: A First Look at What Will Drive Impact and Disruption This Year," Gartner, October 15, 2018, https://www.gartner.com/smarterwithgartner/gartner-top-10-strategic-technology-trends-for-2019/，访问时间：2023 年 3 月 20 日；http://www.xinhuanet.com/politics/leaders/2020-02/14/c_1125575922.htm，访问时间：2023 年 3 月 20 日。

[④] 王小理：《展望 2050 年国防生物科技创新前景》，载《光明日报》2019 年 2 月 23 日。

生物安全治理提供解决方案与技术手段；另一方面，若是新兴生物技术陷入无序发展，那将使全球生物安全形势恶化。近年来，新兴生物技术在疾病治疗、遗传育种、生物工程等方面取得了一系列突破性进展和重大应用成果。这些技术的应用使得过去无法治愈的疾病有了治愈的可能，也为新型生物武器的开发打开了大门。新冠疫情向人类描绘了全球性流行病的严重危害，更让世界主要大国意识到生物安全对国际格局的颠覆性影响力。因此，无论是出于生物防御还是提升综合国力的目的，新兴生物技术都已成为当前以及未来很长一段时间内大国竞争的焦点。

一、技术制高点竞争白热化

现代生物工程师已经可以利用高效、高正确率、高可靠性以及低成本的方法将不同基因长度的片段拼接成更大的片段，DNA 从头合成成为现实。[1] 借助生物 3D 打印技术、自动化技术和大数据分析技术，通过设计和构建新的生物分子组件、网络和通路，并使用这些结构重新连接和编辑，人类已经能够"合成"新的生物组织。[2] 美国战略与国际研究中心认为，新兴生物技术的发展对未来安全环境的塑造和国防决策都将产生深远的影响。[3] 美国国家科学、工程和医学学院发布的《合成生物学时代的生物防御》报告建议："美国政府应该密切关注合成生物学这一高速发展的领域，就像冷战时期对化学和物理学的密切关注一样。"[4] 以合成生物学、基因编辑为代表的新兴生物技术成为当代科技领域的制高点，各国在战略和政策布局上都给予极大的政策支持，竞争日益白热化。

第一，高度重视顶层设计。美国国防部将合成生物学列为 21 世纪优先发展的六大颠覆性技术之一；英国商业创新技能部将合成生物技术列为未来的八大技术之一；中国在"十三五"科技创新战略规划中已将合成生物技术列为战略性、前

---

[1]　李诗渊等：《合成生物学技术的研究进展——DNA 合成、组装与基因组编辑》，载《生物工程学报》2017 年第 3 期，第 343—354 页。

[2]　Ahmad Khalil and James Collins, "Synthetic Biology: Applications Come of Age," *Nature Reviews Genetics*, Vol.11, No.5, 2010, pp.367—379.

[3]　David T. Miller, "Defense 2045: Assessing the Future Security Environment and Implications for Defense Policymakers," CSIS, November 2015, https://espas.secure.europarl.europa.eu/orbis/system/files/generated/document/en/151106_Miller_Defense2045_Web.pdf，访问时间：2023 年 3 月 21 日。

[4]　National Academies of Sciences, Engineering and Medicine, "Biotechnology in the Age of Synthetic Biology," National Academies Press, June 19, 2018, https://www.ncbi.nlm.nih.gov/books/NBK535871/，访问时间：2023 年 3 月 22 日。

瞻性重点发展方向，①中科院发布的《创新 2050：科学技术与中国的未来》报告认为，合成生物学是可能出现革命性突破的四个基本科学问题之一；②俄罗斯发布《2019—2027 年联邦基因技术发展规划》，提出加速发展基因编辑技术，为医学、农业和工业建立相关科技储备。③

　　第二，大量投入研发资金。生物技术的可持续发展需要大量的资金投入和成熟的市场。生物技术研发投入强度高于其他产业，整体产业以全球国内生产总值平均增长率近 2 倍的速度增长。④各国在该领域的投资更是不遗余力，美国维持其绝对领先的地位，对生物技术的研发投入远超其他国家，占全球生物技术投资总额的近一半。⑤2019 年 10 月召开的首届美国生物经济峰会会议纪要显示，美国将致力于保持世界生物经济领导地位，确保在包括基础设施、产业队伍、数据在内的生物经济体系中保持领先地位，把生物经济作为美国科技创新的优先事项。⑥中国颁布的《"十四五"生物经济发展规划》也指出，"创新财政资金使用方式，提高资金使用效率，统筹利用各级各类相关财政资金支持生物经济发展……发挥国家新兴产业创业投资引导基金、战略性新兴产业基金等作用……鼓励社会资本集聚"，全方位保障中国生物经济发展。⑦

　　第三，严格保护核心技术。随着现代生物技术的发展，生物领域已被美国学术界和战略界视为关系到美国未来霸权的重要支点。⑧美国在对新兴技术的治理中始

---

① 张雪等：《合成生物学领域的基础研究与技术创新关联分析》，载《情报学报》2020 年第 3 期，第 231—242 页。

② 中国科学院：《科技革命与中国的现代化——创新 2050：科学技术与中国的未来》，北京：科学出版社 2009 年版。

③ 中国科学院科技战略咨询研究院，《俄罗斯批准〈2019—2027 年联邦基因技术发展计划〉》，http://www.casisd.cn/zkcg/ydkb/kjqykb/2019/kjqykb201906/201908/t20190830_5373967.html，访问时间：2023 年 3 月 22 日。

④ 王莹等：《全球生物技术投入产出现状分析及对策研究》，载《中国科技资源导刊》2018 年第 6 期，第 30—34 页。

⑤ "The US Biotechnology Industry: A Market Report," Bureau AWEX, 2017, p.7, https://www.ey.com/Publication/vwLUAssets/ey-biotechnology-report-2017-beyond-borders-staying-the-course/$FILE/ey-biotechnology-report-2017-beyond-borders-staying-the-course.pdf，访问时间：2023 年 3 月 22 日。

⑥ The White House, "Summary of the 2019 White House Summit on America's Bioeconomy," October 2019, https://trumpwhitehouse.archives.gov/wp-content/uploads/2019/10/Summary-of-White-House-Summit-on-Americas-Bioeconomy-October-2019.pdf，访问时间：2023 年 3 月 22 日。

⑦ 中华人民共和国科技部：《"十四五"生物经济发展规划》，2022 年 9 月，https://www.ndrc.gov.cn/xxgk/zcfb/ghwb/202205/P020220920618304472104.pdf，访问时间：2023 年 4 月 25 日。

⑧ 王萍：《美国生物防御战略分析》，载《国际展望》2020 年第 5 期，第 138—156 页。

终追求在核心领域维系绝对竞争优势和垄断地位。① 在生物技术竞争领域，作为霸权国的美国有着强烈的忧患意识、领先意识和控制意识。美国战略与国际问题研究中心发布题为"新兴技术及管理向中国技术转移风险"的研究报告，特别指出包括生物技术在内的"新兴（颠覆性）技术有可能会使进口国获得巨大的对美军事优势及情报优势"，因此要通过技术出口管控确保美国新兴技术的安全和绝对优势地位。② 美国把中国视为最主要的竞争对手，强调双方合作的前提是"确保美国经济利益和知识产权受到充分保护"。③ 即便是面对盟友，美国在《国家生物防御战略》中也明确提出："若多边机构和合作伙伴不予配合，将在必要时采取单方面行动。"④ 由此可见，美国在新兴生物技术竞争中的主要目标就是谋求建立在技术垄断基础上的排他性相对收益，显现出强烈的技术民族主义倾向和特质。⑤

二、生物数据争夺日趋激烈

生物数据，特别是生物基因数据，对新兴生物技术的发展具有重要意义，甚至有论断指出："一条基因就可产生一个产业。"⑥ 英美等发达国家的生物安全战略对生物数据的作用提出了一系列明确要求，⑦ 力图通过大规模采集生物信息、完善生物信息存储基础设施，在全球生物数据领域获得主导地位。生物数据竞争主要集中在生物数据的归属权与使用权两个方面。

在生物数据归属权领域，国际上围绕生物信息资源领域出现的控制、隐形掠夺

---

① 尹楠楠、刘国柱：《美国新兴技术治理的理念与实践》，载《国际展望》2021年第2期，第103—119页。

② Kate Charlet, "The New Killer Pathogens: Countering the Coming Bioweapons Threat," *Foreign Affairs*, No.97, 2018, p.178.

③ The White House, "Remarks by President Biden on America's Place in the World," February 4, 2021, https://www.whitehouse.gov/briefing-room/speeches-remarks/2021/02/04/remarks-by-president-biden-on-americas-place-in-the-world/，访问时间：2023年3月22日。

④ The White House, "National Biodefense Strategy," September 18, 2018, http://www.Whitehouse.Gov/wp-content/uplands/2018/09/National-Biodefense-Strategy.pdf，访问时间：2023年3月22日。

⑤ Alex Capri, "Techno-Nationalism: What Is It and How Will It Change Global Commerce?" *Forbes*, December 20 2019, https://www.forbes.com/sites/alexcapri/2019/12/20/techno-nationalism-what-is-it-and-how-will-it-change-global-commerce/#19be847e710f，访问时间：2023年3月22日。

⑥ 王小理等：《生物信息与国家安全》，载《中国科学院院刊》2016年第4期，第414—422页。

⑦ 刘光宇等：《面向国家生物安全治理的情报工作研究》，载《情报理论与实践》2021年第1期，第50—56页。

从未停止，生物信息安全已成为生物安全竞争的全新领域。① 早在 20 世纪八九十年代，主要国家纷纷推动国家级生物信息中心的建设，美国国家生物技术信息中心、欧洲生物信息研究所和日本 DNA 数据库已经成为国际生物信息数据存储、交换、获取方面的核心机构。② 这些机构往往以国家政策规定为由，或打着学术规范的旗号，配合各种行业规则，来操弄生物信息的国际流动，巧取豪夺重要的生物信息和数据资源，谋求生物信息情报竞争中的优势。例如，美国政府相关政策强制性要求生物医学领域政府经费课题完成后，课题组必须将详细的研究数据提供给美国国家信息生物中心；而部分顶级学术刊物则配合西方国家政策，要求在提交论文时必须配合提交生物信息数据，而且大多必须将数据递交到美国国家信息生物中心的数据库体系中。③ 此外，科研合作也成为掠夺关键生物信息资源的重要手段，如与发展中国家科研单位合作，打着科学研究旗号，系统采集人体血样与体检、临床数据等。④ 其中涉及的生物体遗传信息，以及包含生物实验研究数据、人体药物、临床试验数据、健康管理数据等在内的非生物遗传信息，成为非常重要的战略资源。

在生物数据使用权领域，生物数据的开发与使用成为大国技术竞争新的焦点。后发国家缺乏生物信息基础设施，更无法在短时间内建立自身的生物数据资源储备，因此发展新兴生物技术所需要的各种关键生物数据的使用权基本上掌握在拥有先发优势的少数发达国家手中。例如，世界上权威的京都基因和基因组代谢通路数据库（Kyoto Encyclopedia of Genes and Genomes PATHWAY Database，KEGG PATHWAY）、人类基因突变数据库（The Human Gene Mutation Database，HGMD）、药物基因组变异与药物反应数据库（Pharmaco Genomic Mutation Database，PGMD）都掌握在西方国家手中。⑤ 使用这些重要的数据库的价格非常昂贵，且使用权很有可能成为大国竞争中限制对手的重要工具。生物数据资源的不足导致生物数据开发

① 刘冲、邓门佳：《新兴生物技术发展对大国竞争与全球治理的影响》，载《现代国际关系》2020 年第 6 期，第 1—10 页。
② 王小理等：《生物信息与国家安全》，载《中国科学院院刊》2016 年第 4 期，第 414—422 页。
③ 张懿：《莫让数据封闭"锁"住创新，专家建议加快组建国家级生命科学数据共享平台》，载《文汇报》2013 年 7 月 13 日。
④ 刘磊：《可能影响我国基因安全的若干问题及对策》，载《国际技术经济研究》2003 年第 2 期，第 39—44 页。
⑤ 郑金武：《大数据：生物医学变革新契机》，载《中国科学报》2014 年 12 月 9 日。

能力的薄弱，而薄弱的数据能力将进一步削弱生物技术的研发能力，这种恶性循环最终会导致生物技术竞争中的赢者通吃局面。鉴于此，未来对生物信息的获取、共享与保护体制领域的竞争将成为生物安全领域关注的焦点。

三、片面夸大生物技术风险

新兴生物技术对大国综合国力的巨大影响优先反映在事关国家安全的生物安全领域。政府引导公众认识生物技术的潜在风险并加强公众的生物安全意识，这本无可厚非，但是过度强调生物技术竞争对国家安全的影响，把原本正常的技术与市场竞争上升为国家安全竞争，会误导公众对于新兴生物技术的安全认知并影响相关政策的制定与实施。这种片面的安全化操弄将对生物技术发展乃至生物安全环境造成难以估量的负面影响。

为保证在生物技术竞争中获得更多资源，部分国家片面夸大生物技术竞争的激烈程度及对国家安全的影响，而忽略对社会及公众的影响。美国《国家生物防御战略》在设定生物安全的战略目标时提出"使用一切适当的手段来评估、理解、预防、准备、应对和恢复生物事件对国家或经济安全的威胁"。[1] 这一战略规划反映出美国在管理高风险生物技术时往往只关注其战略安全利益，将国家安全置于首要地位，片面利用安全叙事渲染生物技术领域的大国竞争及技术扩散造成的生物恐怖袭击等威胁，严重忽视了社会个体的安全。

为了打压竞争对手，美国对严肃的科学议题进行政治操弄。例如，在新冠疫情溯源问题上，美国政府罔顾学术界广泛认识到新冠病毒源于自然而非人工合成的基本事实，[2] 以意识形态而非科学为标准，穷尽手段渲染新冠病毒"中国起源论"，甚至强调当前生物合成技术对美国的威胁，不遗余力地利用生物合作技术安全化手段煽动公众反华情绪，发动针对与中国有关企业及科研人员的无理打压与迫害。这种利用安全化手段刻意夸大新兴生物技术的威胁，将导致对新兴生物技术的畸形的安全认知，严重破坏新兴生物技术的研发环境，影响生物技术的健康发展。

---

[1] "National Biodefense Strategy," The White House, September 18, 2018, http://www.whitehouse.gov/wp-content/uplands/2018/09/National-Biodefense-Strategy.pdf, 访问时间：2023 年 3 月 22 日。

[2] Mark Terry, "International Researchers Conclude COVID-19 is Not Man-Made," Biospace, March 18, 2020, https://www.biospace.com/article/stop-the-conspiracy-theories-novel-coronavirus-has-natural-origin/, 访问时间：2023 年 3 月 22 日。

第二节　新兴生物技术两用性带来的治理挑战

21世纪初，美国发生炭疽邮件恐袭、涉及病毒编辑的科学研究等事件，引发了社会对新兴生物技术恶意使用的高度关注，生物技术两用性风险随之成为重要安全议题。同一种技术既具有合法用途又有非法用途，合法用途发展伴生非法应用风险，这是国际生物安全治理领域的难题。从国际安全治理角度看，新兴生物技术两用性特征对生物技术监管构成三方面挑战。

第一，生物技术发展进攻性与防御性意图难以界定。生物技术在军事领域具有进攻与防御两种应用场景，安全政策研究者与生物科学界普遍承认两者界限模糊，生物防御研究极易跨越界限，成为进攻性武器研究。① 主要大国虽都承诺不使用或不发展生物武器，但均高度重视生物防御能力建设。国际军控协议对生物防御领域的技术开发没有限制，成为生物武器军控体系的一个重要漏洞。例如，尽管美国早在20世纪60年代末就宣布终止进攻性生物武器项目，② 但以强化生物防御为由的生物技术开发却一直没有停止。2018年美国出台《国家生物防御战略》，强调推动具有军民两用性的先进生物技术研发，暴露其占据生物武器制高点的战略企图。③2012年俄罗斯启动"BIO-2020"战略，其中生物防御研究获得总预算的22%，④ 外界普遍认为这能够促进俄罗斯基因武器的发展。⑤ 同时，任何加强生物防御的行为都易被打上"军事用途"标签，直接诱发生物安全技术军备竞赛，危及全

---

① Weir Lorna and M. J Selgelid, "Professionalization as a Governance Strategy for Synthetic Biology," *Systems and Synthetic Biology*, Vol.3, No.1, 2009, pp.91—97.

② Tucker Jonathan B. and Erin R. Mahan, *President Nixon's Decision to Renounce the US Offensive Biological Weapons Program*, Washington, DC: National Defense University Press, 2009.

③ 美国总统科学技术政策办公室主任开尔文·德罗格梅尔（Kelvin Droegemeier）表示："美国不是基于防御赢得竞争，而是必须具备强大进攻能力。"这种进攻能力不仅体现在生物武器领域，而且是希望利用生物技术全方位地提升美国的军事实力。参见 Kelvin Droegemeier, "Biodefense Summit Transcript," Office of Science and Technology Policy, Executive Office of the President, April 17, 2019, https://www.phe.gov/Preparedness/Biodefense strategy/Pages/opening remarks.aspx，访问时间：2022年7月2日。

④ Government of the Russian Federation, "Bio 2020: State Coordination Program for the Development of Biotechnology in the Russian Federation until 2020," 2012, http://bio-economy.ru/upload/BIO2020%20(eng)%20-%20short.pdf，访问时间：2022年7月2日。

⑤ Raymond A. Zilinskas and Philippe Mauger, *Biosecurity in Putin's Russia*, Boulder, CO: Lynne Rienner, 2018, pp.110—112.

球安全与稳定。例如，《禁止细菌（生物）及毒素武器的发展生产及储存以及销毁这类武器的公约》（以下简称《禁止生物武器公约》）各缔约国难以判断其他国家生物科技的发展意图，这加剧了对生物技术应用于军事能力提升的猜疑，迫使各缔约国出于预判潜在对手能力的需要，不断加大自身研发投入，防备潜在对手在生物技术能力上的不可预知性，[1] 严重影响国家间政治互信，形成生物技术的安全困境。

第二，军事用途与和平应用界限模糊。现代生物科技在科学原理、技术方法层面较难有军民之分，区别集中在应用层面。[2]2011 年 9 月，美国与荷兰科学家基因改造高致病性禽流感 H5N1 病毒，引发全球关注。[3] 新兴生物技术已经能够大规模应用于新型作战空间、作战理论、作战样式、作战力量、武器装备。[4] 这一背景下，美国国防高级研究计划局于 2014 年 3 月成立生物技术办公室，在生物技术军事应用研究领域投资不断上升。[5] 美国国防部和美国国家科学、工程和医学学院联合发布的《合成生物学时代的生物防御》报告建议美国政府应密切关注合成生物学这一高速发展领域。[6] 受美国政策影响，俄罗斯、加拿大及欧盟主要国家亦高度关注新兴生物技术的军事用途。事实上，新兴生物技术催生的生物经济，已与各国军工产业链融为一体，军事用途与和平用途难以区分。

第三，新兴技术利用与谬用评估难度大。新一轮生物技术发展伴随多学科技术交叉，人类对新兴生物技术的研发尚处起步阶段，评估手段不足导致种种不可预知的应用后果，面临的生物安全风险可能正是在应用过程中产生的，甚至导致相关生物安全威胁破坏性更强、杀伤力更大、蔓延范围更广。[7] 当人类把一项不完全了解的技术匆忙投入使用时，对生物安全环境造成的损害可能难以挽回。[8] 例如，人类

---

[1]　张雁灵：《生物军控与履约：发展、挑战及应对》，北京：人民军医出版社 2011 年版，第 151 页。

[2]　徐立：《国防生物科技的概念界定及发展建议》，载《医学争鸣》2020 年第 5 期，第 75—79 页。

[3]　董时军、刁天喜：《高致病性禽流感 H5N1 病毒基因改造引发争议案例剖析》，载《军事医学》2014 年第 8 期，第 635 页。

[4]　郭子俊：《生物技术重塑未来战争》，载《科技创新与生产力》2017 年第 10 期，第 49—52 页。

[5]　David T Miller, "Defense 2045: Assessing the Future Security Environment and Implications for Defense Policymakers," *Rowman & Littlefield*, 2015, pp.6—7.

[6]　National Academies of Sciences, Engineering and Medicine, "Biotechnology in the Age of Synthetic Biology," *Biodefense in the Age of Synthetic Biology*, US: National Academies Press, 2018, p.18.

[7]　Pamela Sankar and Mildred K. Cho, "Engineering Values into Genetic Engineering: A Proposed Analytic Framework for Scientific Social Responsibility," *American Journal of Bioethics*, Vol.15, No.12, 2015, pp.18—24.

[8]　David M. Maslove, Anisa Mnyusiwalla, Edward J. Mills, Jessie McGowan, Amir Attaran and Kumanan Wilson, "Barriers to the Effective Treatment and Prevention of Malaria in Africa: A Systematic Review of Qualitative Studies," *BMC International Health and Human Rights*, Vol.9, No.1, 2009, pp.1—10.

滥用抗生素会加快出现耐药细菌，削弱疾病治疗效果，打破人体免疫力与微生物致病力平衡。

概言之，应辩证看待生物技术两用性。一方面，包括生物技术领域在内，军事、安全需求是新兴科技领域早期或快速发展阶段的主要牵引力，军事用途在新技术商业应用前景尚不确定、民间投入尚不充足阶段，能够为该技术发展注入强大动力，曾经的太空技术、互联网技术、超级计算机技术等都是如此。另一方面，生物技术的特殊性，使之在应用场景中被直接作用于人们的身体，影响人类生命安全和健康，其先天属性增加了这一技术应用敏感性，因此，生物技术两用性是客观事实，运用国际治理体系框架规范生物技术发展正当且必要。

第三节　新兴生物技术治理困境及原因

新兴生物技术已有的两用性特征使得国家行为体、国际社会及生物技术产业参与者会采取措施应对两用性技术安全风险，控制生物技术负面效应。目前，国际生物安全治理体系框架内，存在军控合作、出口管制和行业自律三种主要治理路径，各自均存在困境。

第一，缺乏核查机制使军控合作难以发挥功能。以《禁止生物武器公约》为核心的国际生物军控体系存在制度缺陷。该公约对生物技术性质未进行明确界定，其中第一条对"其他和平用途"的认定直接承认各种生物防御计划合法性。在生物防御和生物进攻本就无清晰边界的背景下，各国只能推定对方技术意图，导致"更持久、更模糊、更具军事含义的生物技术竞争"。[1]《禁止生物武器公约》无法适应生物技术管控需求，第三条要求防止生物武器扩散，包括出口管制和限制技术转让，第十条则鼓励促进和平利用生物技术的国际合作和技术交流，而生物技术两用性使得这两个条款自相矛盾。该公约本身未设核查机制，美国曾以技术上难以核查、核查可能损害国家安全和商业利益等理由"封杀"该公约的核查议定书。

第二，全球化知识与物流网络化削弱出口管制功能。两用性技术出口管制的对象包括两用性技术材料和技术信息，目的是预防国家及非国家行为体寻求核生化武器、预防国家恐怖主义获取相关材料设备。尽管出口管制是两用性技术治理的重要

---

[1]　王小理、薛杨、杨霄：《国际生物军控现状与展望》，载《学习时报》2019 年 6 月 14 日第 2 版。

工具，但互联网时代全球物流与信息流发达，加之对威胁识别存在滞后，使得管制清单与现实风险脱节，出口管制措施无法阻止正处蓬勃发展中的新兴生物技术扩散。2018年，加拿大阿尔伯塔大学病毒学家戴维·埃文斯合法采购了一些遗传基因片段，并利用其成功合成与天花病毒相似的马痘病毒，证明传统由政府主导的出口管制措施已无法赶上生物技术的发展步伐。同时，当前生物技术研发严重依赖全球科研网络，严格出口管制或将损害科技有益发展，成为经济增长的障碍，这限制了出口管制制度的应用场景及执行效果。①

　　第三，生物科技行业自律方案缺乏强制性约束力。生物技术领域中，行业自律和共同体自治成为一种两用性技术管控的新路径，由此自发形成的自律机制同样推动着生物安全的跨境自治路径发展。学术研究领域，学者自发形成自律团体，通过相应自律机制控制生物技术滥用。2003年2月，英国和美国的31位科学家和生物医学知名期刊主编发表《关于生物防御和生物安全考虑的声明》(Statement on the Consideration of Biodefence and Biosecurity)，②指出在生物学相关领域学术期刊上发表的最新技术及相关内容可能被滥用。具有良好声誉的学术期刊建立起咨询审查机制，将对发表后引发潜在生物安全问题的论文启动审核机制。市场行业领域，主流生物技术公司积极构建自律机制，自发管控生物技术研发。成立于2009年的国际基因合成联合会由欧洲多个国家的生物技术公司倡导，可对基因序列潜在滥用事件单独检查，确认最终用途。③生物科技行业共同体自治是典型的非政府行为体自我治理。但在两用性技术治理领域，非政府部门仅是诸多治理参与者之一，管控范围有限，一旦超越本行业其他领域，便难以发挥作用。在涉及国家安全议题时，生物

---

① 2017年的《快速通道行动委员会：生物安全与生物安保》报告中强调对生物安全风险的评估需要考虑绩效标准，也需要随着风险的演变获得更大灵活性，并防止可能具有挑战性的一刀切的解决方案。参见 Biological Defense Research and Development Subcommittee on Biological Defense, "Research and Development, Fast Track Action Committee Report: Biosafety and Biosecurity," January 2017, https://obamawhitehouse.archives.gov/sites/default/files/microsites/ostp/NSTC/ftac-bio-report.pdf，访问时间：2022年7月2日。

② Ronald Atlas et al., "Statement on the Consideration of Biodefence and Biosecurity," *Nature*, Vol.421, No.6925, 2003, p.771.

③ Sibyle Bauer et al., "Challenges and Good Practices in the Implementation of the EU's Arms and Dual-Use Export Controls: A Cross-Sector Analysis," SIPRI, July 2017, pp.21—22, https://www.sipri.org/sites/default/files/2017-07/1707_sipri_eu_duat_good_practices.pdf，访问时间：2022年7月2日。

安全治理主导权必然重回政府行政部门手中，因此非正式行为准则的有效性和必要性受到广泛质疑。

面对生物技术两用性问题，生物军控体系存在制度性漏洞，难以有效识别与监管生物技术恶意用途；出口管制措施存在不可避免的规范滞后，管制规范与生物技术风险脱节，难以有效管理高风险生物技术及相关产品的跨境流动；生物技术行业自律路径因其非强制属性，影响力局限于行业内部，无法涉及政府协调控制的生物安全核心领域。这三种共同存在但相互平行的管控方案难以形成合理有效的生物技术风险治理体系，导致当前困境的主要原因是这一治理体系违背了国际治理的基本规律，两用性生物技术治理体系中存在的诸多要素之间处于不平衡状态。

第一，技术治理主体与目标不平衡。目前国际社会在两用性生物技术治理中已形成国际军控合作、国家出口管制和行业共同体自律三种主要管控路径。在军事与安全领域，政府和主权国家构成的国际组织是治理主体，在技术滥用等科学伦理问题领域，非国家行为体承担主要责任。不同主体对技术两用性问题的认知与治理目标存在明显差异（如表 3.1 所示）。

表 3.1　现有生物技术竞争管控路径比较

管控路径	管控主体	管控方式	核查机制	监管机构	管控效果
国际军控路径	1. 主权国家 2. 国际组织	国际军控条约	无固定核查机制	国际组织	无法有效应对两用性技术
出口管制路径	政府	出口管控清单	国内行政审核	1. 司法部门 2. 行政部门	导致技术黑市
行业自治路径	1. 跨境非政府共同体 2. 国际学术共同体 3. 相关行业联合体	1. 行业规范 2. 共同体自律机制	1. 主体自我审查 2. 共同体集体审查	1. 自治组织 2. 行业协会	一定范围内有效，但缺乏强制约束力

除国家行为体外，各类非政府组织、学术机构、公众等行为主体都是全球生物安全治理利益相关者，构成所谓"复杂私人机制"。政府和非政府行为体在对两用性技术安全风险的认知与利益取向上均存在较大差异，以国家行为体主导的传统管控路径无法覆盖所有参与者的治理目标，生物技术主要供给者拥有更多话语权。因此，没有跨国企业、技术共同体和行业组织等非主权国家行为体的配合，针对生物技术的国际军控和出口管制机制便难以实现。但仅依赖非政府行为体的自我约束，又会对违规者缺乏有效制裁，这使得生物技术两用性困境难以解决，治理目标无法达成。

第二，监管制度责任与收益不平衡。监管责任主要由政府承担，政府往往采取法律法规、强制许可证、出口管制等"硬法"对生物技术进行严格管制，在治理重大生物安全事件时，亦主要消耗政府掌握的社会公共资源。政府的国家安全责任无限，只要政府存续，就必须予以承担。生物技术专业团体更倾向于采用安全指南、自治规范等不具强制力的"软法"进行管控，其本身承担的责任有限，除相关法律责任外，只需承担与自身估值相当的有限经济责任。从收益分析上看，政府不能从生物产业的繁荣中直接获益，而需通过税收、减少部分公共领域支出、增加就业等间接社会效益来体现。安全利益是为数不多能直接体现生物技术发展对政府的巨大效益的领域，但需建立在生物技术军事化应用并构成军事威慑的基础上，这与管控两用性生物技术的价值取向相悖。对市场主体而言，技术开发与市场应用可带来直接经济效益，越宽松的两用性监管策略对提升收益越有利。政府部门的高责任、低收益与市场部门的低责任、高收益现象导致两用性技术治理中收益与责任失衡。

第三，治理体系权力与结构不平衡。全球化时代，生物技术研发主体由各种科研机构、科学家、生物技术公司等非政府主体构成的跨境生物技术网络组成。[①] 生物技术的研发与应用遵循市场规制，维系整个生物产业发展。在市场化背景下，政府的主要功能是根据相关法律法规，维护整个生物技术产业链秩序，无直接干涉市场的权力。随着新兴生物技术对国家安全的重要性不断提升，政府试图打破原有规则，生物技术两用性成为政府部门将生物技术安全化的重要抓手。政府通过操纵安全化过程，利用生物技术的风险从客观安全转向无法以常规方式应对的"主观安全"问题。[②] 美国等国家政府以这种方式来主导新兴生物技术的发展、应用及转移，构建技术霸权，从生物产业链中攫取超越常规的权力。国家行为体在通过安全化获取额外权力的同时，其他行为体也会相应失去部分议价能力。而当其他利益主体无法通过正常渠道实现自身利益时，也将不再承担相应责任，这将破坏两用性技术管理体系的完整性，在政府管理盲区形成系统性漏洞。

当前国际体系下，三种单一路径无法平衡各方利益，实现有效治理，因此，实现两用性生物技术治理需寻求一个平衡生物技术发展领域内主要利益相关者权利的

---

① Jason Owen-Smith and Walter W. Powell, "Knowledge Networks as Channels and Conduits: The Effects of Spillovers in the Boston Biotechnology Community," *Organization Science*, Vol.15, No.1, 2004, pp.5—21.

② 储昭根：《竞合：超越传统安全化理论的新分析框架》，载《人民论坛》2020 年第 11 期，第 66—77 页。

机制，实现主体与目标、责任与收益、权力与结构三个维度的平衡。国际社会通过混合治理方式，将由国家安全行为体驱动的限制性监管模式与由科学界和生物产业界推动的自律式治理方法纳入管控体系，构建针对新兴生物安全议题的平衡治理框架。治理路径的设置应该回应各方安全与利益关切，准确识别评估生物两用性技术，实施合理监管措施，避免因新兴生物技术被极端安全化或草率去安全化，造成全球范围内生物安全治理失控。

第四节　新兴生物技术跨境混合治理路径及优势

当前新兴生物技术治理中存在多重失衡，这是造成生物技术误用与谬用风险失控的重要原因。针对这一困境，罗伯特·基欧汉与约瑟夫·奈在讨论全球治理问题时曾指出："全球治理是全球层面的各种规则与机构形成的国际机制。"① 有效治理新兴生物技术，通过构建新兴生物技术跨境混合治理，在不同层面平衡各利益相关方诉求，成为突破现有困境的出路与实现新兴生物技术有效治理的重要路径。

在新兴科技监管领域，理论研究界一直存在争论。部分学者认为可以建立一个自律型内部工作组，促进制定一系列安全措施，管控新兴生物技术。另一些学者指出新兴生物技术对社会和环境影响深远，行业自律对于可能从合成生命科学的研究和应用中受益的科学家和工程师来说远远不够，政府应自上而下严格管制研究和成果发表。② 理论界普遍承认在传统强制性措施外，生物技术行业内部自律对规范新兴生物技术研究非常重要。政府制定的强制性规则与行业协会或科技机构制定的非强制性规范共同合作，实现多种治理模式混合共存及相互作用，以不同方式配置实现共同目标，构成新型混合治理模式。③

谢默斯·米勒（Seumas Miller）和迈克尔·J. 塞尔格里德（Michael J. Selgelid）试图通过概述和评估一系列管理新兴生物技术的选项，发现混合治理的最佳模型，

---

① ［美］约瑟夫·奈、约翰·唐纳胡：《全球化世界的治理：世界政治中的秩序与变革》，王勇等译，北京：世界知识出版社 2003 年版，第 10—21 页。

② Gabrielle N.Samuel, Michael J. Selgelid and Ian Kerridge, "Managing the Unimaginable: Regulatory Responses to the Challenges Posed by Synthetic Biology and Synthetic Genomics," *EMBO Reports*, Vol.10, No.1, 2009, pp.7—11.

③ Agnieszka Janczuk-Gorywoda, "Public-Private Hybrid Governance for Electronic Payments in the European Union," *German Law Journal*, Vol.13, No.12, 2012, pp.1438—1458.

其中的管理主体包括政府、独立权威机构、普通机构和政府混合、普通机构、科学家个人五类（如表 3.2 所示）。

表 3.2　米勒和塞尔格里德构建的生物技术混合治理理想模型

决策方案	科学家个人自治	普通机构管理	普通机构和政府混合管理	独立权威机构管理	政府管理
研究发起	科学家个人	科学家、研究机构、公司、政府研究机构	科学家、研究机构、公司、政府研究机构	独立权威机构	政府
强制安全规则	否	是	是	是	是
两用性认证	否	否	是	是	是
强制安全培训	否	否	是	是	是
个人安全认证	否	否	是	是	是
发表审查	期刊编辑	期刊编辑、公司、政府研究机构	期刊编辑、公司、政府研究机构	独立权威机构	政府

资料来源：该理想模型由作者根据文献整理，相关文献参见 Seumas Miller and Michael J. Selgelid, "Ethical and Philosophical Consideration of the Dual-Use Dilemma in the Biological Sciences," *Science and Engineering Ethics*, Vol.13, No.4, 2007, pp.523—580。

这五种生物技术管理方案包括从强调"最少侵入性和限制性"的科学家个人自我管理，到"最大侵入性和限制性"的全系统完全依靠政府管理的各种混合治理模式，基本覆盖所有可能情况。考虑到平衡科学自由与风险防范的目标，研究者认为完全自治和绝对政府管制都不合适，只有形成一个平衡各方利益的混合体，才能提供最具道德活力的治理形式，不仅能对科学和技术进步做出反应，也能在学术自由和公共安全之间实现最佳平衡。[1]

采取混合治理路径应对生物技术安全治理困境，已在西方学界形成较大范围共识，并具有两个重要特征。第一，西方混合治理更重视跨国行为体自律作用，强调非正式措施发展对构建适合的混合治理外部环境的重要性。通过教育、培训提高生物科学界及业余爱好者的整体风险防范意识，营造负责任的创新文化氛围，可补充解决其他更广泛的问题。[2] 第二，西方混合治理在价值取向上更倾向于维护

[1]　Seumas Miller and Michael J. Selgelid, "Ethical and Philosophical Consideration of the Dual-Use Dilemma in the Biological Sciences," *Science and Engineering Ethics*, Vol.13, No 4, 2007, pp.523—580.

[2]　［美］克雷格·文特尔：《生命的未来：从双螺旋到合成生命》，贾拥民译，杭州：浙江人民出版社 2016 年版，第 210 页。

科学伦理与学术自由。例如，美国国家生物安全科学顾问委员会在 2007 年制定"令人担忧的实验"清单时，规定该清单既可由政府内部评估委员会、科学界或独立权威机构制定，也可将这种权力下放到一些次级组织，如大学和公司等各类机构内部成立的一系列生物安全委员会，体现最大程度的混合。①

生物技术研发过程是一个复杂的非线性过程，参与者和利益相关者甚多，单一主体无法平衡所有利益相关方的诉求。② 此时，混合治理体系的优势就变得非常明显：各主体扮演不同角色，在不同层次输出规范，各规范间互相联系，形成覆盖整个技术研发与应用过程的规范网络（如表 3.3 所示）。

表 3.3　混合治理模式下各主体输出规则及影响对象

主体	输出规则	严格程度	影响对象
政府	法律法规	高	机构、学术共同体
	强制性许可、认证和注册	高	机构、学术共同体
	出口管制	高	机构、学术共同体
	国际军控条约	高	其他政府、机构、学术共同体
机构 （科研机构、私营企业）	行业自治	中	机构
	研究监管	中	机构、学术共同体
	安全指南	中	机构、学术共同体
	出版评审	中	学术共同体
	监管标准	中	政府、机构、学术共同体
学术共同体 （科研人员/业余爱好者）	共同体自治规范	低	学术共同体
	行为准则	低	机构、学术共同体
	伦理价值	低	机构、学术共同体
	舆论压力	低	政府、机构、学术共同体

资料来源：作者根据文献整理，相关文献参见 Samuel Packer and David W. Parke, "Ethical Concerns in Industry Support of Continuing Medical Education: The Con Side," *Archives of Ophthalmology*, Vol.122, No.5, 2004, pp.773—776; Bryn Williams-Jones, Catherine Olivier and Elise Smith, "Governing 'Dual-Use' Research in Canada: A Policy Review," *Science and Public Policy*, Vol.41, No.1, 2014, pp.76—93。

---

① NSABB, "Proposed Framework for the Oversight of Dual Use Life Sciences Research: Strategies for Minimizing the Potential Misuse of Research Information," Bethesda, MD, USA: National Science Advisory Board for Biosecurity, June 2007, https://osp.od.nih.gov/wp-content/uploads/Proposed-Oversight-Framework-for-Dual-Use-Research.pdf, 访问时间：2022 年 7 月 2 日。

② Bryn Williams-Jones, Catherine Olivier and Elise Smith, "Governing 'Dual-Use' Research in Canada: A Policy Review," *Science and Public Policy*, Vol.41, No.1, 2014, pp.76—93.

两用性生物技术混合治理模式优势明显，不仅能实现两用性生物技术治理中各主体权力、责任与收益的平衡，更能通过各行为主体的充分参与，实现生物技术的多层次沟通，规避传统治理模式下各主体间信任缺失与利益冲突导致的治理困境。这体现在以下三方面：第一，混合治理能形成统一治理目标。国家行为体、多元跨境生物技术共同体、私营机构及其他非政府组织组成的共治体系可有效协调各利益主体间的关系。这些主体在各自利益驱使下，对两用性技术治理的诉求不同，导致治理目标差异，而混合治理在定义两用性风险时具有优势。第二，混合治理体系下更易实现各主体间责任与利益平衡。混合治理特点是将不同治理路径形成有机联系，在互相依赖关系中构建完整治理体系，从而有利于平衡各主体间的利益分配。各治理路径互为补充、互相渗透、长期共存。第三，混合治理能调整权力关系，恢复各主体权力与结构平衡。混合治理体系下各政府部门和不同利益相关者持续交流对话，双方对两用性技术安全风险做出正确判断，避免生物技术陷入安全化议程，防止国家行为体对治理权力过度攫取，维护两用性技术各参与主体间权利与责任的合理分配。

第五节　新兴生物技术混合治理的挑战与中国方案

针对两用性生物技术的混合治理刚刚起步，制度尚处试错阶段。混合治理模式通过合理配置学术共同体、机构和政府治理方案，为混合治理提供了广阔的发展前景。混合治理能回应国际社会对生物技术安全问题关切，协调生物技术有序发展，将生物技术变革的巨大能量可控释放，是在不确定性环境下，维护全球生物安全秩序稳定的重要路径。

然而，在欧美资本主义体系下，混合治理注定面对挑战。首先，新兴生物技术混合治理中，私营部门权力向政府部门渗透。新兴生物性技术治理立足国家安全，具有明显的公共性，法律法规等强制性措施是混合治理的基础与底线。一旦安全问题以及与新兴生物学相关的其他风险和伦理问题超出评估和解决这些问题的政府机构的能力，政府就不得不依赖行业机构或技术专家制定政策。例如，欧盟的新兴生物技术安全风险的定义主要由政府咨询行业协会后做出，安全领域的混合治理存在脱离行政机构转由非政府机构，甚至营利机构主导的趋势。其次，生物安全国际合作领域中，跨境机构的重要性不断增强，传统国际组织的作用被削弱。政府管辖被国界限制，科技机构、私营企业和学术共同体则更多以跨境组织形式出现。跨境组织成为联系各国政府、协调国际安全合作的重要力量，乃至成为国际协议、公约等正式规则制定的主要发起方，未来将不断有非正式规则以国际协议的方式转变为正式规则，国际生物安全治理可能脱离主权国家控制，挑战现有国际安全体系。最后，全球混合治理模式侵蚀国家主权。在全球治理层面，世界卫生组织、联合国粮农组织等重要国际组织的加入，使得国际组织形成的缺乏约束力的非正式规则嵌入各主权国家治理体系，这一政治过程存在侵蚀国家主权的潜在风险，颠覆国内法与国际法的现有关系原则。

鉴于安全环境不同，欧盟与美国的混合治理路径存在细微差别。欧盟内部的两用性议题受安全化影响较小，商业部门和科研共同体掌握更多话语权，美国生物技术安全化程度较高，混合治理中具有政府背景的专业性独立机构（如美国国家生物安全科学顾问委员会等）发挥主导影响。[1] 总体而言，欧美混合治理具有典型的以市场效益为取向的特征，掌握技术专利与市场资源的主体会逐渐占据混合治理主导地位，这种背景下的混合治理很有可能会滑向资本主导的新的不平衡形态。

在以市场效益为取向的混合治理模式下，生物技术研发体系中的利益相关者日趋多元化，传统生物技术管控路径不能满足当前生物技术发展趋势，治理体系失衡导致新管控机制难以形成。只有充分调动政府与非政府行为体对生物技术两用性问题的治理积极性，主体间信息充分混合、沟通顺畅，共同保障两用性技术治理体系中各主体的权责均衡，形成一套平衡各方利益的混合治理体系，才能实现对两用性生物技术的有效治理，在权责平衡基础上建构稳定的两用性技术管控秩序。在混合治理模型中，治理体系的战略目标共识居于核心位置，只有形成这一共识，混合治理才能顺畅运行（如图3.1所示）。

西方国家新兴生物技术治理探索过程中，学术界普遍将学术共同体推崇的科学研究伦理作为混合治理战略目标共识。在管理规范上更倾向于保护科学家学术自由，保证知识合理流动，反对过分严格审核与限制措施。西方混合治理理论对非政府部门，特别是商业部门源自市场规律形成的自律规范给予最大程度信任，认为这些非

---

[1]   Markus Schmidt and Gregor Giersch, "DNA Synthesis and Security," in Marissa J. Campbell, (eds.), *DNA Microarrays, Synthesis and Synthetic Dane*, Nova Science Publishers, Inc, 2011, pp.1398—1399.

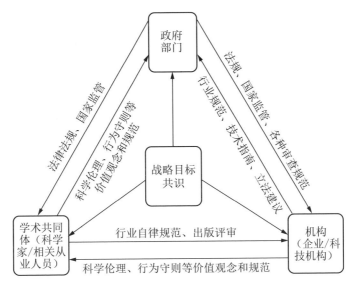

资料来源：作者根据文献整理，相关文献参见 Frida Kuhlau et al., "Taking Due Care: Moral Obligations in Dual Use Research," *Bioethics*, Vol.22, No.9, 2008, pp.477—487。

图 3.1　新兴生物技术混合治理体系

强制性规范具有重要实践意义，能发挥同等的政府强制性规范的效用。[①] 该倾向在跨境治理中更明显，非政府部门的行业规范被视为重要行为准则，跨国公司要求全球供应商采用严格的商业道德、环境保护甚至防扩散标准，[②] 否则就拒绝开展业务，将公司标准变成国际通行的行为准则。[③] 这种以市场效益为取向的治理目标共识并非新兴生物技术治理唯一选择。就像大多数商业驱动的技术一样，以合成生命科学为代表的新兴生物技术的造福对象是富裕的工业化西方国家，不是贫穷的发展中国家。[④] 这种以市场效益为取向的混合治理模式在跨国层面上，容易导致发展中国家

---

① Sebastian von Engelhardt and Stephen M. Maurer, "Industry Self-Governance and National Security: On the Private Control of Dual Use Technologies," UC Berkeley Goldman School of Public Policy Working Paper, No.GSPP12-005, 2013.

② Daniel J. Fiorina, "Voluntary Initiatives, Regulation and Nanotechnology Oversight: Charting a Path," *Project on Emerging Nanotechnologies Publication*, November 2010, p.19.

③ Stephen M. Maurer, "Regulation without Government: European Biotech, Private Anti-Terrorism Standards, and the Idea of Strong Self-Governance," *Nomos Verlagsgesellschaft mbH & Company KG*, 2011.

④ Gabrielle N Samuel, Michael J. Selgelid and Ian Kerridge, "Managing the Unimaginable: Regulatory Responses to the Challenges Posed by Synthetic Biology and Synthetic Genomics," *EMBO Reports*, Vol.10, No.1, 2009, pp.7—11.

与发达国家之间利益失衡。例如，合成生物制剂将严重威胁传统生物原材料出口国的经济利益，生物技术造成的负面影响更易在发展中国家造成严重损失。[①] 国际社会急需一种更为先进的理念与治理模式，来进一步完善新兴生物技术混合治理路径。

生物技术风险是一个全球议题，中国所倡导的人类命运共同体为新兴生物技术混合治理提供了另一种治理模式选项：在全球生物安全治理视野下，围绕新兴生物技术发展战略，主动开展国际竞争与合作，凝聚国际社会战略共识，坚持系统性思维、复杂性思维、演化性思维，寻求国际社会"大家庭"最大公约数，也敢于寻求必须突破方向的最小公倍数。[②] 与传统的以市场效益为取向的共识不同，人类命运共同体理念下的混合治理价值共识更倾向于保护公共安全利益，被视为共同利益取向的混合治理方案。生物安全问题牵涉国内和国际的公众健康，新兴生物技术带来的风险是国际社会面临的共同挑战。生物技术发展的不确定性风险不能仅依靠行业共同体的判断进行专业甄别，而是需要所有的利益相关方共同评估。新兴生物技术风险的本质是利益与风险平衡问题，与以市场效益为取向的混合治理模式不同，以共同利益为取向的混合治理模式拥有以下四个重要特征。

第一，以共同利益为取向的混合治理体系拓展利益相关者范围。全球公共安全关联的主体是全体人类成员，涵盖一切有"人类存在"的共同体。[③] 这极大扩展了混合治理主体范围，将生物技术利益相关者范围延伸，那些受新兴技术负面影响的发展中国家或弱势群体也将被纳入混合治理体系中。拓展相关利益者范围将对新兴生物技术风险的认定、行业监管措施的制定、行为规范的变革产生重大影响。

第二，以共同利益为取向的混合治理模式具有更大价值包容性。欧美国家以市场效益为取向的混合治理体系重视学术自由等学术共同体长期坚持的科学伦理。人类命运共同体理念则强调价值包容性，相信只要秉持包容精神，就可实现文明和谐。[④] 以共同利益为取向的混合治理不仅需要考虑科技精英的价值取向与利益诉求，

---

① Willem Heemskerk, Henk Schallig and Piters B Steenhuijsen, "The World of Artemisia in 44 Questions," *Medicine, Environmental Science*, The Netherlands: The Royal Tropical Institute, March 2006, pp.39—43.

② 王小理：《生物安全时代：新生物科技变革与国家安全治理》，载《中国生物工程杂志》2020年第9期，第95—109页。

③ 郝立新、周康林：《构建人类命运共同体——全球治理的中国方案》，载《马克思主义与现实》2017年第6期，第1—7页。

④ 习近平：《文明交流互鉴是推动人类文明进步和世界和平发展的重要动力》，载《求是》2019年第9期。

也必须把涉及新兴生物技术产业链中每个利益相关者的文化与历史背景等要素纳入价值体系中，在安全治理伦理问题上，最大程度反映公平、责任和透明度等人类整体价值观，避免出现价值理念偏见。

第三，以共同利益为取向的混合治理体系更具透明性。在权衡取舍监管与创新方面，混合治理应考虑各主体在风险偏好上的差异。在以市场效益为取向的混合治理体系中，技术精英和跨国企业成为行业规范制定者，大企业容易在跨境治理层面利用市场垄断地位构建规范垄断，倚重技术与私营部门精英制定的技术规范对社会公众缺乏透明度。中国政府多次强调要践行多边主义，推动完善全球治理体系变革的重要性，以共同利益为取向的混合治理更强调规则的公开与透明，致力于建设一套全球统一、通用、透明的监管体系。

第四，以共同利益为取向的混合治理模式更注重协调国家间关系。以市场效益为取向的混合治理更关注跨境组织和机构利益，将学术共同体和行业共同体利益放在重要位置。以共同利益为取向的混合治理不仅涉及人与人之间、人与国家之间的关系，更关注国家与国家之间高度依存的新关系，在国家主义和全球主义间寻求平衡。① 相比以市场效益为取向的混合治理，中国所提倡的人类命运共同体观念在安全治理目标设定上视野更宏大。

表 3.4　以市场效益为取向的混合治理与以共同利益为取向的混合治理的主要差异比较

	以市场效益为取向	以共同利益为取向
利益相关者	1. 政府部门 2. 跨境学术共同体 3. 科研机构 4. 私营企业	1. 政府部门 2. 全体公众
价值取向	1. 学术自由 2. 科研伦理 3. 商业道德	1. 公序良俗 2. 民族文化 3. 社会公平
透明度	低（面向特定部门和团体）	高（面向社会所有成员）
主要协调关系	1. 跨境共同体 2. 行业共同体 3. 公共部门与私营部门	1. 国家与国家 2. 国家与个体 3. 国家与跨国组织

① 张鹭、李桂花：《"人类命运共同体"视阈下全球治理的挑战与中国方案选择》，载《社会主义研究》2020 年第 1 期，第 103—110 页。

由于全球新冠病毒大流行，国际社会就全球生物安全治理的必要性达成共识。中国作为国际社会中负责任的大国，将在生物安全这一未来国际治理核心议题上发挥应有作用，将全球生物技术风险治理作为重要抓手，提出全球治理中国方案。

以欧美发达国家为代表的混合治理模式，立足于生物技术共同体的科学伦理价值，其本质是更注重市场效益的混合模式。而社会制度与文化传统禀赋，决定了中国在全球治理中，势必更注重公共安全利益和广大发展中国家的利益。虽然这两种模式都承认全球化时代的科技发展与全球安全都需要多元共治，但在价值观念与治理目标上却存在差异。它们代表着全球安全治理的两种重要价值取向，将在全球生物安全治理领域展开激烈竞争。

科技发展超越人类预测，生物技术发展尤甚。在合成生物学之后，还会出现更有挑战性的新技术，并且伴生新的技术安全风险困境，这亟待国际社会和学术界进一步丰富全球安全治理理论，来充实安全治理的"工具箱"。中国将积极构建全球混合治理的战略目标共识，推动中国方案，通过以共同利益为取向的混合治理模式，提高生物技术的发展透明度，平衡各主体利益诉求，形成包容、公平、公正的生物技术发展国际规范，避免新兴生物技术的误用与谬用，管控新兴生物技术风险，维护全球安全秩序。

第六节　本章小结

新兴生物技术无序竞争对全球生物安全构成严峻挑战。美国于 2019 年 1 月发布的《美国情报界年度全球威胁评估报告》认为，新兴生物技术的高速发展使得"各国政府在经济、军事、伦理和监管方面的步伐越来越难以跟上"。[1] 在全球生物技术竞争日益激烈的背景下，大国为了获取竞争优势而放松监管、在竞争中采取零和博弈策略、过度安全化新兴生物技术，这些行为破坏了各国和国际社会开展生物安全治理的努力。这种无序竞争诱发的风险对生物安全治理外部环境、生物安全治理合作与全球生物军控体系都产生了不利影响。

以合成生物学为代表，多学科技术交叉融合为特征的新兴生物技术变革正广泛

---

[1]　Daniel Coats, "Worldwide Threat Assessment of the US Intelligence Community," Director of National Intelligence, January 29, 2019, https://www.dni.gov/files/ODNI/documents/2019-ATA-SFR---SSCI.pdf，访问时间：2023 年 3 月 22 日。

影响人类健康、世界经济发展、国际军事斗争形势、国家安全乃至世界安全等诸多领域。新冠疫情大暴发揭示新兴生物技术研发与应用过程中的潜在风险，凸显新兴生物技术治理问题的紧迫性。生物技术安全风险困境不是自然出现的安全议题，而是安全建构的社会结果。这一社会建构过程不可避免地将引发对造成生物技术安全风险问题政治化的溯源及对其相关治理制度（如国际军控、出口管制、强制性发表审查等）的质疑。新兴生物技术安全化过程中，各利益相关者试图在技术安全问题上占据话语权，导致新兴生物技术管理失控，预期风险变成现实的生物安全灾难。

　　新兴生物技术研发的特点决定了政府部门难以制定先发制人地针对生命科学研究和技术进行监管。通过单纯应用现有的自上而下管控路径解决生物技术安全困境被证明难以成功。着重对材料和技术传播进行控制的传统手段，被认为不适合监督生命科学研究与管控生物技术风险。行政部门不得不依靠生物技术企业和生物技术共同体自发形成监督系统，探索新兴生物技术治理出路，即行政部门必须让渡或共享部分权力，形成混合治理格局。生物技术企业与生物技术共同体也试图利用自身影响力，在混合治理体系内为自己争取更多权利。

　　实现新兴生物技术治理需寻求一个平衡生物技术发展领域内主要利益相关者权利的机制，实现主体与目标、责任与收益、权力与结构三个维度的平衡。国际社会通过混合治理方式，将国家主导的"硬法"与科学界、产业界自律机制构成的"软法"相结合，构建出一种既能平衡各方利益、反映各领域利益诉求，又能保证国家安全底线的治理框架；通过混合治理的方法，帮助掌握"硬法"的政府准确识别与评估生物技术风险，实施合理有度的监管，避免缺乏科学基础的极端"安全化"或草率"去安全化"主导决策部门，从而造成监管政策失灵。总而言之，新兴技术安全治理的主旨是通过可靠的制度降低安全风险，提高技术发展的透明度，在平衡各方利益的基础上，形成包容、公平的国际规范，在公平、安全与效率三个维度上找到最佳的政策平衡点。

第四章　安全化驱动下的新兴生物技术安全治理

安全治理概念的形成是一个从传统向非传统演变的过程，安全维护的趋势是一个从管制向治理递进的过程，全球治理理论的发展是一个在各国实践中曲折延伸的趋向，非传统安全观念、思维模式、能力建设及实践经验在不同区域具有不同模式。非传统威胁不但来自传统的国家与国家之间的竞争，也来自人为或自然造成的对各种平衡的破坏，且往往带有跨国性和全球性。在这一过程中，安全化成为国家中心对新兴技术治理产生影响的重要手段，尤其自 21 世纪以来，以基因编辑为代表的前沿生物技术不断获得重大突破，"现代生物技术将对国家安全产生全方位的影响"已经在美国政府内成为共识。① 在这一背景下，"两用性"成为将生物技术与国家安全联系起来的一个重要概念，通过不断强调生物技术具有两用性，美国将行政权力渗透到科学研究领域。从美国生物技术政策实践来看，安全叙事是自小布什政府以来，历届美国政府生物技术政策形成过程中的重要因素。② 安全叙事如何进入美国生物技术政策的决策和实施过程，如何影响美国相关政策目标的选择，这具有重要的研究价值。特别是在当前中美竞争日益激烈的背景下，需要进一步从理论上明晰生物技术的安全效应及其形成机制，从而对美国未来生物技术政策的发展形成合理预期，以便形成有针对性的应对措施。

---

① Alexander J. Titus, Edward Van Opstal and Michelle Rozo, "Biotechnology in Defense of Economic and National Security," *Health Security*, Vol.18, No.4, 2020, pp.310—312.

② 本书认为，美国的生物技术政策主要可以分为发展与监管两个维度。在发展维度，美国政府使用公共资金投资基础研究推动生物技术发展；在监管维度，美国制定限制性政策对生命科学研究的主题、知识流动、技术转移、外部投资与合作等方面进行控制。这两个维度的政策共同构成了美国生物技术政策的总体特征。详细论述参见 Adam D. Sheingate, "Promotion Versus Precaution: The Evolution of Biotechnology Policy in the United States," *British Journal of Political Science*, Vol.36, No.2, 2006, pp.243—268; Sharmistha Bagchi-Sen, Helen Lawton Smith and Linda Hall, "The US Biotechnology Industry: Industry Dynamics and Policy," *Environment and Planning C: Government and Policy*, Vol.22, No.2, 2004, pp.199—216。

第一节　既有研究评述与问题提出

科学技术在促进人类社会发展的同时，也能构成安全威胁，学术界将科学技术的这种特性称为"两用性"（dual-use）。两用性技术（dual-use technology）最初特指那些同时具有现实或潜在的军事和民用用途的技术。①1992 年，美国国会在《国防工业技术转轨、再投资和过渡法》中第一次对"两用性技术"进行明确定义："'两用性技术'是与产品、服务、标准、加工或采购相关的，能够分别满足军事应用和非军事应用的产品、服务、标准、加工和采购。"②2004 年，美国国家科学研究委员会再次明确："在军备控制和裁军的用语中，所谓两用性技术，是指既可用于民用，也可用于军事目的的技术。"③西方学界也将那些"具有民用和军用共同用途的"研究或科学定义为军民两用性技术。冷战结束后，军事项目促进了民事应用，军事科学和民用科学之间的交流受到充分的正面鼓励，最初的两用性概念在国家安全层面并不是一个负面的词汇。④

在生物技术领域，1972 年《禁止生物武器公约》的缔约国就已经认识到两用性概念的重要地位，在公约文本以及 20 世纪 80 年代进行的六次审查会议记录中，都已经含蓄地使用了这一概念。⑤ 2001 年"9·11"事件后，伴随着公众对生物恐怖袭击的担忧，生物技术两用性问题迅速成为美国重要的国家安全议题。⑥2005 年美国成立了美国国家生物安全科学顾问委员会，负责监管具有威胁的两用性生物技

---

① Jordi Molas-Gallart, "Which Way to Go? Defense Technology and the Diversity of 'Dual-Use' Technology Transfer," *Research Policy*, Vol.26, No.3, 1997, pp.367—385.

② United States Congress House, "Journal of the House of Representatives of the United States," December 31, 1997, https://www.govinfo.gov/app/details/HJOURNAL-1997，访问时间：2024 年 1 月 29 日。

③ National Research Council, *Biotechnology Research in an Age of Terrorism*, Washington D.C.: National Academies of Sciences Press, 2004, p.18.

④ Seumas Miller, Michael J. Selgelid and Koos van der Bruggen, "Report on Biosecurity and Dual Use Research: A Report for the Dutch Research Council," Academia, January 2011, https://www.academia. edu/41708575/Report_on_Biosecurity_and_Dual_Use_Research_A_Report_for_the_Dutch_Research_ Council，访问时间：2024 年 2 月 17 日。

⑤ Alex Dubov, "The Concept of Governance in Dual-Use Research," *Medicine, Health Care and Philosophy*, Vol.17, No.3, 2014, pp.447—457.

⑥ Caitríona McLeish and Paul Nightingale, "Biosecurity, Bioterrorism and the Governance of Science: The Increasing Convergence of Science and Security Policy," *Research Policy*, Vol.36, No.10, 2007, pp.1635—1654.

术，并对威胁美国国家安全的生物研究进行界定。该委员会率先提出了"受关注两用性研究"（dual use research of concern，DURC）的概念，即"基于目前（知识）的理解可合理预期某种生命科学技术所提供的知识、信息、产品或技术可能会被直接误用，从而对公共卫生、安全、农作物及其他植物、动物、环境、物资，甚至国家安全造成广泛的潜在风险"。在这一概念框架下，15 种有毒物质和 7 种类型的实验被列为"受关注两用性研究"，相关研究在获得政府资助与成果发表时需要进行严格的安全审查。①

在生物技术风险研究领域，既有研究大多聚焦于讨论如何界定与识别生物技术两用性，以及如何评估这些技术的潜在安全风险。② 国外学者更关注生物研究的科学伦理，重点是如何在保证科学研究自由的条件下控制生物技术的潜在风险，并努力证明现代生物技术的风险是可控的。③ 国内的研究则主要集中于阐释合成生物学和基因改造等前沿生物技术因潜在的滥用或泄漏而导致的生物安全威胁，④ 以及由

---

① NSABB, "United States Government Policy for Oversight of Life Science Dual Use Research of Concern," *Public Health Emergency*, March 29, 2012, https://www.phe.gov/s3/dualuse/documents/us-policy-durc-032812.pdf, 访问时间：2024 年 2 月 17 日。

② 参见 National Research Council, *Biotechnology Research in an Age of Terrorism*, Washington D.C.: National Academies of Sciences Press, 2004, p.18; John Forge, "A Note on the Definition of 'Dual Use'," *Science and Engineering Ethics*, Vol.16, No.1, 2010, pp.111—118; Amber Dance, "Core Concept: CRISPR Gene Editing," *Proceedings of the National Academy of Sciences*, Vol.112, No.20, 2015, pp.6245—6246; National Academies of Sciences, Engineering and Medicine et al., *Biodefense in the Age of Synthetic Biology*, Washington D.C.: The National Academies Press, 2018, pp.1—22; 董时军、刁天喜：《高致病性禽流感 H5N1 病毒基因改造引发争议案例剖析》，载《军事医学》2014 年第 8 期，第 635 页。

③ Seumas Miller and Michael J. Selgelid, "Ethical and Philosophical Consideration of the Dual-Use Dilemma in the Biological Sciences," *Science and Engineering Ethics*, Vol.13, No.4, 2007, pp.523—580; Gabrielle N. Samuel, Michael J. Selgelid and Ian Kerridge, "Managing the Unimaginable: Regulatory Responses to the Challenges Posed by Synthetic Biology and Synthetic Genomics," *EMBO Reports*, Vol.10, No.1, 2009, pp.7—11; Daniel Patrone, David Resnik and Lisa Chin, "Biosecurity and the Review and Publication of Dual-Use Research of Concern," *Biosecur Bioterror*, Vol.10, No.3, 2012, p.290; Bryn Williams-Jones, Catherine Olivier and Elise Smith, "Governing 'Dual-Use' Research in Canada: A Policy Review," *Science and Public Policy*, Vol.41, No.1, 2014, pp.76—93; Pamela Sankar and Mildred K. Cho, "Engineering Values into Genetic Engineering: A Proposed Analytic Framework for Scientific Social Responsibility," *American Journal of Bioethics*, Vol.15, No.12, 2015, pp.18—24.

④ 参见陈云伟等：《基因编辑技术研究进展与挑战》，载《世界科技研究与发展》2021 年第 1 期；薛杨、俞晗之：《前沿生物技术发展的安全威胁：应对与展望》，载《国际安全研究》2020 年第 4 期；张雪等：《合成生物学领域的基础研究与技术创新关联分析》，载《情报学报》2020 年第 3 期。

此给全球生物安全和国家安全治理带来的挑战。① 在此基础上，国内学者开始进一步针对两用性生物技术政策展开研究，部分学者倾向于采取更为狭义的生物技术两用性定义，即军民两用性，在国际军控与防扩散理论的框架内对生物技术的监管理论与政策实践进行研究。② 另一部分国内学者更专注于研究国外生物技术监管政策，③ 并为中国的两用性生物技术政策出谋划策。当前学术界围绕生物技术两用性议题，在生物技术的风险特征、治理措施、生物安全影响以及对中国生物安全治理的启示等方面取得了不少进展，但较少通过这些研究揭示两用性议题本身的安全和政治效应。这些研究难以揭示为何在众多潜在的大规模杀伤性武器技术中，被冷落很久的生物技术突然受到异乎寻常的重视，又为何在众多技术两用性问题中，唯有生物技术两用性及其相关政策引起广泛争议。本书认为两用性本质上是一种安全叙事，部分研究直接将生物技术与生物安全等同起来，忽视安全叙事这一重要建构过程，使得在把握两用性问题本质的基础上解读生物技术政策并分析其未来走向变得困难。

首先，美国生物技术两用性概念的提出及其内涵的演变是一个政治过程。美国政府有不干涉基础科学研究的传统，2009 年美国发布的第 13526 号行政命令规定，与国家安全没有明显关系的基础科研信息不予保密，如果要对基础研究信息展开监管，则必须对所有的研究进行分类。④ 因此美国政府如果想要监管生物技术，就必须先定义一个与国家安全有关的科学研究类型，而"受关注两用性研究"概念的提出正是为解美国政府的燃眉之急，为合法获得科学研究的治理授权所作出的政治行为。但中国学者对此议题的研究更多侧重于生物技术的自身因素分析，相对忽视对生物技术两用性议题的本质及其背后政治动因的探索，很多研究只是对前沿生物科技的特征进行细致分析，并列举其潜在的安全风险。例如，刘冲和邓门佳从新兴生

① 王小理：《生物安全时代：新生物科技变革与国家安全治理》，载《国际安全研究》2020 年第4 期。

② 参见王小理、薛杨、杨霄：《国际生物军控现状与展望》，载《学习时报》2019 年 6 月 14 日第 2 版。

③ 董时军、刁天喜：《美国生命科学两用性研究监管政策分析》，载《生物技术通讯》2014 年第5 期；张琰、钟灿涛：《美国生命科学双途研究审查协调机制及其启示》，载《科学学与科学技术管理》2013 年第 10 期。

④ The White House, "Executive Order 13526-Classified National Security Information," December 29, 2009, https://obamawhitehouse.archives.gov/the-press-office/executive-order-classified-national-security-information，访问时间：2024 年 2 月 17 日。

物技术发展对全球安全治理的影响出发，详细阐述了新兴生物技术对国际格局和全球安全环境的颠覆性影响；① 薛杨和俞晗之则进一步列举了大量前沿生物技术可能潜藏的安全威胁，分析了世界各国在生物技术监管中存在的疏漏。② 这些研究对生物技术的安全风险进行了详尽梳理，但较多的是围绕技术本身来推演客观风险，而较少有研究解释客观风险如何转变为主观安全问题的。生物技术的潜在风险是一个科学技术问题，生物安全则是一个政治问题，如果忽略两者的差异，那么就会无法揭示生物技术两用性问题的本质。

其次，现有国外研究虽涉及安全化理论，但无法解释政府是如何将安全化的成果转化为具体政策实践的。这些研究大多围绕着科学伦理展开，研究主要聚焦于政府对两用性的治理可能会妨碍知识的合理流动。西方学者将两用性视为一种科学伦理问题而非国家安全议题，③ 他们对严厉的政府监管普遍采取谨慎态度，大量研究试图利用"成本−效益"分析证明，过分严格的政府监管并不能取得良好的治理成效。④ 这些研究忽视了生物技术两用性议题形成的社会过程。如果单纯地将美国生物技术政策视为技术或伦理问题进行研究，则既不能解答生物技术的安全效应是如何产生的，更不能厘清生物科技发展与生物安全之间内在的关系。

最后，既有研究对美国生物技术政策与国家安全战略关系的分析有限。国外学者对生物技术安全的研究普遍集中于探讨新兴生物技术的滥用与谬用问题，他们认为生物技术两用性问题的出路在于广泛的利益相关者共同承担治理责任。⑤ 国内学者则更倾向于将生物技术两用性问题视为生物武器扩散的衍生问题。⑥ 部分研究认为，生物技术的两用性使生物武器军控体系难以准确定义生物技术研究的性质，更

---

① 刘冲、邓门佳：《新兴生物技术发展对大国竞争与全球治理的影响》，载《现代国际关系》2020 年第 6 期。

② 薛杨、俞晗之：《前沿生物技术发展的安全威胁：应对与展望》，载《国际安全研究》2020 年第 4 期。

③ Gabrielle N. Samuel, Michael J. Selgelid and Ian Kerridge, "Managing the Unimaginable: Regulatory Responses to the Challenges Posed by Synthetic Biology and Synthetic Genomics," *EMBO Reports*, Vol.10, No.1, 2009, pp.7—11.

④ Stephen M. Maurer and Sebastian Von Engelhardt, "Industry Self-Governance: A New Way to Manage Dangerous Technologies," *Bulletin of the Atomic Scientists,* Vol.69, No.3, 2013, pp.53—62.

⑤ Brian Rappert and Chandré Gould, *Biosecurity: Origins, Transformations and Practices*, Berlin: Springer, 2009, p.912.

⑥ 王小理、薛杨、杨霄：《国际生物军控现状与展望》，载《学习时报》2019 年 6 月 14 日。

难以监管生物武器的研究及危险生物技术的扩散，因此生物技术政策应侧重于改革现有的监管机制。① 虽然生物技术两用性概念起源于国际军控，但是当前美国在生物技术领域的安全关切早已超越了国际军控范畴，新兴生物技术在更为广阔的范围内影响着美国国家安全战略。针对生物技术两用性问题的研究，应该将美国国家安全战略需求的变化纳入其中，理解两用性安全叙事演化的本质。

综上所述，本书认为生物技术两用性议题在美国已经由一个客观技术风险问题转化为国家安全议题，这种安全化过程使得这一问题的主观性大大增加，美国政府为了在生物技术政策上获得更大的灵活性，不断利用这一概念赋予生物技术不同的安全效应。值得强调的是，针对安全化的研究不应被简化为单纯的言语行为，生物技术两用性的具体文本意义和构成话语才是建构其安全图景的核心。② 安全化是建立在日常实践中的，它不是通过某些特殊言论、行为和事件来创造的。③ 因此，生物技术两用性安全叙事是我们理解美国生物技术政策的核心，只有通过对叙事内容及其发展脉络的研究，才能理解美国生物技术政策演进逻辑，解读当前美国政策形成的动因，并一窥大国竞争背景下美国未来生物技术政策的走向及对全球安全造成的冲击。

第二节 两用性安全叙事下新兴生物技术的安全化

理论上，安全化现象是一个指涉对象（客体）不断地被主体或施动者建构存在性威胁的过程；同时是一个主体通过安全化动议，不断地说服听众接受并形成共识的过程。④ 通过这种认知转化，安全化的主体将威胁描述成无法用常规方式应对的

---

① 晋继勇：《〈生物武器公约〉的问题、困境与对策思考》，载《国际论坛》2010 年第 2 期。
② Balzacq Thierry, Sarah Léonard and Jan Ruzicka, "Securitization' Revisited: Theory and Cases," *International Relations*, Vol.30, No.4, 2016, pp.494—531.
③ Ken Booth, "Beyond Critical Security Studies," in Ken Booth, (ed.), *Critical Security Studies and World Politics*, London: Lynne Rienner Publishers, 2005, pp.259—278; Didier Bigo, "Globalized in Security: The Field and the Ban-Opticon," in Didier Bigo and Tsoukala Anastassia(eds.), "Terror, Insecurity and Liberty," *Illiberal Practices of Liberal Regimes After 9/11*, Abingdon: Routledge, 2008, pp.10—48; McDonald Matt, "Securitization and the Construction of Security," *European Journal of International Relations*, Vol.14, No.4, 2008, pp.563—587; Mark B. Salter, "Securitization and Desecuritization: A Dramaturgical Analysis of the Canadian Air Transport Security Authority," *Journal of International Relations and Development*, Vol.11, No.4, 2008, pp.321—349.
④ 储昭根：《竞合：超越传统安全化理论的新分析框架》，载《人民论坛》2020 年第 11 期。

紧急情况，以此来获得超越常规的权力，按照国家安全的逻辑推行相关政策。[①] 在非传统安全领域，客观安全逐渐转向主观安全，新兴技术发展所构成的风险经常会被纳入安全叙事。依托这种安全叙事，政府将非安全概念框定到安全结构中，[②] 建构出存在性威胁。早在 20 世纪 70 年代，阿希洛马会议的召开和《涉及重组 DNA 分子的研究指南》的发布，标志着现代生物技术谬用风险已经引起了科学界的高度重视。[③] 鉴于现代生物技术蕴含的潜在风险，美国政府也采取了相应的监管措施。[④] 这段时间，生物技术风险很大程度上属于一个被不断评估的科学议题，生物技术尚未被建构成一种明确的存在性威胁，[⑤] 对这一问题的讨论很大程度上是一种"技术叙事"。"9·11"事件之后的一系列生物恐怖袭击事件，使得生物研究被纳入国家安全视野中，成为一个重要的国家安全议题。在这一转变过程中，两用性安全叙事扮演了重要的角色，成为推动美国生物技术政策发展的重要因素。此后，随着基因编辑等新兴生物技术的不断成熟，在客观技术环境与主观安全认知合力下，生物技术两用性安全叙事的外延与内涵不断拓展，伴随着大国技术竞争的日趋激烈，逐渐由现实安全向战略安全延伸。

一、生物恐怖袭击叙事下生物技术两用性议题的正式提出

2001 年"9·11"事件后不久，七个装有干粉状炭疽孢子的信封被送达几个媒体机构及美国参议员汤姆·达施勒（Tom Daschle）和帕特里克·莱希（Patrick Leahy）的办公室。这些信件导致了 22 例炭疽病例，其中 5 例为致命的吸入性感染，美国五个主要的邮局因受病菌污染而关闭。[⑥] 炭疽邮件袭击事件引起了美国公

---

① Barry Buzan and Lene Hansen, *The Evolution of International Security Studies*, Cambridge: Cambridge University Press, 2009, p.214.

② Peer C. Fiss and Paul M. Hirsch, "The Discourse of Globalization: Framing and Sensemaking of an Emerging Concept," *American Sociological Review*, Vol.70, No.1, 2005, p.30.

③ 王小理：《生物技术谬用风险与治理路径探析》，载《中国科技人才》2021 年第 2 期，第 17—18 页。

④ 阿希洛马会议后，美国国立卫生研究院从 1976 年开始不断发布《涉及重组 DNA 分子的研究指南》，对重组 DNA 分子研究实施监管。1986 年，白宫科技政策办公室发布《生物技术监管协调框架》，概述了确保生物技术产品安全的综合性联邦监管政策。

⑤ Krimsky Sheldon, "From Asilomar to Industrial Biotechnology: Risks, Reductionism and Regulation," *Science as Culture*, Vol.14, No.4, 2005, pp.309—323.

⑥ The United States Department of Justice, "Amerithrax Investigative Summary," February 19, 2010, https://www.justice.gov/archive/amerithrax/docs/amx-investigative-summary.pdf，访问时间：2024 年 2 月 17 日。

众的广泛关注，推动了生物技术被用于恐怖袭击的安全叙事。

　　炭疽邮件袭击事件发生后不久，美国科学家联盟前主席亨利·凯利（Henry Kelly）于 2003 年 7 月在《纽约时报》的评论中指出，任何生物研究或生产场所都有可能被用于邪恶目的，某种程度上，生产挽救生命的疫苗研究室和生产毒素的实验室之间的区别非常小。① 小布什政府也多次表示，新兴生物技术很可能落入"不稳定国家"或者恐怖分子的手中，用以制造传统方法无法识别与应对的新型生物武器。生物技术和基础设施的两用性使得美国难以判断这些技术和设施的真正用途。② 2004 年，美国国家科学研究委员会发布《恐怖主义时代的生物技术研究》，这成为美国将生物技术纳入国家安全视野的开创性文件。该报告指出，生物技术在为社会带来利好的同时，其本身也构成了潜在风险，这些技术可能被用于制造下一代的生物武器或实施恐怖主义袭击。③ 21 世纪初恰逢合成生物学和基因编辑技术的蓬勃发展，伴随着生物技术两用性安全化的风潮，来自美国的生物武器专家和研究机构围绕着这些新兴生物技术撰写了大量的研究报告，众多前沿生物技术被描绘为恐怖分子开发新型武器系统的重要手段。④

　　在这一叙事背景下，2005 年美国联邦政府成立了美国国家生物安全科学顾问委员会，负责协助政府评估生命科学研究的潜在风险并提出政策建议。这一举措将两用性问题的界定纳入制度化轨道。2012 年，该委员会颁布了《美国政府对生命科学受关注两用性研究监管政策》，代表着美国正式将两用性作为生物技术的重要属性进行监管。⑤ 随后，美国政府又颁布了《美国政府对生命科学受关注两用性研究机构监管政策》和《实现生物技术产品监管体系现代化》这两份政府文件，通过对具有潜在风险的生物研究及相关产品进行明确界定，将生物技术两用性议题进一步概念

---

① "Terrorism and the Biology Lab," *New York Times*, July 2, 2003, https://www.nytimes.com/2003/07/02/opinion/terrorism-and-the-biology-lab.html?searchResultPosition=2，访问时间：2024 年 2 月 17 日。

② Edward M. Spiers, *A History of Chemical and Biological Weapons*, London: Reaktion Books, 2010, p.156.

③ The National Academics of Science Engineering and Medicine, *Biotechnology Research in an Age of Terrorism*, Washington D.C.: The National Academies Press, 2004, pp.1—4.

④ Richard Danzig, *Innovation, Dual Use and Security: Managing the Risks of Emerging Biological and Chemical Technologies*, Cambridge: MIT Press, 2012, pp.17—19.

⑤ NSABB, "United States Government Policy for Oversight of Life Science Dual Use Research of Concern," Public Health Emergency, March 29, 2012, https://www.phe.gov/s3/dualuse/documents/us-policy-durc-032812.pdf，访问时间：2024 年 2 月 17 日。

化与实体化。① 在美国政府的推动下，生物技术被迅速地贴上了两用性标签，② 并作为一种存在性威胁被广泛接受。由于生物武器与生物恐怖袭击是一种几乎没有争议且被公众高度关注的现实安全威胁，因此这种安全叙事很容易被公众接受，也使他们构建出异常牢固的安全认知。即便在媒体披露了当年伊拉克拥有生物武器的情报存在明显的错误后，美国的很多高级官员仍然坚信当前生物武器的威胁与日俱增，例如，转基因技术使"制造更糟糕的生物武器成为可能"③。美国 2014 年的《四年防务评估报告》坚持认为，生物技术的突破为开发生物武器提供了便利，这可能使危险分子更易获取生物制剂。④ 美国政府通过贴上两用性标签的行为，对生物技术进行了"污名化"，从而为进一步拓展生物技术两用性安全叙事奠定了基础。

二、生物技术两用性安全叙事向公共安全领域的延伸

新兴生物技术的蓬勃发展，进一步拓展了两用性安全叙事的外延。2005 年，一项研究应用反向遗传学技术获得了流感病毒编码序列，并重构 1918 年西班牙流感病毒，这引起了美国社会对新兴生物技术滥用风险的担忧。⑤ 美国政府将这种通过遗传来改变生物体特性从而增强基因产物的生物学功能研究，定义为功能获得性研究，对此予以高度关注。⑥ 当时大部分学者认为，当人类把一项并不真正了解的技术匆忙投入使用时，给整体生物安全环境所带来的影响往往是难以预料和挽回

---

① The White House, "Increasing the Transparency, Coordination, and Predictability of the Biotechnology Regulatory System," January 4, 2017, https://obamawhitehouse.archives.gov/blog/2017/01/04/increasing-transparency-coordination-and-predictability-biotechnology-regulatory，访问时间：2024 年 2 月 17 日。

② 宋馨宇等：《对两用生物技术发展现状与生物安全的思考》，载《微生物与感染》2018 年第 6 期，第 324 页。

③ Charles S. Robb et al., "The Commission on the Intelligence Capabilities of the United States Regarding Weapons of Mass Destruction: Report to the President of the United States," Commission on Intelligence Capabilities Regarding WMD, Washington, DC, March 31, 2005, https://apps.dtic.mil/sti/citations/ADA441144，访问时间：2024 年 2 月 17 日。

④ U.S. Department of Defense, "Quadrennial Defense Review 2014," March 4, 2014, https://archive.defense.gov/pubs/2014_Quadrenial_Defense_Review.pdf，访问时间：2024 年 2 月 17 日。

⑤ Tumpey M. Terrence et al., "Characterization of the Reconstructed 1918 Spanish Influenza Pandemic Virus," *Science*, Vol.310, No.5745, 2005, pp.77—80.

⑥ The White House, "Doing Diligence to Assess the Risks and Benefits of Life Sciences Gain-of-Function Research," October 17, 2014, https://obamawhitehouse.archives.gov/blog/2014/10/17/doing-diligence-assess-risks-and-benefits-life-sciences-gain-function-research，访问时间：2024 年 2 月 17 日。

的。① 此外，在实验室试验、中间试验、环境释放和生产性试验等环节中，向环境释放各类基因改造产物也有可能造成一系列的生物安全事故。②2014 年夏天，美国联邦政府管辖的生物实验室发生了严重的安全失误，加上高致病性禽流感、重症急性呼吸综合征（SARS）和中东呼吸综合征（MERS）的相继暴发，迫使美国政府暂停了对部分该类研究的联邦资助。③ 在这一背景下，各种对功能获得性研究的担忧和质疑相继大量涌来。

虽然最初针对这种功能获得性研究问题的安全讨论依然集中于两用性技术是否会被应用于生物武器方面，但随着社会讨论的深入，这一问题的安全叙事被引向实验室事故及技术失控所可能导致的全球大规模公共卫生危机。④ 这一时期，美国对功能获得性研究的安全叙事主要集中在两个维度上：第一，科学机构与政府机构极力渲染此类研究产物的严重危害性。在针对雪貂 H5N1 病毒株的研究时，美国国家生物安全科学顾问委员会主席保罗·凯姆（Paul Keim）将其称为比炭疽更为可怕的病毒。⑤ 很多学者也发文极力渲染生物技术失控的可怕后果，声称基因合成技术可以复活那些已经灭绝的病毒，或者制造更高毒性和更强抗药性的病原体，甚至可能出现某些前所未有的生物特性。⑥ 第二，这种安全叙事强调生物风险的非主观性，即生物研究存在严重的实验室泄漏等意外事故风险。媒体和学者不断质疑功能获得性研究过程的安全性，他们认为类似的研究一旦在次优条件下进行，安全就不可控，特别是在基础设施或研究监督系统较弱的国家和机构中开展研究时，实验室的

① David M. Maslove et al., "Barriers to the Effective Treatment and Prevention of malaria in Africa: A systematic review of qualitative studies," *BMC International Health and Human Rights*, Vol.9, No.1, 2009, pp.1—10.

② James V. Lavery et al., "Towards a Framework for Community Engagement in Global Health Research," *Trends in Parasitology*, Vol.26, No.6, 2010, pp.279—283.

③ U.S. Department of Health and Human Service, "U.S. Government Gain-of-Function Deliberative Process and Research Funding Pause on Selected Gain-of-Function Research Involving Influenza, MERS，and SARS Viruses," October 17, 2014, http://www.phe.gov/s3/dualuse/Documents/gain-of-function.pdf，访问时间：2024 年 2 月 17 日。

④ Michael J. Selgelid, "Gain-of-Function Research: Ethical Analysis," *Science and Engineering Ethics*, Vol.22, No.4, 2016.

⑤ Martin Enserink, "Scientists Brace for Media Storm around Controversial Flu Studies," Science Insider, November 23, 2011, https://www.science.org/content/article/scientists-brace-media-storm-around-controversial-flu-studies，访问时间：2024 年 2 月 17 日。

⑥ Kevin Smith, "Synthetic Biology: A Utilitarian Perspective," *Bioethics*, Vol.27, No.1, 2013, pp.12—14.

安全根本得不到保障。① 这一时期的很多研究试图证明，功能获得性研究将创造非常危险的病原体，这种病原体可能会带来难以预料的生物安全风险，这些风险独立于恶意使用的风险，但更具有现实性。② 在这种安全叙事的渲染下，功能获得性生物技术被纳入国家安全视野，成为一种存在性威胁。美国国家生物安全科学顾问委员会将功能获得性研究作为潜在大流行病病原体的重要诱发因素，将它与"受关注两用性研究"一起纳入美国生物安全重点监管研究。为此，时任美国总统奥巴马曾两次公开呼吁暂停资助该类型生物技术研究。③

随着两用性安全叙事的外溢，其他类型的生物技术，甚至与这些技术相关的人员与机构都被视为一种安全威胁。美国生物安全政策的关注重点从恐怖分子获得先进生物技术，转变为防范科学家变成恐怖分子。④ 奥巴马政府进一步强调，生命科学研究存在"可能会导致故意或无意释放生物材料，使得动物或植物生病，或使得关键资源无法被使用"的风险。⑤ 由此，生物技术两用性从一种工具性风险演变为系统性社会风险，这大大拓展了此类安全叙事的边界。

---

① Nicholas G. Evans, Marc Lipsitch and Meira Levinson, "The Ethics of Biosafety Considerations in Gain-of-Function Research Resulting in the Creation of Potential Pandemic Pathogens," *Journal of Medical Ethics*, Vol.41, No.11, 2015; Anthony S. Fauci, "Research on Highly Pathogenic H5N1 Influenza Virus: The Way Forward," *MBIO*, Vol.3, No.5, 2012; Gigi K. Gronvall, "National-Level Biosafety Norms Needed for Dual-Use Research," *Frontiers in Public Health*, 2014, https://doi.org/10.3389/fpubh.2014.00084，访问时间：2024 年 2 月 17 日；Marc Lipsitch and Alison P. Galvani, "Ethical Alternatives to Experiments with Novel Potential Pandemic Pathogens," *PLoS Medicine*, Vol.11, No.5, 2014, e.1001646; Simon Wain-Hobson, "The Irrationality of GOF Avian Influenza Virus Research," *Frontiers in Public Health*, 2014, https://doi.org/10.3389/fpubh.2014.00077，访问时间：2024 年 2 月 17 日。

② Michael J. Selgelid, "Gain-of-Function Research: Ethical Analysis," *Science and Engineering Ethics*, Vol.22, No.4, 2016.

③ U.S. Office of Science and Technology Policy, "Doing Diligence to Assess the Risks and Benefits of Life Sciences Gain-of-Function Research," the White House, October 17, 2014, https://www.whitehouse.gov/blog/2014/10/17/doing-diligence-assess-risks-and-benefits-life-sciences-gain-function-research，访问时间：2024 年 2 月 17 日。

④ U.S. Commission on the Prevention of Weapons of Mass Destruction Proliferation and Terrorism, *World at Risk: The Report of the Commission on the Prevention of Weapons of Mass Destruction Proliferation and Terrorism*, New York: Vintage Books, 2008, p.2.

⑤ National Security Council, "National Strategy for Countering Biological Threats," November 23, 2009, https://obamawhitehouse.archives.gov/sites/default/files/National_Strategy_for_Countering_BioThreats.pdf，访问时间：2024 年 2 月 17 日。

三、技术霸权思维下两用性安全叙事的恶性膨胀

大国竞争背景下，生物技术两用性安全叙事进一步延伸。新兴技术的成熟曲线从触发期过渡到期望膨胀期，新兴技术蕴含的技术红利和技术后坐力（即风险）也逐渐显现，国家间技术创新能力的差距被视为国际政治格局的核心变量。[①] 美国对高新技术的研发历来强调独占性和排他性，表现出强烈的技术民族主义倾向。在生物技术竞争领域，美国作为霸权国家，有着强烈的忧患意识、领先意识和控制意识。随着现代生物技术的发展，生物领域已被美国学术界和战略界视为关系到美国未来霸权的重要支点。[②] 正因如此，中国在生物技术领域的高速发展引起了美国战略界的高度关注，也引发了美国对中国战略安全风险的讨论。美国布鲁金斯学会在2020年发布的研究报告中称，过去10年间，中国对生物技术领域的投资高达1 000亿美元。[③] 更有较为激进的学者指出："中国的生命科学公司仍在创新……凭借积极的政府支持、10亿患者的超级市场和奋发进取的当地劳动力，它们可能挑战美国生物技术行业的霸权。"[④] 基于此，生物技术两用性被赋予更具战略意义的安全叙事。美国战略与国际问题研究中心在2015年的报告中认为，合成生物学的发展对未来安全环境的塑造及防务决策者的预判都将产生深远影响。[⑤] 美国前国家情报总监詹姆斯·克拉珀（James Clapper）在2016年的《美国情报界年度全球威胁评估报告》中将基因编辑技术列为大规模杀伤性武器。[⑥] 此后，《合成生物学时代的生物防御》和《新兴技术及管理向中国技术转移风险》两份报告分别于2018年和2019年

[①] Kasey Panetta, "Top 10 Strategic Technology Trends for 2019: A First Look at What Will Drive Impact and Disruption This Year," October 15, 2018, https://www. gartner.com/smarterwithgartner/gartner-top-10-strategic-technology-trends-for-2019/，访问时间：2024年2月17日。

[②] 王萍：《美国生物防御战略分析》，载《国际展望》2020年第5期。

[③] Scott Moore, "China's Role in the Global Biotechnology Sector and Implications for US Policy," Brookings Institute, April 2020, https://www.brookings.edu/research/chinas-role-in-the-global-biotechnology-sector-and-implications-for-us-policy/，访问时间：2024年2月17日。

[④] Brady Huggett, "Innovation Nation," Nature Biotechnology, October 29, 2019, https://www.nature.com/articles/s41587-019-0306-9?proof=t%252Btarget%253D，访问时间：2024年2月17日。

[⑤] David T. Miller, *Defense 2045: Assessing the Future Security Environment and Implications for Defense Policymakers*, Lanham: Rowman and Littlefield, 2015, pp.23—25.

[⑥] James R. Clapper, "Statement for the Record Worldwide Threat Assessment of the US Intelligence Community," Senate Armed Services Committee, February 9, 2016, https://www.dni.gov/files/documents/SASC_Unclassified_2016_ATA_SFR_FINAL.pdf，访问时间：2024年2月17日。

发布。这些报告中，美国政府极力渲染新兴生物技术拥有重要军事应用前景以及对美国国家安全的颠覆性影响，并将其他国家——主要是中国——正常的生物技术研究行为及取得的生物技术成果建构为一种存在性威胁。拜登政府时期，美国国防部在 2021 年的《中国军事与安全发展报告》中称，在中国军事医疗机构正在进行的研究中，识别、测试到多种表征具有两用性的强效毒素家族。①2020 年，美国空军大学下属的空军中国航空航天研究所（Air Force's China Aerospace Studies Institute）发布的研究报告也将中国的军民融合战略视为中国积极将现代生物技术应用于军事领域的重要证据。② 同一时期，美国大众媒体在针对中国生物技术现代化的报道中，频繁指称中国开展的生物技术研究具有两用性。

除了军事与民用的两用性外，美国情报部门还不断炒作中国利用生物技术研究获取包括美国人口基因数据在内的大量生物数据，以从事基因识别、社会监控和垄断药品供应链等诸多"恶意"用途。③ 其中，生物技术两用性安全叙事向供应链安全外溢的趋势最为明显。2019 年，美国中央情报局下属的国家安全风险投资公司珀琉斯智库（Peleus，后改名为 In-Q-Tel）的高级研究员兼执行副总裁塔拉·奥图尔（Tara J. O'Toole）在美国众议院武装部队新兴威胁和能力小组委员会上作证说，中国生物技术的发展使得中国公司在全球药品的供应链市场上占有优势，这将冲击美国国家安全。④

就这样，美国政府与智库创造出一套包罗万象的两用性安全叙事组合拳，以虚

---

① Office of the Secretary of Defense, "Military and Security Developments Involving the People's Republic of China 2021: Annual Report to Congress," November 2, 2021, https://media.defense. gov/2021/Nov/03/2002885874/-1/-1/0/2021-CMPR-FINAL.pdf，访问时间：2024 年 2 月 17 日。

② Alex Stone and Peter Wood, "China's Military-Civil Fusion Strategy," Air Force's China Aerospace Studies Institute of Air University, June 15, 2020, https://www.airuniversity.af.edu/Portals/10/CASI/ documents/Research/Other-Topics/CASI_China_Military_Civil_Fusion_Strategy.pdf, 访问时间：2024 年 2 月 17 日。

③ Ellen Nakashima, "U.S. Officials Caution Companies about Risks of Working with Chinese Entities in AI and Biotech," *Washington Post*, October 22, 2021, https://www.washingtonpost. com/national-security/us-officials-caution-companies-about-risks-of-working-with-chinese-entities-in-ai-and-biotech/2021/10/ 21/d8e8e300-32c1-11ec-9241-aad8e48f01ff_story.html，访问时间：2024 年 2 月 17 日。

④ Claudia Adrien, "Chinese Biotechnology Dominates U.S. Senate Hearing on Biological Threats," *Home Land Preparedness News*, November 21, 2019, https://homelandprepnews.com/ countermeasures/40093-chinese-biotechnology-dominates-u-s-senate-hearing-on-biological-threats/, 访问时间：2024 年 2 月 17 日。

假论据将中国在生物技术领域的进步全数打上了两用性的标签，并以此将中国生物技术领域获得的所有成就塑造成了"存在性威胁"。

四、美国生物技术两用性安全叙事的特征

建构一套合理的安全叙事，是美国行政部门将生物技术研究纳入其管辖的重要手段，也是政府把控政策走向的核心工具。通过将生物技术两用性安全化，美国政府将生物技术建构为维系其霸权地位的基础工具。纵观其发展历程，美国对生物技术两用性的安全叙事呈现以下三个重要特征。

1. 生物技术两用性风险被肆意夸大

炭疽邮件袭击事件后，恐怖分子掌握生物技术发动袭击的可能性被不断夸大。虽然这一时期美国政府对现代生物技术的认知较为模糊，美国军队对生物武器特性的认识也并不完备，[1] 但美国政府却能言之凿凿地断定新兴生物技术可以被用来研发更难以被探测的生物武器，或被用来开发新型扩散生物毒剂。然而，此后反恐行动中获得的大量证据表明，恐怖分子并不掌握制造生物武器所需的技术，[2] 恐怖组织在互联网上传播的生物武器"配方"也相当粗糙，不可能造成大规模伤亡。[3] 由此可见，小布什政府建构的生物恐怖袭击安全叙事中，生物技术两用性风险其实被"系统性地蓄意夸大"了。[4] 同样，利用基因编辑等新兴生物技术开展功能获得性研究的安全风险也被夸大了。美国前国家情报总监詹姆斯·克拉珀在向参议院军事委员会提交的《2016 年美国情报界年度全球威胁评估报告》中断言，基因编辑已成为全球性危险，这给国家安全和生物技术界带来了冲击。[5] 基因编辑两用性被学

[1]　Frank L. Smith III, *American Biodefense: How Dangerous Ideas about Biological Weapons Shape National Security*, New York: Cornell University Press, 2014, p.28.

[2]　William Rosenau, "Aum Shinrikyo's Biological Weapons Program: Why Did It Fail?" *Studies in Conflict and Terrorism*, Vol.24, No.4, 2001, pp.289—301.

[3]　Gregory D. Koblentz, *Living Weapons: Biological Warfare and International Security*, New York: Cornell University Press, 2010, pp.223—224.

[4]　Milton Leitenberg, *Assessing the Biological Weapons and Bioterrorism Threat*, Indiana: Strategic Studies Institute US Army War College, 2005, p.88.

[5]　James R. Clapper, "Statement for the Record Worldwide Threat Assessment of the U.S. Intelligence Community," United States Senate Committee on Armed Services, September 2, 2016, https://www.dni.gov/files/documents/SASC_Unclassified_2016_ATA_SFR_FINAL.pdf, 访问时间：2024 年 2 月 17 日。

界描述为已在业余生物学、生物黑客、社区实验室中大规模扩散，并可能在未知全部结果的情况下，永久且不可逆转地改变人类基因组、干扰生物体信号通路、变异免疫应激反应，甚至威胁物种本身。[1] 奥巴马在 2017 年离任前，取消了功能获得性研究禁令，可见此类风险更大程度上是政治操弄工具。但这种安全叙事对美国社会造成的影响难以磨灭。在科学界早已证明新冠病毒来自自然界后，美国部分政客和民众依然坚持它是人工制造并从实验室泄漏，导致各种病毒起源阴谋论出现，严重干扰国际抗疫合作。[2] 这种对生物技术两用性威胁的夸大在技术竞争叙事中愈发严重，据《今日俄罗斯》（*Russia Today*）报道，一些美国媒体，如微软全国广播公司（MSNBC）与美国中央情报局公共事务办公室关系甚密，这些美国媒体记者在文章发表前会先发给中央情报局进行审查，并承诺对其进行正面报道，有时还会根据中央情报局的要求修改文章。[3]

2. 生物技术两用性风险泛在化

生物技术两用性基本成了普遍性安全问题。起初，美国政府将生物技术恶意使用的范围聚焦在制造生物毒剂（如炭疽病毒类传统生物制剂）上，对两用性问题的安全叙事集中于恐怖袭击领域。随着生物技术的不断发展，美国政府开始关注基因编辑技术等生物学研究的负面效应，又一次大幅拓展两用性安全叙事外延，[4] 将其风险延伸到公共卫生、生态环境和粮食安全等非传统安全领域。美国在 2016 年发布的《国土生物防御领域科技能力评估》中直言不讳地表示，美国必须通过促进生物技术发展来增强美国生物防御能力，以防范各类生物风险。[5] 随着大国竞争日趋

---

[1] Jozef Keulartz and Henk van den Belt, "DIY-Bio-Economic, Epistemological and Ethical Implications and Ambivalences," *Life Sciences, Society and Policy*, Vol.12, No.1, 2016.

[2] Mark Terry, "International Researchers Conclude COVID-19 is Not Man-Made," *Biospace*, March 18, 2020, https://www.biospace.com/article/stop-the-conspiracy-theories-novel-coronavirus-has-natural-origin/, 访问时间：2024 年 2 月 17 日。

[3] Tom Secker, "MSNBC's Report on 'Chinese Super-Soldiers' Proves the Shady Relationship between the US Media and the CIA is Alive and Well," *Russia Today*, December 12, 2020, https://www.rt.com/op-ed/509181-us-media-cia-relationship/, 访问时间：2024 年 2 月 17 日。

[4] National Security Council, "National Strategy for Countering Biological Threats," November 23, 2009, https://obamawhitehouse.archives.gov/sites/default/files/National_Strategy_for_Countering_BioThreats.pdf, 访问时间：2024 年 2 月 17 日。

[5] Biological Defense Research and Development Subcommittee, "Home and Biodefense Science and Technology Capability Review," December 19, 2016, https://obamawhitehouse.archives.gov/sites/default/files/microsites/ostp/NSTC/biodefense_st_report_final.pdf, 访问时间：2024 年 2 月 17 日。

激烈，生物技术两用性安全风险开始向政治、经济、军事领域延伸，变得"无所不在，随处可见"。在 2018 年的一次国会听证中，美国联邦调查局生物对策部的特工爱德华·尤（Edward You）声称："当你谈论生物安全时，大部分政策集中在病原体、细菌、病毒和毒素上，因为我们狭隘地定义了是什么构成了生物威胁，这使得我们有些脆弱……我们还没有注意到生物技术正在把我们带到哪里去。"[①] 在他看来，除公共卫生领域外，生物技术可以在其他更多的领域构成威胁。此外，美国媒体也不断将生物技术与供应链、能源、新材料等众多重要战略领域联系起来，渲染失去生物技术领导地位后的美国可能遭遇巨大困境。[②] 由此可见，在不少美国官员和媒体眼中，生物技术两用性的范围早已超出生物安全范畴，演变为全方位战略安全问题。这一趋势是美国在生物技术领域霸权焦虑的真实反映。美国国家情报总监办公室下属国家反情报与安全中心代理主任迈克·奥兰多（Mike Orlando）认为："如果我们在这些领域（新兴生物技术）失去了霸权，那么作为一个国际超级大国，我们可能会黯然失色。"[③] 在这种霸权焦虑驱动下，美国将生物技术两用性概念不断外推，最终导致生物技术风险泛在化，任何领域只要牵扯到新兴生物技术，都会被贴上两用性标签，并转化为一个安全议题。

3. 两用性安全叙事片面化

美国政府在刻意强化生物技术带来风险的同时，也在努力回避生物技术中所蕴含的积极因素，特别是生物研究的合作属性。2010 年，奥巴马政府发布了第二代生物国防计划"布萨特计划"（Biological Select Agents and Toxins，BSAT），较为客观地承认通过生物工程制造出的特定生物制剂和毒素既是美国维持其强大生物安全战

---

① U.S.-China Economic and Security Review Commission, "Hearing on China's Pursuit of Next Frontier Tech: Computing, Robotics and Biotechnology," March 16, 2017, https://www.uscc.gov/sites/default/files/transcripts/March%20Transcript.pdf, 访问时间：2024 年 2 月 17 日。

② Robert Carlson, Chad Sbragia and Katherine Sixt, "Beyond Biological Defense: Biotech in U.S. National Security and Great Power Competition," Institute for Defense Analysis, August, 2021, https://www.ida.org/-/media/feature/publications/b/be/beyond-biological-defense-biotech-in-us-national-security-and-great-power-competition/p-22700.ashx, 访问时间：2024 年 2 月 17 日。

③ Ellen Nakashima, "U.S. Officials Caution Companies about Risks of Working with Chinese Entities in AI and Biotech," *Washington Post*, October 22, 2021, https://www.washingtonpost.com/national-security/us-officials-caution-companies-about-risks-of-working-with-chinese-entities-in-ai-and-biotech/2021/10/ 21/d8e8e300-32c1-11ec-9241-aad8e48f01ff_story.html, 访问时间：2024 年 2 月 17 日。

略的技术基础，又是需要政府严密监督和管理的防御对象。① 奥巴马政府认为，由于生物技术是解决生物安全（主要是公共卫生）的重要手段，因此生物技术两用性中的负面用途应被视为一种必要的安全成本。② 如今，这种对生物技术两用性的理性认知已经难以再在美国政府的表述中找到，生物技术两用性已然成为一个片面强调风险的概念。近年来，美国政府将中国在生物技术领域取得的巨大成就视为一种存在性威胁，无端采用各种限制性政策工具来应对所谓的"中国技术崛起"风险，对正常的中美技术合作设置障碍壁垒，③ 策划"中国行动计划"（China Initiative）严格审查中国在美科研人员，④ 拒绝中国对美生物公司投资等。⑤ 在这种思维模式下，美国政客将中国生物技术研究统一贴上"威胁美国安全"的标签，以此否认中国生物科研的正当性。只要中国军方资助的生物科学项目，即便是包括疫苗开发在内的正常医学研究，也会被视为造成安全威胁的两用性研究。⑥ 美国政客对生物技术两用性安全叙事变得愈发极端化，往往只关注生物技术牵涉的安全威胁，而刻意回避生物技术是应对诸多公共卫生问题与社会经济矛盾的重要工具，否认其他国家生物技术发展的正当性与合理性，使两用性安全叙事逐渐片面化。

---

① 傅聪：《生物安全议题的演变与美欧国家治理比较》，载《德国研究》2020 年第 4 期；the White House, "Executive Order 13546-Optimizing the Security of Biological Select Agents and Toxins in the United States," July 2, 2010, https://obamawhitehouse.archives.gov/the-press-office/executive-order-optimizing-security-biological-select-agents-and-toxins-united-stat，访问时间：2024 年 2 月 17 日。

② National Security Council, "National Strategy for Countering Biological Threats," November 23, 2009, https://obamawhitehouse.archives.gov/sites/default/files/National_Strategy_for_Countering_BioThreats.pdf，访问时间：2024 年 2 月 17 日。

③ Raquel Leslie and Brian Liu, "U.S. Justice Department Puts an End to Controversial China Initiative," Lawfare, March 4, 2022, https://www.lawfareblog.com/us-justice-department-puts-end-controversial-china-initiative，访问时间：2024 年 2 月 17 日。

④ Ellen Barry and Gina Kolata, "China's Lavish Funds Lured U.S. Scientists: What Did It Get in Return?" The New York Times, February 6, 2020, https://www.nytimes.com/2020/02/06/us/chinas-lavish-funds-lured-us-scientists-what-did-it-get-in-return.html，访问时间：2024 年 2 月 17 日。

⑤ John Cumbers, "China's Plan to Beat the U.S. in the Trillion-Dollar Global Bio Economy," Forbes, February 3, 2020, https://www.forbes.com/sites/johncumbers/2020/02/03/china-now-out-invests-america-in-the-global-bioeconomy-by-30/?sh=255abb477440，访问时间：2024 年 2 月 17 日。

⑥ Chen Gui-Ling et al., "Safety and Immunogenicity of the SARS-CoV-2 ARCoV mRNA Vaccine in Chinese Adults: A Randomised, Double-Blind, Placebo-Controlled, Phasel Trial," The Lancet Microbe, January 24, 2022, https://www.thelancet.com/journals/lanmic/article/PIIS2666-5247(21)00280-9/fulltext，访问时间：2024 年 2 月 17 日。

综上所述，美国从小布什政府开始，不断赋予生物技术两用性新的安全关切，从生物恐怖主义到生物技术竞争，从传统生物武器到军事、政治与经济等多领域的存在性威胁，历经三个阶段的安全叙事发展，将生物技术两用性概念附加到各种安全问题上，使得生物技术两用性概念不断扭曲成为一个自我论证、自我强化的安全化过程。

第三节　新兴生物技术两用性安全叙事的政策回应

生物技术两用性安全叙事将美国生物技术发展与国家安全环境紧密结合，构建出多层次安全效应。生物技术与生物恐怖袭击、大规模流行疾病乃至国家霸权地位捆绑，成为热点安全议题，为各种管制和引导政策的介入创造了条件。作为霸权国家，美国生物技术两用性安全叙事不断外溢，安全关切向更宏观战略目标拓展，相关政策回应发生战略性调整，美国生物技术政策逐渐由生物防御优先向战略利益优先转变。

一、两用性安全叙事下的生物技术多重安全效应

在两用性安全叙事下，生物技术与多种安全威胁产生紧密关联。在生物军事及生物安全领域的叙事结构中，生物技术两用性主要以输入性传染病疫情、传统生物制剂以及人为改造或制造的生物武器面目出现。[①] 目前，新兴生物科技除在制造或强化危险病原体方面发挥直接杀伤效用外，在其他领域也被视为具有强大的军事应用潜力。美国与欧洲科学家指出，基因驱动技术可被用于制造昆虫武器，进行登革热、寨卡等疾病的跨国传播。[②] 改造微生物生产的"材料损毁因子"可被用来加速腐蚀武器中的橡胶或金属零件，从而对军用燃料、军需补给和军事仪器设备实施破坏。在军事领域，新兴生物科技被认为以促进新战斗力生成为根本目的，催生新型作战空间、作战理论、作战样式、作战力量和武器装备等衍生发展。[③]

---

① 高一涵、楼铁柱、刘术：《当前国际生物安全态势综述》，载《人民军医》2017 年第 6 期。

② National Academies of Sciences, Engineering and Medicine et al., *Gene Drives on the Horizon: Advancing Science, Navigating Uncertainty, and Aligning Research with Public Values*, Washington D.C.: The National Academies Press, 2016, p.112.

③ 郭子俊：《生物技术重塑未来战争》，载《科技创新与生产力》2017 年第 10 期。

在生物研究事故与失控叙事结构下，生物技术高速发展构成的不确定性风险成为主要安全关切。以合成生物学为代表的新兴生物技术是生物技术领域"高技术核"，在目前技术水平下，其应用结果具有较强不确定性，容易造成难以预料的负面结果，即所谓"人类在利用技术时，因违背技术自身规律以及技术发展初衷而产生的社会风险"①。由于人类对新兴生物技术的研发尚处于起步阶段，对该类技术应用所导致的后果尚无完备的评估手段，因此此类生物技术引发的生物安全威胁往往破坏性更强、杀伤力更大、蔓延范围更广。②

在生物技术竞争叙事结构下，不断成熟的生物技术将对物质和经济安全作出重要贡献。2020 年 5 月，麦肯锡咨询公司发布的研究报告指出，在接下来的 10—20年内，生物制造可能会为全球经济提供高达 60% 的实物投入，而生物技术可能会产生"每年高达 4 万亿美元的直接经济影响"。③ 当前世界秩序一定程度上以技术为中心，世界秩序以科学技术为核心来重新组合的趋势日益凸显。④ 在这一逻辑下，一个国家对生物技术的控制能力将决定该国在未来生物经济秩序中的地位，生物技术作为美国技术霸权的重要组成部分，具有重要的国家安全意义。

美国对维护其在全球技术等级秩序中霸权地位的追求，使得生物技术必然成为战略安全风险的关切对象。从国际关系角度来看，技术霸权指具有技术领先地位的国家或地区凭借其技术力量的比较优势，在国际关系中所处的一种支配地位或非均衡状态。⑤ 长期以来，鼓励持续技术创新策略是美国垄断战略技术的重要策略之一，该策略通过不断进行改进型或替代型创新，使美国保持技术领先和产业竞争优势。⑥ 美国通过这种技术等级体系获得了更多政治与经济利益，为美国整体性

---

① 薛杨、俞晗之：《前沿生物技术发展的安全威胁：应对与展望》，载《国际安全研究》2020 年第 4 期。

② Pamela L. Sankar and Mildred K. Cho, "Engineering Values into Genetic Engineering: A Proposed Analytic Framework for Scientific Social Responsibility," *The American Journal of Bioethics*, Vol.15, No.12, 2015, pp.18—24.

③ Michael Chui et al., "The Bio Revolution: Innovations Transforming Economies, Societies and Our Lives," McKingsey Global Institute, May 13, 2020, https://www.mckinsey.com/industries/life-sciences/our-insights/the-bio-revolution-innovations-transforming-economies-societies-and-our-lives，访问时间：2024 年 2 月 17 日。

④ 蔡翠红：《大变局时代的技术霸权与"超级权力"悖论》，载《人民论坛》2019 年第 14 期。

⑤ 刘杨钺：《美国世纪的终结？——技术优势与美国霸权合法性》，载《世界经济与政治论坛》2010 年第 2 期。

⑥ 石林芬、唐力文：《贸易自由化进程中的技术垄断策略》，载《科学学与科学技术管理》2003年第 2 期，第 65—67 页。

霸权力量提供支撑。但全球化中的技术扩散、新技术革命、新兴大国科技创新战略等因素，都可能冲击美国所偏好的国际技术等级，[①] 从而改变现存的有利于美国的技术等级秩序。这对美国而言不可接受，因为技术霸权已内化为美国的一种政治文化习惯、一种政治正确规范与一种战略政策指引。[②] 涉及竞争对手的两用性安全叙事势必引起强烈的安全效应，并推动美国动用战略性手段予以回击。

综上，我们可以将生物技术两用性议题的安全效应分为两大类——现实安全风险与战略安全风险。其中，现实安全风险指生物技术自身属性在其具体应用中直接导致的风险，包括生物技术军事化应用、生物恐怖袭击构成的安全威胁以及生物技术在研究与使用中存在的诸多不确定因素所导致的安全风险。这些风险虽未真实发生，但人们可根据以往的经验，通过操弄话语建构出一种具有明确指向的安全威胁。战略安全风险指部分国家通过掌握生物技术形成技术优势间接导致的系统性风险。这种风险无明确指向，主要影响国家间权力关系结构，挑战现有国际秩序，威胁特定国家安全环境，损害长期国家利益。战略安全风险相比现实安全风险更抽象，看似难以明确界定，但又无处不在。

二、美国对生物技术两用性安全效应的政策回应

面对生物技术两用性的两种不同类型安全效应，美国政府制定了一系列政策予以回应。这些政策总体可分为生物防御与技术竞争两个主要维度。

在生物防御维度上，自"9·11"事件以来，美国各界对建立有效生物防御体系达成高度共识，在反生物恐怖袭击和全球卫生安全领域的政策制定上已超越党派之争，成为美国历届政府无法回避的主要政策议题。[③] 美国在 2018 年发布的《国家生物防御战略》中强调："（美国将会）使用一切适当的手段来评估、理解、预防、准备、应对和恢复生物事件（无论其来源为何）对国家安全或经济安全所造成的威

---

① Gary Gereffi, "Global Value Chains in a Post-Washington Consensus World," *Review of International Political Economy*, Vol.21, No.1, 2014, p.18; Gary Gereffi, "Global Value Chains, Development, and Emerging Economies," in Peter Lund-Thomsen, Michael W. Hansen and Adam Lindgreen(eds.), *Business and Development Studies*, London: Routledge, 2019, pp.3—14.

② 蔡翠红：《大变局时代的技术霸权与"超级权力"悖论》，载《人民论坛》2019 年第 14 期，第 17—27 页。

③ Christopher Coons, "Why Investments in Global Health Still Command Bipartisan Support," Aspen Institute, June 23, 2017, http://www.aspeninstitute.orb/blob-posts/investments-global-health-still-command-bipartisan-support/，访问时间：2024 年 2 月 17 日。

胁。"① 促进生物技术健康有序发展是美国生物防御战略的重要组成部分。针对生物技术导致的现实威胁，美国政府不仅要防止高新生物技术落入敌手成为美国安全威胁，还要在此基础上保障本国生物技术研究的活力和创新力。

首先，美国明确两用性技术监管范围，防范高危生物研究被恐怖分子或敌对国家掌握。美国联邦政府在炭疽邮件袭击事件后，颁布法规要求对"管制生物剂和毒素"的研究增加额外监督。2001 年，美国通过的《爱国者法案》部分定义了哪些是可以利用重组 DNA 技术从事研究的人员，哪些是不允许拥有或运输特定生物制剂或毒素的"受限人员"。②2002 年，美国颁布《公共卫生安全和生物恐怖主义防范和应对法》，增加对使用生物制剂和毒素的个人注册要求，加强对研究人员的背景调查并制定"管制生物剂项目"（Select Agent Program），此计划旨在通过定义"管制生物剂"来严格监管已注册生物实验室在处理相关病原体和毒素时的具体行为。美国国家生物安全科学顾问委员会成立后立即定义"受关注两用性研究"，为政府监管生物研究提供政策建议。美国还成立了两个科学期刊审查政策工作组，用以专职监督审查"受关注两用性研究"类学术成果发表情况。美国卫生与公众服务部在2013 年 2 月后开始对功能获得性研究资助申请展开特别审查，规定"资助机构需要保持与研究者的必要沟通并进行适当的日常监督"。③

其次，面对现实性威胁时，美国注意保护生物研究的正常开展，强调生物防御的技术治理。奥巴马政府在加强生物技术研发监管的同时，提出了"生物安保"（biosafety）的概念，以"降低生命科学研究中的滥用风险"。奥巴马政府将生命科学研究者置于预防生物技术风险的中心，④ 强调政府对生物研究的监管政策旨在增加"政府发现非法活动的概率，加大此类活动成本和代价，但不会干预合法生命科学活动的步伐和进展"，承诺所有限制或控制两用性生物知识或材料的举措都将被

---

① The White House, "National Biodefense Strategy," September 18, 2018, https://www.phe.gov/ Preparedness/legal/boards/nbsb/meetings/Documents/National-Biodefense-Strategy-508.pdf, 访问时间：2024 年 2 月 17 日。

② Susan Price-Livingston, "DNA Testing Provisions in Patriot Act II," Connecticut General Assembly, June 5, 2003, https://www.cga.ct.gov/2003/olrdata/jud/rpt/2003-R-0411.htm, 访问时间：2024 年 2 月 17 日。

③ Amy P. Patterson et al., "A Framework for Decisions about Research with HPAI H5N1 Viruses," *Science*, Vol.339, Issue.6123, 2013, pp.1036—1037.

④ Gregory D. Koblentz, "From Biodefence to Biosecurity: The Obama Administration's Strategy for Countering Biological Threats," *International Affairs*, Vol.88, No.1, 2012.

"仔细定义并更具有针对性地实施"，在执行过程中及时向利益相关者公布限制措施整改建议。① 以技术创新实现生物防御的思想在特朗普政府中显得更为明显。特朗普政府在 2017 年的《美国国家安全战略》报告中大力支持生物医学创新，将其列入三个优先事项；② 随后在 2018 年颁布的《国家生物防御战略》中明确指出，美国的繁荣越来越依赖蓬勃发展的生命科学和生物科技创新，政府将确保一个具有活力和创新力的国家科技基础，支持生物防御战略。③ 特朗普政府在《提升美国在科技领域的全球领导地位》报告中明确表示，生物技术在支持经济增长、国家安全、医疗保健、制造业和农业方面具有无限应用可能，为营造这一新兴领域的增长环境，需要减少不必要的监管，提高全球竞争力。④

最后，在生物防御思想指导下，美国政府强调科学界的积极参与。美国国家生物安全科学顾问委员会在 2007 年制定可能对生物安全构成重大风险的"令人担忧的实验"清单时，对此采取较为开放的态度，即委员会不仅规定清单应由政府内部评估委员会、科学界或一个独立权威机构制定，而且补充规定：在必要时可通过扩大现有委员会，如机构性生物安全委员会的方式来扩充清单。⑤ 通过引入更多利益相关者，将生物技术应用中的不确定性风险问题技术化，这既维护了生物科学研究开放性，又减少了官方机构的强制性监管。拜登政府上台后进一步提出"紧跟科学"（Follow the Science）口号，他选择基因和遗传学专家埃里克·兰德

① National Security Council, "National Strategy for Countering Biological Threats," November 23, 2009, https://obamawhitehouse.archives.gov/sites/default/files/National_Strategy_for_Countering_BioThreats.pdf, 访问时间：2024 年 2 月 17 日。

② The White House, "National Security Strategy 2017," December 18, 2017, https://trumpwhitehouse.archives.gov/wp-content/uploads/2017/12/NSS-Final-12-18-2017-0905.pdf, 访问时间：2024 年 2 月 17 日。

③ The White House, "National Biodefence Strategy 2018," September 2018, https://trumpwhitehouse.archives.gov/wp-content/uploads/2018/09/National-Biodefense-Strategy.pdf, 访问时间：2024 年 2 月 17 日。

④ The White House, "Advancing America's Global Leadership in Science and Technology: Trump Administration Highlights 2017—2020," October 16, 2020, https://trumpwhitehouse.archives.gov/wp-content/uploads/2020/10/Trump-Administration-ST-Highlights-2017-2020.pdf, 访问时间：2024 年 2 月 17 日。

⑤ National Science Advisory Board for Biosecurity, "Proposed Framework for the Oversight of Dual Use Life Sciences Research: Strategies for Minimizing the Potential Misuse of Research Information," National Institution of Health, June 2007, https://osp.od.nih.gov/wp-content/uploads/Proposed-Oversight-Framework-for-Dual-Use-Research.pdf, 访问时间：2024 年 2 月 17 日。

（Eric Lander）博士担任白宫科技政策办公室主任，并将该职位提升至内阁级，强化科学界对政府技术政策的影响力。①

在技术竞争维度上，先进生物技术是美国维护霸权地位的重要执政工具。美国国防部在《2018 年国防战略摘要——加强美国军队的竞争优势》报告中，将生物技术开发作为增强军事实力的优先事项。②2020 年 10 月，特朗普政府发布《关键与新兴技术战略》，将生物技术纳入美国 20 项关键与新兴技术中，将之视为美国技术霸权重要组成部分。③ 拜登政府时期，以谷歌公司前首席执行官埃里克·施密特（Eric Emerson Schmidt）为首的智库"中国战略组"（China Strategy Group，CSG）在其 2021 年 2 月发布的报告《非对称竞争：应对中国科技竞争的战略》（Asymmetric Competition：A Strategy for China and Technology）中建议，将基因编辑技术列为此后与中国开展竞争的重点技术领域，呼吁美国继续执行严格限制政策，保持美国在生物技术领域的领先地位。④ 拜登政府接受了这种认知，将生物技术等领域内来自中国的正常竞争视为对美国全球领导力的挑战。美国将这种挑战视为"战略安全威胁"，并以此为由制定出两种极具对抗色彩的政策回应。

第一，美国政府严格限制中国对美国的生物技术投资，对中国生物技术产业展开全面遏制。2019 年，美国政府以担心健康数据泄露为由，迫使中国的"字节跳动"公司出售其在美国社交网络的大部分股权。⑤ 美国对华展开大量额外审查，迫使中国利益相关方对美国生物技术部门的投资急剧下降。拜登政府在国会的推

① John J. Cohrssen and Henry I. Miller, "Will the Biden Administration 'Follow the Science' on Regulatory Reform?" *Nature Biotechnology*, Vol.39, No.11, 2021, pp.1334—1335.

② U.S. Department of Defense, "Summary of the 2018 National Defense Strategy of the United States of America: Sharpening the American Military's Competitive Edge," January 19, 2018, https://dod.defense.gov/Portals/1/Documents/pubs/2018-National-Defense-Strategy-Summary.pdf, 访问时间：2024 年 2 月 17 日。

③ The White House, "National Strategy for Critical and Emerging Technologies," October 15, 2020, https://trumpwhitehouse.archives.gov/wp-content/uploads/2020/10/National-Strategy-for-CET.pdf, 访问时间：2024 年 2 月 17 日。

④ China Strategy Group, "Asymmetric Competition: A Strategy for China and Technology," Industrial Policy, July 2020, http://industrialpolicy.us/resources/SpecificIndustries/IT/final-memo-china-strategy-group-axios-1.pdf, 访问时间：2024 年 2 月 17 日。

⑤ Rebecca Robbins, Matthew Herper and Damian Garde, "U.S. Forces Health Company to Ditch Chinese Investor, in Sign of Heightened Concern over Foreign Influence," Stat News, April 4, 2019, https://www.statnews.com/2019/04/04/u-s-forces-health-company-to-ditch-chinese-investor-in-sign-of-heightened-concern-over-foreign-influence/, 访问时间：2024 年 2 月 17 日。

动下，对中国生物技术公司痛下狠手，大规模制裁中国生物技术公司。2021 年 5
月，佛罗里达州共和党参议员马尔科·A. 鲁比奥（Marco A. Rubio）向参议院提交
了《基因数据安全法》草案，提出禁止美国国立卫生研究院资助与中国有关联的实
体部门。① 同年 9 月，阿肯色州共和党参议员汤姆·科顿（Tom Cotton）和威斯康
星州众议员迈克尔·加拉格尔（Michael Gallagher）呼吁将中国生物技术公司"列
入黑名单"，因为"它们可能会出于邪恶目的收集美国公民的生物医学信息"。② 数
月后，拜登政府以安全为由再次制裁 12 家中国生命科学研究机构和 22 家私营
企业。③

　　第二，美国政府增加对本国生物技术行业扶植力度，特别是国防部主导的直接
投资项目。由于生物技术两用性安全叙事带动美国生物技术政策安全化倾向，政府
层面对生物技术的投资开始逐渐向国防和军事领域倾斜。美国国防高级研究计划局
于 2014 年设立生物技术办公室，该部门每年预算约占美国国防高级研究计划局总
预算的 11%（2020 财年针对该生物技术办公室的拨款额度为 3.74 亿美元，2021 财
年申请预算上升到 3.93 亿美元）。从对外公布的在研项目规模看，美国生物技术办
公室在成立伊始涉及三大领域共计 23 个项目，截至 2021 财年已发展到五大领域共
计 48 个项目，这些研究项目主要涉及生物威胁探测溯源、大规模快速生物防御及
对抗措施、发现威胁并时刻准备保护部队、提高士兵训练及作战能力和人机接口平
台等重要军事领域。④

---

① 117th Congress 1st Session, "Genomics Data Security Act," GovInfo, May 20, 2021, https://www.govinfo.
gov/content/pkg/BILLS-117s1744is/pdf/BILLS-117s1744is.pdf，访问时间：2024 年 2 月 17 日。

② Bureau of Industry and Security, "Addition of Certain Entities to the Entity List and Revision of
an Entry on the Entity List," U.S. Federal Register, December 17, 2021, https://public-inspection.
federalregister.gov/2021-27406.pdf，访问时间：2024 年 2 月 17 日。

③ 参见 Amanda Macias, "U.S. Blacklists 34 Chinese Entities, Citing Human Rights Abuses and 'Brain-
Control Weaponry'," CNBC, December 17, 2021, https://www.cnbc.com/2021/12/16/us-blacklists-
34-chinese-entities-over-human-rights-abuses-brain-control-weapons.html，访问时间：2024 年 2 月
17 日；Bureau of Industry and Security, "Commerce Acts to Deter Misuse of Biotechnology, Other U.S.
Technologies by the People's Republic of China to Support Surveillance and Military Modernization
that Threaten National Security," U.S. Department of Commerce, December 16, 2021, https://www.
commerce.gov/news/press-releases/2021/12/commerce-acts-deter-misuse-biotechnology-other-us-
technologies-peoples，访问时间：2024 年 2 月 17 日。

④ 数据来源于笔者对美国生物技术办公室网站内公布相关项目数量及各项目公布投资数据的统
计，详情参见 https://www.darpa.mil/about-us/offices/bto?ppl=viewall#programs，访问时间：2024
年 2 月 17 日。

伴随大规模的投资，美国国防部成为美国国内生物技术发展的重要领导者。美国国防部自 2019 年开始启动一系列新举措，包括将生物数据转化为战略资源、与私营部门和学术机构合作以及提升美国生物技术劳动力水平等，① 通过其他交易权限（Other Transaction Authority，OTA）方式给美国生物企业提供直接资助。② 新冠疫情爆发初期，为加快新冠疫苗研发速度，美国发起"曲速行动"(operation warp speed)，其中约 80% 的资金被通过其他交易权限的方式提供给生物技术公司。③ 虽然有关生物技术的采购项目并不是传统的国防工业项目，但近年来，美国国防部已成为生物技术领域相关项目的重要投资方。

美国政府通过增加在生物技术领域的投资来强化本国的生物技术水平，采取限制与制裁手段削弱竞争对手实力，护持其生物技术霸权，独占生物技术发展红利。但是，对生物技术两用性议题的过度安全化使得美国生物技术政策存在难以调和的矛盾，无法实现其预定目标。

三、多重安全效应下美国生物技术政策的内在矛盾

两用性安全叙事是美国政府将生物技术安全化、全面介入，甚至完全掌控生物技术研发的重要手段。一方面，美国利用生物技术发展促进生物防御能力，引导生物技术安全可控发展；另一方面，美国极度重视生物技术对国家实力的促进作用，通过保持生物技术优势维护霸权地位。但美国生物技术政策是与生物技术和生物安全的客观规律相悖的，这种矛盾主要体现在以下三个方面。

第一，生物研究的开放性与技术霸权的垄断性之间存在矛盾，使防御性政策与竞争性政策互相掣肘。现代生物技术研发模式已淡化科学与商业、市场与国家、全

① Alexander J. Titus, Edward Van Opstal and Michelle Rozo, "Biotechnology in Defense of Economic and National Security," *Health Security*, Vol.18, No.4, 2020, pp.310—312.

② 其他交易权限是在《美国法典》授权下，不受《联邦采购条例》约束的国防采购模式，其拥有灵活的合同、知识产权以及成本和审计标准，允许通过合作伙伴或联盟等多种方式构建采办关系，从而吸引传统和非传统国防承包商、学术界、非营利组织和其他小型企业参与广泛的研究和原型制作活动。参见 Rhys McCormick and Greg Sanders, "Trends in Department of Defense Other Transaction Authority (OTA) Usage," Acquisition Research Program, September 24, 2021, https://dair.nps.edu/bitstream/123456789/4509/1/CSIS-CM-21-245.pdf, 访问时间：2024 年 2 月 17 日。

③ Eric Du, "Keeping Chinese Funding out of U.S. Biotech," National Defense Magazine, November 17, 2021, https://www.nationaldefensemagazine.org/articles/2021/11/17/keeping-chinese-funding-out-of-us-biotech, 访问时间：2024 年 2 月 17 日。

球与国家以及个人隐私与集体利益之间的界限，与其他高科技行业相比，生物技术进步更依赖知识网络和跨国合作，[①] 因此美国和中国在生物技术领域既无法各自形成行业壁垒，也无法完全实现技术脱钩。在生物技术学术研究领域，各国研究人员形成的知识网络成功地将基础生物技术研究转化为商业和医疗应用。例如辉瑞公司和莫德纳公司开发信使核糖核酸（mRNA）疫苗的关键创新——稳定的冠状病毒刺突蛋白，来自中国清华大学王念双博士的研究成果。[②] 在生物技术商业应用领域，美国生物技术公司普遍依赖跨国商业模式运作，灵活利用不同国家间生物技术生态系统优势。美国大部分生物科技公司都是"生于全球"的国际公司。[③] 而中国的生物制药公司则拥有庞大患者群体的临床试验数据，有助于加快美国监管部门批准新药。中国公司开发的抗癌药物价格低廉、供应充沛，能够为美国和其他地方患者提供更多治疗选择。概言之，由于现代生物研究不仅依赖全球生物数据与各国研究人员的通力合作，而且倚仗跨国企业等高度专业化的组织形态，因此切断其国际合作的通道，也就切断了这个行业的命脉。

出于对基础数据与跨国知识网络的高度依赖，生物技术不会是零和行业，一项创新无法使任何公司或国家长期处于领先地位。要保持生物技术创新优势，需要与国际科学网络联系，乃至与竞争对手接触。[④] 由于美国无法完全限制跨国生物技术交流，仅仅依靠切断中美生物技术合作难以将中国隔离于全球生物技术网络之外，因此美国无法轻易实现与中国的技术"脱钩"，也难以利用技术垄断获得超额利润，维持美国的技术霸权。在生物技术领域，美国在打压竞争对手的同时，也会拖累自身技术能力的发展，反而损害自身生物防御能力。因此，在高度依赖技术交流与信息开放的生物研究领域，美国难以通过限制性政策工具保住其技术霸权地位。

第二，由于生物防御的互利合作性与生物技术的竞争排他性之间的矛盾，削弱

① Jason O. Smith and Walter W. Powell, "Knowledge Networks as Channels and Conduits: The Effects of Spillovers in the Boston Biotechnology Community," *Organization Science*, Vol.15, No.1, 2004, pp.5—21.

② Scott Moore and Abigail Coplin, "Closing the U.S. to Chinese Biotech Would Do Far More Harm than Good," China File, April 2022, https://www.chinafile.com/reporting-opinion/viewpoint/closing-us-chinese-biotech-would-do-far-more-harm-good, 访问时间：2024 年 2 月 17 日。

③ Anastasila Carrier, "Biotech's Borders," *The Wire China*, October 10, 2021, https://www.thewirechina.com/2021/10/10/biotechs-borders/, 访问时间：2024 年 2 月 17 日。

④ Kjersten B. Whittington, Jason Owen-Smith and Walter W. Powell, "Networks, Propinquity, and Innovation in Knowledge-Intensive Industries," *Administrative Science Quarterly*, Vol.54, No.1, 2009, pp.90—122.

他国的生物技术政策会增加自身生物防御压力。生物威胁不单是国内安全问题，更是全球治理问题，新兴生物技术带来的风险和威胁不分国界。① 当恐怖分子和非国家行为体使用价廉易得的 CRISPR 基因编辑工具制造新型生物武器时，中美都会面临安全威胁，因此两国在生物技术监管政策上应协调同步，任何一方的疏漏都可能使双方成为受害者。②

排他性生物技术政策会降低全球生物防御的整体能力。生物医学数据的获取和管控，对各国生物技术部门的经济竞争力都会产生深远影响，尤其是类似将人工智能用于生物医学应用的生物前沿领域，极其依赖对大量个体患者的数据访问。中国人口规模庞大，使得中国生物技术公司在这方面有得天独厚的优势。中国拥有丰富的生物与公共卫生数据数源，③ 为了切断与中国的合作而将这部分数据排除在外，对全球公共卫生领域研究是一大损失。美国可能会保持自身领先，但通过损害整体技术水平实现的低层次领先与美国促进生物技术发展、提升生物防御能力的政策目标是相悖的。

第三，生物防御要求的加强技术监管与技术竞争寻求的放松技术监管之间的矛盾，使生物防御政策与生物技术竞争政策之间的裂痕难以弥合。美国政府习惯在生物技术两用性安全叙事下，强调对滥用生物技术行为监管的必要性，特别是针对严重违反科研伦理的行为进行约束。美国政府试图通过不断放大生物技术两用性风险，逐步增强政府对生物研究的监管能力，以预防不确定性风险。

但从生物技术竞争角度看，美国则将技术监管视为束缚本国生物技术发展的障碍，政策制定者一直试图突破原有技术监管制度。2016 年，时任国家情报局局长的詹姆斯·克拉珀告诫美国国会："与我们西方国家不同，在某些监管或道德标准不同的国家中所进行的基因组编辑研究，很可能增加产生潜在有害生物制剂或产品的风险。"④ 四年后，他的继任者约翰·拉特克利夫（John Ratcliffe）发出了更为离谱

---

① Scott Moore, "China's Role in the Global Biotechnology Sector and Implications for US Policy," Brookings Institute, April 2020, https://www.brookings.edu/research/chinas-role-in-the-global-biotechnology-sector-and-implications-for-us-policy/，访问时间：2024 年 2 月 17 日。

② Scott Moore, "China's Biotech Boom Could Transform Lives or Destroy Them," *Foreign Policy*, November 8, 2019, https://foreignpolicy.com/2019/11/08/cloning-crispr-he-jiankui-china-biotech-boom-could-transform-lives-destroy-them/，访问时间：2024 年 2 月 17 日。

③ Luxia Zhang et al., "Big Data and Medical Research in China," *British Medical Journal*, February 5, 2018, https://doi.org/10.1136/bmj.j5910，访问时间：2024 年 2 月 17 日。

④ James R. Clapper, "Statement for the Record Worldwide Threat Assessment of the US Intelligence Community," Senate Armed Services Committee, February 9, 2016, https://www.dni.gov/files/documents/SASC_Unclassified_2016_ATA_SFR_FINAL.pdf，访问时间：2024 年 2 月 17 日。

的言论，将中国视为"美国国家安全的头号威胁"①。美国通过捏造中国生物监管技术不透明的说辞，② 为自己突破生物科技伦理寻找依据。在战略竞争日益加剧的当代，美国政府一直坚持认为必须采取措施在科技创新领域领先中国，而非仅仅限制中国的科技发展。③ 生物防御政策框架内对生物技术的监管政策，在技术竞争背景下成为一种扼杀创新的举动。④ 为回应这种呼声，近年来，美国政府已放松国内生物研究监管，特别是在风险较高的功能获得性研究领域，美国国立卫生研究院和其他美国监管机构削弱大量关键监管措施，包括剥夺美国卫生与公众服务部委员会的否决权及审查权，使其无法驳回美国国立卫生研究院的拟议项目，也不能审查上述拟议项目的具体实施情况。⑤ 然而监管松绑行为又为高危生物研究大开方便之门，在对全球生物安全造成负面影响之余，也将影响美国自身生物安全环境。这种矛盾的政策取向揭示出美国的霸权焦虑已经超越了其对生物技术两用性风险的担忧，生物防御已经不再是美国生物技术政策的核心目标了。

霸权思维下，美国惯于通过限制与打压手段获取竞争优势，但生物技术研究的全球化使得上述手段也会削弱其自身研发效率。因此美国一直试图突破这种困境。特朗普政府曾在"美国优先"的口号下，不断打压中国生物技术行业。拜登政府一再强调"科技民主"和"科技专制"国家之分，⑥ 以"反对科技独裁"和"保护人

---

① John Ratcliffe, "China is National Security Threat No.1," *The Wall Street Journal*, December 3, 2020, https://www.wsj.com/articles/china-is-national-security-threat-no-1-11607019599，访问时间：2024 年 2 月 17 日。

② David Kushner, "Synthetic Biology Could Bring a Pox on Us All," *Wired*, March 25, 2019, https://www.wired.com/story/synthetic-biology-vaccines-viruses-horsepox/，访问时间：2024 年 2 月 17 日。

③ Michèle Flournoy and Gabrielle Chefitz, "Here's How the United States Can Keep Its Technological Edge," *Foreign Policy*, February 25, 2019, https://foreignpolicy.com/2019/02/25/heres-how-the-united-states-can-keep-its-technological-edge-trump/，访问时间：2024 年 2 月 17 日。

④ John Cumbers, "China's Plan to Beat the U.S. in the Trillion-Dollar Global Bioeconomy," *Forbes*, February 3, 2020, https://www.forbes.com/sites/johncumbers/2020/02/03/china-now-out-invests-america-in-the-global-bioeconomy-by-30/?sh=255abb477440，访问时间：2024 年 2 月 17 日。

⑤ David Willman and Madison Mulle, "A Science in the Shadows," *The Washington Post*, August 26, 2021, https://www.washingtonpost.com/nation/interactive/2021/a-science-in-the-shadows/，访问时间：2024 年 2 月 17 日。

⑥ David Ignatius, "Biden's Ambitious Plan to Push Back against Techno-autocracies," *The Washington Post*, February 2021, https://www.washingtonpost.com/opinions/bidens-ambitious-plan-to-push-back-against-techno-autocracies/2021/02/11/2f2a358e-6cb6-11eb-9ead673168d5b874_story.html，访问时间：2024 年 2 月 17 日。

权"为由，制裁中国生物技术公司。这二者本质上都是在战略利益驱动下，赋予生物技术竞争更多价值取向，使其成为维护技术霸权的幌子。随着霸权地位逐渐成为美国政府安全关切的核心，美国生物技术政策的发展将超越生物防御，全面倒向大国竞争。

第四节　极端安全化导致的新兴生物技术治理困境

随着新兴大国崛起，美国关于生物技术两用性安全叙事的主题由生物安全转向大国竞争，生物技术霸权成为防止对手强大的工具。但全球生物技术发展的网络化与分散化特点使仅仅局限于生物技术行业内的技术封锁与市场打压措施难以奏效。面对这种困境，美国政府需突破现有政策框架，促成生物技术政策的全面转变，将生物技术安全效应向经济、社会乃至价值观念、意识形态延伸，在更广阔领域内动员更多的资源与新兴大国开展竞争，维护美国生物技术霸权。

一、价值叙事超越生物防御安全叙事

传统生物技术两用性叙事主要聚焦于以国家现实利益为基础的安全议题。两用性安全叙事在美国经多年发展，生物技术对生物安全构成挑战已成社会共识。无论政府如何描绘战略安全重要性，都无法回避现实安全威胁。各种安全利益在叙事中需保持平衡与逻辑统一，技术政策也需回应安全效应才能推行。如美国在科技领域推行的"中国行动计划"打压政策，因遭科技界强烈抗议而被迫中止。[①] 生物防御为生物技术政策设置了一条"硬"边界，仅依靠不断安全化建构战略风险已无法为生物技术竞争提供更多动员能力。美国需要构建更具说服力的理由，让生物技术政策突破生物防御束缚，这种建构主要体现在以下三方面。

1. 将生物技术研发打上意识形态标签

拜登政府上台伊始就试图以价值与立场为"锚"，构建新的生物技术政策底层逻辑，为生物技术政策转向全力支持大国竞争铺平道路。美国国防部副部长科林·卡尔（Colin Kahl）指出："我们的优势就是我们的价值观，因为与中国的竞争

---

① Raquel Leslie and Brian Liu, "U.S. Justice Department Puts an End to Controversial China Initiative," *Lawfare*, March 4, 2022, https://www.lawfareblog.com/us-justice-department-puts-end-controversial-china-initiative，访问时间：2024 年 2 月 17 日。

是……系统的竞争。"① 通过将生物技术与价值观念捆绑，美国将生物技术打上"民主"与"非民主"标签，将美国生物技术优势与美国民主体制关联，将中国生物技术视为有危险的"非民主"生物技术。生物技术两用性安全叙事被赋予新政治意义，两用性不仅体现在使用意图、造成后果等存在性威胁中，更体现在使用者身份及秉持的价值观念中。两用性安全叙事的普及化使美国不必苦心建构存在性威胁，利用价值审判超越生物安全议题，否定竞争对手在生物技术领域活动的正当性，赋予美国各种打压政策更大空间。

2. 评判生物技术两用性风险采取双重标准

拜登政府对生物技术风险的判断逐渐抛弃了客观性，针对中国与美国公司的生物研究行为采取了非常明显的双重标准，并演绎出一轮新安全叙事。拜登政府于2022 年的一份国会报告中声称，中国拥有世界上最大的基因信息库，其中包括大量美国基因数据，这些信息既可用于制定个性化疾病治疗方案，也可用于打造精准生物武器。② 美国媒体扬言，中国生物技术研发目的是通过基因技术掌握个体信息，这是侵犯人权的行为。美国战略与国际问题研究中心在研究报告中抹黑称，中国制度体制导致对新兴生物技术监管不透明，使"流氓生物技术"（rogue biotechnology）泛滥，严重破坏生物技术科学伦理。③ 为了进一步打压中国生物技术产业，拜登政府直接将中国生物技术发展与人权问题挂钩。2021 年 12 月，美国国务卿安东尼·布林肯公开指责中国利用生物技术实施基因监控。美国商务部以此为据发布了《阻止中华人民共和国滥用生物技术和其他美国技术以支持威胁国家安全的监视和军事现代化的商业法案》，宣称"美国将继续坚决反对中国和伊朗将原本有助于人类繁荣的工具（生物技术），转变为威胁全球安全与稳定的工具的

① Jim Garamone, "Official Talks DOD Policy Role in Chinese Pacing Threat, Integrated Deterrence," *Defense News*, June 2, 2021, https://www.defense.gov/Explore/News/Article/Article/2641068/official-talks-dod-policy-role-in-chinese-pacing-threat-integrated-deterrence/，访问时间：2024 年 2 月 17 日。

② Kelley M. Sayler, "Emerging Military Technologies: Background and Issues for Congress," Federation of American Scientists, April 6, 2022, https://sgp.fas.org/crs/natsec/R46458.pdf，访问时间：2024 年 2 月 17 日。

③ Sevan Araz, "China Adopts Biotechnology Regulation: Amid Authoritarianism Concerns," Center for Strategic and International Studies, August 31, 2020, https://www.csis.org/ blogs/technology-policy-blog/china-adopts-biotechnology-regulation-amid-authoritarianism-concerns，访问时间：2024 年 2 月 17 日。

行为"①。然而，进行大量类似研究的美国公司比比皆是，其项目透明度远不如"华大基因"等中国公司，②但美国政府从未质疑本国公司的行为。

3. 把生物技术与政治立场挂钩

在美国政府的价值叙事中，中国生物技术两用性已从一个安全议题上升为政治伦理问题。美国将对中国生物技术的打压政策裹上一层意识形态"包装"，使其超越了正常的科研与商业竞争逻辑，把是否与中国合作变成"非黑即白"的价值立场选择和政治站队问题。当正常的理性选择转变为价值考量后，生物技术附带的伦理意义将超越其他的一切利益权衡，成为美国科研机构、生物企业及盟友必须遵循的共同价值与道义义务，并为美国政府激进的生物技术政策建构合法性与正当性基础。如前文所述，生物技术的安全化过程始终存在生物防御与技术竞争两个层面的冲突，生物防御的需求极大地限制了美国政府的政策空间，而意识形态叙事则可以另起炉灶，超越原先安全叙事下生物防御战略构成的障碍，为政府争取最大限度的政策自由。价值标准比安全标准更为抽象、更易操作，是未来打压竞争对手，迫使生物技术研究领域其他利益相关者屈服的重要工具。

生物技术意识形态化更便于美国协调盟友行动，重构国际生物研究网络，建立有利于美国的生物技术发展环境，避免技术"脱钩"造成的负面效应。2021年，约瑟夫·奈（Joseph Nye）在拜登执政期间撰文指出，尽管中国的实力和影响力不断增强，但与志同道合的伙伴合作才能提升自由规范在贸易和技术领域的普及，西方只有与日本、韩国和其他亚洲经济体合作，才能塑造技术标准。③美国正逐渐意识到新兴技术研发的全球网络化特征，因此希望通过意识形态话题，将中美技术"脱钩"转为中国与美国同盟技术的集体"脱钩"，以最小代价压制中国生物技术发展，

① Bureau of Industry and Security, "Commerce Acts to Deter Misuse of Biotechnology: Other U.S. Technologies by the People's Republic of China to Support Surveillance and Military Modernization that Threaten National Security," U.S. Department of Commerce, December 16, 2021, https://www.commerce.gov/news/press-releases/2021/12/commerce-acts-deter-misuse-biotechnology-other-us-technologies-peoples，访问时间：2024年2月17日。

② Scott Moore and Abigail Coplin, "Closing the U.S. to Chinese Biotech Would Do Far More Harm than Good," China File, April 2022, https://www.chinafile.com/reporting-opinion/viewpoint/ closing-us-chinese-biotech-would-do-far-more-harm-good，访问时间：2024年2月17日。

③ Joseph S. Nye, "In US-China Competition, Technology Matters, But Alliances Matter More," Australian Strategic Policy Institute Strategist, December 7, 2021, https://www.aspistrategist.org.au/in-us-china-competition-technology-matters-but-alliances-matter-more/，访问时间：2024年2月17日。

突破传统安全叙事结构下生物技术政策的内在矛盾。

二、生物技术军工化颠覆生物防御安全框架

美国政府历来将生物技术视为一种民用和商业经济追求，除军事医学和生物武器外，美国国防部很少讨论生物学议题。[①] 在生物技术两用性安全叙事中，军事用途是主要恶意用途。生物防御政策安全框架内，生物技术的军事应用是一种禁忌。[②] 但随着生物技术对经济与工业生产能力的重要性不断提升，生物技术正突破生物防御设定的"非军事"框架。美国国防部负责生物技术的主管斯蒂芬妮·罗杰斯（Stephanie Rogers）在社交媒体上称："在生物技术领域引领世界的国家，将获得持久的经济、社会和国防收益。"[③] 这其实是在为生物技术"军工化"背书。2019年，美国国防部设立生物工业制造创新研究所，旨在围绕新兴生物技术构建国家安全创新基地，维持端到端的生物制造生态系统，推动生物产业高速发展。[④] 这种突破生物防御框架将生物技术纳入军工体系的行为，主要表现在美国生物技术发展的两个趋势上。

1. 美国国防部逐渐成为生物技术研发主要投资者

美国国防部已经成为美国生物技术最重要的投资者之一，生物技术对增强美国军事实力的重要性被不断强化。2019年世界生物防御大会（Biodefense World Summit 2019）上，美国总统科学技术顾问（即白宫科学技术政策办公室主任）凯

---

① Robert Carlson, Chad Sbragia and Katherine Sixt, "Beyond Biological Defense: Biotech in U.S. National Security and Great Power Competition," Institute for Defense Analysis, August 2021, https://www.ida.org/-/media/feature/publications/b/be/beyond-biological-defense-biotech-in-us-national-security-and-great-power-competition/p-22700.ashx，访问时间：2024年2月17日。

② 王小理、薛杨、杨霄：《国际生物军控现状与展望》，载《学习时报》2019年6月14日，第2版。

③ U.S. Department of Defense, "Department of Defense Announces FY21 BOOST Program Awardees," May 7, 2021, https://www.defense.gov/News/Releases/Release/Article/2600172/department-of-defense-announces-fy21-boost-program-awardees/#:~:text=%E2%80%9CBiotechnology%20will%20fundamentally%20change%20the%20future%20battlefield%20and%20Warfighter%20capabilities%2C%E2%80%9D%20said%20Dr.%20Stephanie%20Rogers%2C%20Acting%20Principal%20Director%20for%20Biotechnology%20in%20the%20Directorate%20of%20Defense%20Research%20and%20Engineering%20for%20Modernization%2C%20OUSD%28R%26E%29%29., these%20advancements.%E2%80%9D，访问时间：2024年2月17日。

④ "Synthetic Biology (SynBio) Manufacturing Innovation Institute (MII)," The System for Award Management, December 2, 2019, https://beta.sam.gov/opp/f87127393cb84157b8da1957ec686d16/view，访问时间：2024年2月17日。

尔文·德罗格梅尔（Kelvin Droegemeier）表示："美国不是基于防御赢得竞争，而是必须具备强大的进攻能力。"[1] 这种进攻能力不仅体现在生物武器领域，而且要利用生物技术全方位地提升美国的军事实力。拜登政府在《2022 年国防授权法案》中要求美国国会两院下设"国家新兴生物技术安全委员会"，用于"推动美国生物技术、生物制造和相关技术的发展，确保发展所需的方法、手段和投资保障，满足美国的国家安全和国防需求"。[2] 这种政策转向除了增强美国军事实力，保障美国军工体系供应链安全外，[3] 对生物技术发展本身也具有重要意义。美国通过推动生物技术军事化应用，改变现有生物技术研发模式和产业生态，以军事驱动超越行政驱动，突破生物防御战略框架下政府部门主导的局限性。[4]

2. 生物技术发展呈现军事化导向

生物技术发展军事化导向逐渐清晰，美国将生物技术与军事能力提升紧密结合，将发展生物技术视为增强美军未来作战能力和引导新军事革命的重要手段。生物技术被塑造为具有巨大潜力的工业技术门类，成为增强常规作战手段的合法军事资源，这种叙事已完全突破生物防御战略，把生物技术战略意义提升到一个前所未有的层面。这种模式是对美国于 2018 年发布的《国家生物防御战略》中通过国家生物防御计划促进技术创新方案的突破。在军工体系中，生物技术发展范围更广、效率更高，通过军事化驱动为生物技术提供更多国家投资，可以支撑美国与新兴大国之间的技术竞争。基于国家投资的生物技术不但能够改变当前生物技术发展的全球网络模式，而且超越市场逻辑的投资限制也能够将竞争对手排除出美国生物技术

---

[1] Public Health Emergency, "Biodefense World Summit Transcript," June 21, 2019, https://www.phe.gov/Preparedness/biodefense-strategy/Pages/biodefense-summit-transcripts.aspx，访问时间：2024年2月17日。

[2] House Armed Services Committees, "Armed Services Committees Leadership Announces Selections for National Security Commission on Emerging Biotechnology," March 17, 2022, https://armedservices.house.gov/press-releases?ID=5806E52B-95BB-4921-9F92-D1A5BC2DA8C4，访问时间：2024年2月17日。

[3] Sub Committee on Research and Technology of House, "Engineering Our Way to a Sustainable Bioeconomy," March 12, 2019, https://science.house.gov/hearings/engineering-our-way-to-a-sustainable-bioeconomy，访问时间：2024年2月17日。

[4] U.S. Department of Defense, "DOD Approves $87 Million for Newest Bio-industrial Manufacturing Innovation Institute," October 20, 2020, https://www.defense.gov/News/Releases/Release/Article/2388087/dod-approves-87-million-for-newest-bioindustrial-manufacturing-innovation-insti/，访问时间：2024年2月17日。

研发体系，① 巩固美国生物技术霸权。生物技术军工化带来的巨额国家投资，将彻底改变现有的生物技术研发生态。生物技术成为一门重要的军工技术后，技术转移方向与方式将发生根本性转变，颠覆现有生物技术两用性安全叙事，美国生物技术政策将完全超越生物防御安全框架。

三、过度追求生物技术霸权冲击全球安全稳定

美国利用意识形态捆绑与推动军事化投资的方式，在生物技术政策上超越生物防御战略，摆脱束缚，全力保障生物技术竞争优势，这种政策转向值得我们警惕。当面临强大竞争风险时，美国在政策选择上表现出明显的"路径依赖"，即依靠冷战胜利经验，再一次拥抱过时的政策。美国生物技术政策对生物防御战略的超越，本质上是美国政府对传统安全问题的关切压倒了对非传统安全问题的关切。在新的国际环境下，这些手段能否真正提升美国生物技术竞争力尚有待证明，但其对全球生物安全构成冲击已是不争的事实，这种冲击主要表现在以下四个方面。

1. 削弱美国自身生物防御能力

美国对生物技术领域主导地位的追求，已超越对生物防御战略的关注。在特朗普时期"美国优先"的原则下，一套"完备"的生物防御战略得以形成，"美国政府通过与国际合作伙伴、工业界、学术界、非政府行为体和私营部门等的通力合作，更有效地管理生物技术的研究活动，以便评估、预防、检测、准备、应对生物威胁并从其中恢复"。② 美国国内分析指出，在这份战略中并未附带资源丰富的行动计划，因此"基本上没有得到实施"的可能。③ 美国在应对新冠疫情时的措手不及也从侧面印证了这一论断。技术霸权在很多情况下的确能带来超额收益，但在需要全球合作的生物安全领域，技术霸权并不具有现实意义。

---

① Sean O'Connor, "How Chinese Companies Facilitate Technology Transfer from the United States," US-China Economic and Security Review Commission, May 6, 2019, https://www.uscc.gov/sites/default/files/Research/How%20Chinese%20Companies%20Facilitate%20Tech%20Transfer%20from%20the%20US.pdf, 访问时间：2024 年 2 月 17 日。

② The White House, "National Biodefense Strategy 2018," September 2018, https://trumpwhitehouse.archives.gov/wp-content/uploads/2018/09/National-Biodefense-Strategy.pdf, 访问时间：2024 年 2 月 17 日。

③ Center for Strategic and International Studies, "Synthetic Biology and National Security: Risks and Opportunities(Part 1 of 2)," April 14, 2020, https://www.csis.org/analysis/synthetic-biology-and-national-security-risks-and-opportunities-part-1-2, 访问时间：2024 年 2 月 17 日。

2. 破坏全球公共卫生合作

生物技术（特别是医疗领域的研究成果）是一种公共产品，推动生物科技发展是人类共同应对各类疾病的根本手段。在大规模疾病流行时期，任何能够应对疾病的技术突破都是对公共安全的突出贡献。在新冠疫情中，传染病的检测预防与流行病学调查已成为生物安全研究中产出最多的领域。[①] 仅依靠传统防疫技术研发路径，即从发现病原体，到开发、研制、大规模生产疫苗及药物，再到安全有效地应用需要数年时间，远不能满足快速遏制疫情传播的需求。尽快研制出有效防治手段，才是疫情控制的关键。[②] 防疫具有普遍性，治理技术与药品的共享是保证自身安全的最佳途径，技术霸权或技术垄断造成医疗资源全球分配不均的现象，会增加疫情蔓延范围和存续时间。通过技术霸权获得的超额经济利润可能远低于生物安全事件导致的经济损失，一味强调竞争而抛弃生物技术公共性，将导致世界其他国家（特别是发展中国家）面临更严峻的生物安全风险。

3. 增加生物技术滥用与谬用风险

美国将生物技术研究与价值立场捆绑，要求盟友共同对抗中国，实现技术"脱钩"。但现代生物技术普及速度远超预期，"脱钩"并不现实。拜登上台之前，只在最先进大学、政府及行业实验室中才能实现的生物合成实验，如今已能被业余科学家、发明家等"生物技术爱好者"在家中完成。[③] 对一个大国实现技术封锁更难以实现。在最前沿的生物技术领域（如基因编辑和合成生物学），意外事故与技术滥用构成的两用性风险才是更为紧迫的威胁。那些能够用于治愈慢性病、开发抗旱作物的生物技术，也可能被用来制造危险的新型病毒，恶意改造人类基因，甚至被用于发动恐怖袭击。[④] 这些新兴生物技术带来的风险和威胁是跨境存在的，所有国家需要制定和执行统一标准与规则，联合防止意外或人为导致的生物灾难。技术"脱钩"的外溢效应导致技术监管体系"脱钩"，酿成高风险生物研究监管失控。这种

[①] 赵超等：《打通科技治理与生物安全治理的边界——中国生物安全治理体系建设的制度逻辑与反思》，载《中国科学院院刊》2020年第9期。

[②] 陈婷等：《从科技角度落实〈生物安全法〉提升应对公共卫生安全能力探讨》，载《中国公共卫生》2021年第9期。

[③] Gaymon Bennett et al., "From Synthetic Biology to Biohacking: Are We Prepared?" *Nature Biotechnology*, Vol.27, No.12, 2009, pp.1109—1111.

[④] Rachel M. West and Gigi K. Gronvall, "CRISPR Cautions: Biosecurity Implications of Gene Editing," *Perspectives in Biology and Medicine*, Vol.63, No.1, 2020, pp.73—92.

方式的技术"脱钩"不但不能促进美国技术霸权稳固，反而会削弱美国生物科技发展活力，加速生物技术霸权瓦解。

4. 阻碍生物技术健康有序发展

以"军工化"带动生物技术发展策略是美国一贯的单边主义思维的写照。生物制造作为未来高新制造业的重要发展方向，在纯粹市场环境下，将为人类社会提供更环保的燃料与工业产品。但若将生物技术应用于军事目的，则会破坏国家间的互信机制。一旦生物技术被贴上敏感的"军用"标签，就将颠覆原有的健康科研环境，降低生物技术的透明度，形成生物技术领域的"修昔底德陷阱"，从而破坏现有生物技术的全球科技网络。由于生物技术的高速发展主要依赖强大的全球科技网络与开放的科研合作，美国的技术优势也正源于这种开放的科研环境，因此霸权思维模式只会不断瓦解生物技术发展所需的业态环境，使得中美两国陷入零和博弈，阻碍生物技术的健康发展。

综上，霸权护持思维让美国生物技术政策全面超越生物防御目标，安全逻辑从安全共赢重回大国对抗。生物技术安全叙事的转变，从侧面反映出美国国家安全战略回到了全球争霸模式，非传统安全问题逐渐转化为传统安全问题，生物技术政策以本国战略利益为导向。上述只是一个典型案例，若美国不改变大国争霸思维，未来在其他领域也将发生同样的情况。以约瑟夫·奈为代表的美国学者设计了一套在气候变暖、粮食危机等全球治理领域合作，在政治、经济领域竞争的中美关系二元模式，[①]但这基本没有实现的空间。美国生物安全政策的演化历程证明，大国竞争下的传统安全议题将会不断地挤压和排斥非传统安全议题，使得全球安全治理的目标难以实现。

第五节　本章小结

为对美国生物技术政策有更深刻理解，本章选择技术政策安全化的理论视角，阐述美国生物技术两用性安全叙事的演变及其所构成的现实威胁与战略威胁两种安全效应，分析两种安全效应下美国生物技术政策目标的设定，形成分析框架以揭示

---

① Joseph S. Nye, "In US-China Competition, Technology Matters, but Alliances Matter More," Australian Strategic Policy Institute Strategist, December 7, 2021, https://www.aspistrategist.org.au/in-us-china-competition-technology-matters-but-alliances-matter-more/，访问时间：2024 年 2 月 17 日。

技术霸权逻辑下美国生物技术政策演化的过程及未来走向。

依托这些理论工具，本章回顾了自"9·11"事件以来，美国对生物技术两用性安全叙事的变化过程及相关政策的回应情况，并以此为参照解读了当前美国生物技术政策。在全球新兴生物技术高速发展与大国竞争日趋激烈等综合因素影响下，美国逐渐将生物技术作为影响国家安全的重要驱动力量，生物技术附带的安全效应超越生物防御战略动因，成为重要战略安全因素。在保持美国生物技术领导地位的技术霸权逻辑下，美国的生物技术政策发生了两个转变：第一，美国为了增强自身生物科技竞争力将有选择性地放松生物研究的安全监管，并不断强化生物技术转移监管，通过将生物技术意识形态化，实现与竞争对手"脱钩"，保持自身优势；第二，美国对生物技术的投资转向军事应用领域，以军事投资替代市场投资，带动本国生物技术发展。这两个转变预示着美国生物技术政策已超越生物防御战略，不惜以损害生物安全为代价，追求自身技术霸权地位。这种超越将损害国际生物科研网络，破坏全球生物安全环境，剥夺他国享受生物技术发展的红利。这种技术竞争策略本质上是冷战思维的延续，它是通过无端打压、军事对抗，获得垄断性权力的霸权主义逻辑。

对中国而言，生物技术的蓬勃发展是维护自身生物安全、促进社会繁荣的刚性需求。面对美国技术霸权主义挑战时，中国需要依托国际科研网络，在构建人类命运共同体理念下，重建理性的生物技术两用性安全叙事。首先，在理念层面，中国应该坚持人类命运共同体思想，推动公共卫生、粮食安全等重要领域内的生物研究成果转变为国际公共产品，成为全人类的共同财富，防止生物技术演变为美国谋取全球霸权的"私产"。其次，在治理机制层面，中国需要延续阿希洛马会议精神，构建开放的生物技术两用性风险讨论平台，通过广泛的社会参与和多学科评估，科学论证生物技术两用性风险及潜在危害，防止美国操纵两用性安全叙事，将生物技术过度安全化、意识形态化，并以此打压正常的科研合作，对其他国家进行技术霸凌。最后，在全球战略稳定层面，中国应该坚持生物技术遵循安全、有序、透明的发展原则，进一步丰富与完善国际生物军控体系，防止美国无视风险，滥用新兴生物技术，从而导致高风险生物技术扩散或者诱发国际生物军备竞赛，破坏全球战略稳定。总之，中国必须充分认识生物技术两用性问题的本质，坚决抵制美国对该议题的安全化操弄，团结全球科研网络与其他利益相关者，促进现代生物技术健康有序发展，承担起促进人类社会共同繁荣的历史责任。

第五章　网络空间战略稳定与安全治理

　　网络空间已成为影响全球战略稳定的关键领域。科技发展不断拓展战略稳定外延，第三次科技革命带来通信技术蓬勃发展，人类社会对网络空间依赖程度增高，新一代数字技术使网络空间与物理空间深度联结，网络空间逐渐成为重要战略空间。① 在网络空间战略地位日益凸显的同时，安全风险也在不断增加。一方面，网络攻击不断向金融、供水、供电等关键基础设施甚至核设施蔓延，具备构成大规模杀伤的潜力；另一方面，网络攻击作为重要辅助杀伤手段被投入战场，成为军事冲突中关键"胜负手"。②

　　网络空间与现实空间存在巨大差异，现有体制难以应对网络安全对战略稳定的挑战。当前互联网技术架构塑造了网络空间的匿名性、复杂性、开放性与去中心性特征，导致行为溯源困难、安全漏洞频出、风险难以确定和管辖权分散等固有缺陷，这使得在网络空间中难以构建威慑稳定。③ 以认知域作战为代表的新型网络战略行动不仅超越传统战略稳定框架规制范畴，而且可以造成更深远的战略影响。④ 网络空间已成大国规避传统战略稳定体系管控、寻求单方面战略优势的焦点区域。虽然当前网络空间由于技术局限性等诸多因素限制，并未产生严重动荡，但网络空间战略稳定格局一旦崩溃，必将引发连锁反应，冲击现实空间战略稳定，颠覆现有国际格局。因此，构建一个符合网络空间需求的新战略稳定框架已成当务之急。

---

① 周宏仁：《网络空间的崛起与战略稳定》，载《国际展望》2019 年第 3 期，第 21—34 页。

② Timothy J. Junio, "How Probable is Cyber War? Bringing IR Theory back into the Cyber Conflict Debate," *Journal of Strategic Studies*, Vol.36, No.1, 2013, pp.125—133.

③ Tim Stevens, "A Cyberwar of Ideas? Deterrence and Norms in Cyberspace," *Contemporary Security Policy*, Vol.33, No.1, 2012, pp.148—170; Alex Wilner, "Cyber Deterrence and Critical-Infrastructure Protection: Expectation, Application, and Limitation," *Comparative Strategy*, Vol.36, No.4, 2017, pp.309—318.

④ 门洪华、徐博雅：《美国认知域战略布局与大国博弈》，载《现代国际关系》2022 年第 6 期，第 1—11 页。

第一节　研究评析与问题提出

"战略稳定"的概念一般包括狭义的传统核战略稳定与涉及政治、军事与经济等多种因素的广义战略稳定。[①] 网络空间战略稳定概念并未形成共识，对网络空间能否实现战略稳定及如何实现战略稳定尚存争论。目前对网络空间战略稳定的研究主要聚焦在以下几个方面。

第一，大国关系视角下的网络空间战略稳定。有研究指出，网络空间战略稳定本质上从属于大国关系发展，[②] 网络技术发展导致网络力量格局演变，进一步改变大国行为模式，传导至现实领域便会对全球战略稳定造成冲击。[③] 大国关系决定网络空间稳定，大国间网络空间治理模式的差异对全球网络空间战略稳定产生巨大影响。[④] 既有研究更多集中在网络安全问题对大国关系的影响上，例如，网络空间博弈有别于传统大国关系，更易导致战略误判，[⑤] 网络空间中低于战争门槛的间谍活动、政治煽动等可能成为影响大国关系的重要因素。[⑥] 在大国竞争背景下，网络空间博弈被视为中美战略稳定关系的重要变量。[⑦]

第二，军事冲突视角下的网络空间战略稳定。在网络空间进攻占优背景下，网络武器的非对称优势破坏传统战略格局，影响原有战略稳定状态。[⑧] 有观点认为，

---

① ［美］托马斯·芬加、樊吉社：《中美关系中的战略稳定问题》，载《外交评论》2014 年第 1 期，第 43—55 页。

② 石斌：《大国构建战略稳定关系的基本历史经验》，载《中国信息安全》2019 年第 8 期，第 29—32 页。

③ 鲁传颖：《网络空间大国关系演进与战略稳定机制构建》，载《国外社会科学》2020 年第 2 期，第 96—105 页。

④ 沈逸：《全球网络空间治理原则之争与中国的战略选择》，载《外交评论》2015 年第 2 期，第 65—79 页。

⑤ 任琳：《网络空间战略互动与决策逻辑》，载《世界经济与政治》2014 年第 11 期，第 73—90 页。

⑥ David C. Gompert and Martin Libicki, "Cyber Warfare and Sino-American Crisis Instability," *Survival*, Vol.56, No.4, 2014, pp.7—22.

⑦ 江天骄：《中美网络空间博弈与战略稳定》，载《信息安全与通信保密》2020 年第 9 期，第 11—17 页。

⑧ Joseph S. Nye, "The World Needs New Norms on Cyberwarfare," *Washington Post*, October 1, 2015, https://www.washingtonpost.com/opinions/the-world-needs-an-arms-control-treaty-forcybersecurity2015/10/01/20c3e970-66dd-11e5-9223-70cb36460919_story.html，访问时间：2022 年 7 月 2 日。

网络武器具有攻击优势且难以防御，使用网络武器不必承担传统战争责任。该特性鼓励网络空间攻击行动与网络军备竞赛，导致在网络空间中难以形成和平稳定的安全环境，最终影响现实世界战略稳定。① 另有研究关注网络安全对核战略稳定的影响，指出网络技术革命提升常规武器作战能力，针对核武器的精确打击能力不断提升，从而打破原有核威慑平衡，破坏核战略稳定。② 核武器指挥与控制系统等战略核设施面临的网络攻击威胁对全球战略稳定构成直接挑战。③

第三，综合安全视角下的网络空间战略稳定。网络空间战略要素复杂性使得很多学者将综合性安全因素纳入网络空间战略稳定视野，网络空间中数据传输稳定性、大数据时代中美互动、网络恐怖主义、网络空间国际法及各种行为规范等都是影响网络空间战略稳定的重要因素。④ 在多元因素共同作用的背景下，网络空间战略稳定的特性发生变化，制度安排、合作规范与攻防平衡共同构成网络空间战略稳定支柱，其高度复杂性使得网络空间战略稳定处于一种介于稳定与不稳定间的脆弱稳定状态。⑤

网络空间战略稳定的研究成果相当丰富，奠定了网络空间战略稳定理论基础，但尚存一些值得商榷的问题。第一，当前研究对网络空间战略稳定界定模糊。既有研究经常以"网络空间稳定"替代"网络空间战略稳定"，造成概念混淆。第二，战略稳定的概念被泛化使用。网络空间中的很多风险因素并不具备战略意义，重大网络安全事件极少发生，⑥ 因此不能夸大风险滥用战略稳定概念。第三，战略稳定

---

① Charles L. Glaser and Chaim Kaufmann, "What Is the Offense-Defense Balance and Can We Measure It?" *International Security*, Vol.22, No.4, 1998, pp.44—82.

② Caitlin Talmadge, "Would China Go Nuclear? Assessing the Risk of Chinese Nuclear Escalation in a Conventional War with the United States," *International Security*, Vol.40, No.4, 2017, pp.50—92.

③ Martin Libicki, "The Nature of Strategic Instability in Cyberspace," *The Brown Journal of World Affairs*, Vol.18, No.1, 2011, pp.71—79.

④ 檀有志：《大数据时代中美网络空间合作研究》，载《国际观察》2016年第3期，第28—41页；Frank J. Cilluffo, Sharon L. Cardash and George C. Salmoiraghi, "A Blueprint for Cyber Deterrence: Building Stability through Strength," *Military and Strategic Affairs*, Vol.4, No.3, 2012, pp.3—23; Edward Geist, "Deterrence Stability in the Cyber Age," *Strategic Studies Quarterly*, Vol.9, No.4, 2015, pp.44—61.

⑤ 江天骄：《全球网络空间的脆弱稳定状态及其成因》，载《世界经济与政治》2022年第2期，第129—154页。

⑥ 参见 Thomas Rid, "Cyber War Will Not Take Place," *The Journal of Strategic Studies*, Vol.35, No.5, 2012, pp.5—32; Erik Gartzke and Jon R. Lindsay, "Weaving Tangled Webs: Offense, Defense, and Deception in Cyber-Space," *Security Studies*, Vol.24, No.2, 2015, pp.316—348。

分析框架简单化。战略稳定的外延已从核战略稳定拓展到政治、经济等维度，贯穿现实空间到虚拟空间等多领域，单一分析框架难以完全覆盖所有影响因素。

针对这些问题，本书立足全球战略稳定视角，突破既有研究误区：第一，突破单纯网络安全视野。研究网络空间战略稳定不能局限于网络空间本身，要围绕网络空间对全球战略稳定的影响展开，最终目标不是网络安全，而是全球安全与和平。第二，摒弃单一战略稳定模式。网络空间中安全因素多样复合，这决定了战略稳定模式多样性，不同战略稳定模式在网络空间中并不相斥。第三，摆脱传统战略稳定模式束缚。中国网络空间战略稳定必须立足自身价值观念，本章力图从中国网络空间战略稳定观出发，构建网络空间战略稳定新路径。

第二节　网络空间稳定的安全治理目标

"战略稳定"的概念源于核安全研究，战略稳定性是维持大国战略稳定关系的主要模式。[1] 随着科技发展，建立在传统核武器基础上的战略稳定关系受到巨大挑战。网络空间作为重要新兴领域从国际国内两个方面都对国家安全造成冲击，[2] 并改变了全球战略稳定态势。网络空间战略稳定已成为国际安全研究的新焦点议题。

一、战略稳定概念的演进

战略稳定理论始于冷战，托马斯·谢林（Thomas Schelling）提出："只有当任何一方都无法凭借第一次打击完全摧毁对手报复能力时，才能达到稳定平衡。"这为战略稳定奠定了理论基础。[3] 此后，阿尔伯特·沃尔斯泰特（Albert Wohlstetter）、保罗·尼采（Paul Nitze）、亨利·基辛格（Henry Kissinger）等提出确保相互摧毁、有限核战争等思想，确立了战略稳定理论与美苏间战略稳定。[4]

---

[1]　王政达：《中美复合战略稳定关系：建构依据、基本框架与发展趋势》，载《国际安全研究》2019 年第 5 期，第 79—107 页。

[2]　周国平：《网络发展对我国政治安全机制的冲击及对策》，载《学习与探索》2002 年第 5 期，第26—30 页；胡键：《网络恐怖与国家安全》，载《学术论坛》2003 年第 1 期，第 129—130 页。

[3]　[俄] 维克多·米辛：《世界多极竞争中的战略稳定新框架》，载《国外社会科学前沿》2021年第 8 期，第 35—48 页。

[4]　Albert Wohlstetter, "Perspective on Nuclear Energy," *Bulletin of the Atomic Scientists*, Vol.24, No.4, 1968, pp.2—5; Paul H. Nitze, "The Relationship of Strategic and Theater Nuclear Forces," *International Security*, Vol.2, No.2, 1977, pp.122—132; Henry A. Kissinger, "Limited War: Conventional or Nuclear?" *Survival*, Vol.3, No.1, 1961, pp.2—11.

传统战略稳定思想把核武器毁灭性变成敌对双方共存基础，相信双方都可通过报复而非利用明显优势来实现自身目标。①获得战略稳定的关键在于减少军备竞赛或在危机中削弱首先使用核武器的需要和诱因，由此派生出"军备竞赛稳定性"和"危机稳定性"两个概念。②冷战后，世界进入"第二核时代"，③核武器开始横向扩散，国际核战略态势日趋复杂，构成多维度安全困境；与此同时，常规军事技术发展削弱核武器战略影响力，侵蚀传统核战略稳定。④外层空间、网络空间、导弹防御和常规快速全球打击能力等问题的日益增长与核问题密切关联。战略稳定内涵突破单纯核战略稳定范畴向"多维度战略稳定"发展。⑤战略稳定不仅指有核国家间没有武装冲突，更被视为一种"以和平与和谐关系为特征的全球秩序"。⑥

大国从自身实力出发，对战略稳定进行各自解读。美国在霸权护持理念下将战略稳定视为评估全球武装力量态势变化和升级的风险标尺，⑦既强调降低无意、不经意、未经授权，或因误判、过度反应使用核武器，又固化强化美国力量优势，兑现保护盟国的延伸威慑。⑧俄罗斯更强调战略稳定与其大国地位的关系，强调战略稳定与地区安全体系的关联，试图通过扩大战略稳定使用范畴，探求多边战略稳定，以维护其大国地位。中国在强调核战略稳定的同时，试图将更多要素纳入战略稳定体系，将大国间稳定关系视为战略稳定关系核心要素。⑨2019 年 6 月，中国

---

① Lawrence Rubin and Adam N. Stulberg, *The End of Strategic Stability*, Washington: Georgetown University Press, 2018, pp.2—3.

② Aaron R. Miles, "The Dynamics of Strategic and Instability," *Comparative Strategy*, Vol.35, No.5, 2016, pp.423—437.

③ Colin S. Gray, *The Second Nuclear Age*, Boulder: Lynne Rienner Publishers, 1999, pp.1—2.

④ Gregory D. Koblentz, "Strategic Stability in the Second Nuclear Age," The Council on Foreign Relations, November, 2014, pp.5—6, https://cdn.cfr.org/sites/default/files/pdf/2014/11/Second%20 Nuclear%20Age_CSR71.pdf, 访问时间：2023 年 3 月 20 日。

⑤ John Gaddis, *We Now Know: Rethinking Cold War History*, London: Oxford University Press, 1997, pp.283—284.

⑥ Williams Healthy, "Strategic Stability, Uncertainty and the Future of Arms Control," *Survival*, Vol.60, No.2, 2018, pp.45—54.

⑦ "Report on the Nature of Multilateral Strategic Stability," International Security Advisory Board of United States Department of State, April 27, 2016, pp.12—23, www.state.gov/documents/ organization/257667.pdf, 访问时间：2023 年 3 月 20 日。

⑧ 王志军、张耀文：《中美核战略稳定关系构建、分歧与对策研究》，载《和平与发展》2017 年第 1 期，第 34—50 页。

⑨ 葛腾飞：《美国战略稳定观：基于冷战进程的诠释》，载《当代美国评论》2018 年第 3 期，第 64—89 页。

与俄罗斯签署《中华人民共和国和俄罗斯联邦关于加强当代全球战略稳定的联合声明》，将战略稳定外延拓展到太空、生化武器、混合高科技等新兴领域，① 通过将更多战略要素纳入战略稳定框架中，应对国际格局变化，维护全球战略稳定格局。

战略稳定的外延不断拓展，由单一军事（核）战略稳定迈入复合战略稳定状态。当今国际战略稳定关系是核与网络、空间力量等多种战略力量因素交互影响的结果，② 战略稳定关系已突破传统安全视角，经济相互依赖、政治稳定机制等因素都是影响战略稳定性的重要变量。③

二、网络空间战略稳定的内涵

网络空间已经成为重要的国际战略空间，随着其战略重要性的不断强化，战略稳定成为网络空间中一个重要议题，战略稳定理论也开始向这一新领域延伸。随着战略稳定概念外延的变化，网络战略稳定内涵也不断得以深化，在不同维度、不同层次下，网络空间内呈现不同含义。

1. 军事（核）战略稳定视角下的网络空间战略稳定

以网络信息技术为代表的新兴技术被视为"改变战争游戏规则"的颠覆性技术。④ 在传统战略稳定视角下，技术革命对战略稳定的影响依附于传统安全领域来发挥作用。⑤ 界定网络空间战略稳定，首先应关注其对核战略稳定与军事战略的影响。

网络空间与核安全关系密切。一方面，网络攻击成为破坏对手核威慑能力的重要手段，美国 2013 年提出的"主动抑制发射"概念与"震网"病毒对伊朗核设施的破坏充分展示了网络攻击对核战略平衡的破坏力。⑥ 另一方面，核武器指挥、控

---

① 《中华人民共和国和俄罗斯联邦关于加强当代全球战略稳定的联合声明》，中华人民共和国中央人民政府网站，2019 年 6 月 6 日，http://www.gov.cn/xinwen/2019-06/06/content_5397869.htm，访问时间：2023 年 3 月 20 日。

② 徐纬地：《战略稳定及其与核、网络和外空的关系》，载《信息安全与通讯保密》2018 年第 9 期，第 21 页。

③ 李德顺：《战略稳定性中的相互依赖因素》，清华大学 2012 年博士学位论文，第 132—136 页。

④ 许蔓舒：《促进网络空间战略稳定的思考》，载《信息安全与通信保密》2019 年第 7 期，第 5—8 页。

⑤ 蔡翠红、戴丽婷：《人工智能影响复合战略稳定的作用路径：基于模型的考察》，载《国际安全研究》2022 年第 3 期，第 79—108 页。

⑥ 徐纬地：《网络武器对核与太空态势和大国关系的影响》，载《中国信息安全》2019 年第 4 期，第 79—82 页。

制与通信系统与网络基础设施深度结合，对一国重要网络基础设施的攻击可能被视为对核战略设施的攻击，并导致核报复。① 核战略稳定与网络安全问题盘根错节，是网络空间战略稳定的核心问题。

在常规军事领域，网络空间军事化对战略稳定同样具有重要影响。一方面，网络技术改变了传统作战形态，赋予军队更为精确与智能的打击能力，颠覆传统作战形式，改变国际军事力量格局。② 另一方面，人类社会对网络空间的依赖性使网络攻击的潜在破坏性增加，网络军事力量成为各国关注焦点。③ 近年来针对关键基础设施的网络攻击技术日趋成熟，对公共安全造成大规模影响。这些攻击如果造成严重的国家安全威胁，可能会导致核报复。④

相对传统军事行动，网络攻击缺乏国际规则约束，现实成本与政治成本低，易被滥用。⑤ 随着网络攻击不断向关键基础设施等国家安全核心领域延伸，政治经济关系以及世界军事平衡将从根本上被改变。⑥ 在这一视角下，网络空间战略稳定意味着管控网络军事行动，防止其对大国关系乃至全球战略稳定的冲击。

2. 大国战略稳定视角下的网络空间战略稳定

网络空间安全态势与大国战略稳定关系密切相关。中国与俄罗斯曾发表过两份维护全球战略稳定联合声明，将国际体系层面的全球安全、政治、经济体系稳定视为一种战略稳定形态。⑦ 网络空间中政治、经济与其他安全利益冲突都会影响大国战略稳定。一方面，网络空间缺乏有约束力的国际规范，全球网络技术发展

① 崔建树：《美国核力量现代化与网络空间战略稳定》，载《中国信息安全》2019 年第 8 期，第 40—43 页。

② 李明海：《美国网络空间作战的演变趋势与应对策略》，载《中国信息安全》2022 年第 9 期，第 65—70 页。

③ Will Goodman, "Cyber Deterrence: Tougher in Theory than in Practice," *Strategic Studies Quarterly*, Vol.4, No.3. 2010, pp.102—135.

④ DOD Defense Science Board, "Resilient Military Systems and the Advanced Cyber Threat," Defense Technical Information Center, January 2013, https://nsarchive2.gwu.edu/NSAEBB/NSAEBB424/docs/Cyber-081.pdf，访问时间：2023 年 3 月 20 日。

⑤ Nicholas Tsagourias, "Cyber Attacks, Self-Defense and the Problem of Attribution," *Journal of Conflict and Security law*, Vol.17, No.2, 2012, pp.229—244; Jon R. Lindsay, "Tipping the Scales: The Attribution Problem and the Feasibility of Deterrence Against Cyberattack," J*ournal of Cybersecurity*, Vol.1, No.1, 2015, pp.53—67.

⑥ Richard A. Clarke and Robert K. Knake, *Cyber War: The Next Threat to National Security and What to Do About It*, New York: Harper Collins Publishers, 2012, p.32.

⑦ 杨毅主编：《全球战略稳定论》，北京：国防大学出版社 2005 年版，第 3 页。

不平衡，具有技术与市场优势的大国在网络空间中容易获得垄断性权力。[1] 这种垄断性权力使部分大国在网络空间中获得战略优势并利用这一战略优势改变原有战略稳定格局。另一方面，网络空间既是大国博弈平台，也是大国博弈工具，将深刻改变战略稳定格局。作为博弈平台，网络空间博弈缺乏规范，易激化大国矛盾、瓦解大国信任，最终损害大国关系；[2] 作为博弈工具，技术与市场主体将被国家化，进而被卷入大国博弈，将更多的社会因素纳入战略稳定框架，改变战略稳定态势。

大国战略稳定视角下的网络空间战略稳定较为复杂。国家利益多元性与国家安全风险多样性使得大国战略稳定视角下的网络空间战略稳定外延拓展到网络空间外的诸多社会领域。网络空间战略稳定不仅是防范网络攻击、避免冲突，更是规范网络空间行为、维护网络空间秩序的一项安全治理问题。

3. 复合战略稳定视角下的网络空间战略稳定

战略稳定概念延伸到政治、经济等其他领域后形成所谓复合战略稳定视角。复合战略稳定不再以简单的国家行为体为主体，而是会形成多层次、多主体、多因素跨域纠缠、互相制约的战略稳定格局。网络空间复合性主要体现在以下几个方面。

第一，博弈领域广阔。网络空间真正的价值在于巨大"联通性"，将传统上分布在不同地域、不同领域的事物联系在一起。[3] 这使网络空间的各种战略行动极易延伸到所有社会领域，网络空间战略稳定因素呈现"全域化"特征。在网络空间内的大部分威胁都非单纯的网络攻击，而是通过网络传导放大的跨领域威胁。随着网络空间对社会生活的不断渗透，所有涉及网络的元素都有可能转变为影响战略稳定的因素。

第二，行为主体多元。网络空间中掌握技术、资金与资源优势的主权国家拥有绝对主导地位，网络空间开放性给非国家行为体创造活动空间。主权国家通过授权、鼓励和扶植等多种方式赋予非国家行为体相应战略地位。因此，非国家行为体对网络空间战略稳定的影响力更大。例如，美国政府鼓励私人机构主动反击来自敌

---

[1] Madeline Carr, "Power Plays in Global Internet Governance," *Journal of International Studies*, Vol.43, No.2, 2015, pp.640—659.

[2] Michael P. Fischerkeller and Richard J. Harknett, "Deterrence Is Not a Credible Strategy for Cyberspace," *Orbis*, Vol.61, No.3, 2017, pp.381—393.

[3] Renaud Levesque, D'Arcy Walsh and David Whyte, "Securing Cyberspace: Towards an Agenda for Research and Practice," *Technology Innovation Management Review*, Vol.5, No.11, 2015, pp.26—33.

对国家与组织的网络攻击，对网络空间战略稳定产生不可预知的后果。① 随着社交网络平台的盛行，开发这些平台的公司拥有和掌握网络公共产品，在某些特定领域能够制定网络规则，成为影响网络空间战略稳定的重要因素。

第三，安全威胁多样。网络空间安全威胁种类繁多，大量难以管控的新型恶意行为成为影响战略稳定的重要因素。网络空间恶意行为在性质上低于战争门槛，难以被纳入现有国际规范体系管控，但安全威胁程度却并不低。黑客攻击、舆情操弄和恶意泄露数据等网络恶意行为能严重干扰社会秩序，造成难以估量的损失。②

第四，利益构成复杂。网络联通性使网络空间中发挥作用的因素比现实空间更为复杂，各因素彼此联系甚至相互依赖，各主体利益呈现相互纠缠的特征。以罗伯特·基欧汉、约瑟夫·奈为代表的学者提出"复合相互依赖"概念，将多维度互相依赖视为构建战略稳定重要因素。③ 约瑟夫·奈进一步提出，国与国之间的纠缠状态是网络空间战略稳定的基石。④ 网络空间的运行特征能够促使众多潜在对手纠缠在一起，通过建构共同利益的方式，将网络空间的安全逻辑由制造风险转变为规避风险。通过更彻底地纠缠朋友和敌人，在网络空间内保持并促进良好行为的利益将会增加，大国正进一步鼓励风险规避行为，促进网络空间的稳定。

三、网络空间战略稳定的实质

网络空间战略稳定的核心问题是如何在一个不断发展的网络空间中，避免因矛盾升级而诱发大规模国家间冲突，破坏全球和平稳定的秩序。网络空间行为体更倾向于利用网络恶意行动攫取战略利益，而不是破坏网络本身的可用性。因此，网络空间战略稳定探讨的不是网络空间自身平稳运行，而是发生在网络空间中的行为及网络空间秩序对战略稳定的影响。

网络空间战略稳定可分为四个层次，每个层次具有各自的稳定与不稳定形态，

---

① Gilles Favarel-Garrigues, Samuel Tanner and Daniel Trottier, "Introducing Digital Vigilantism," *Global Crime*, Vol.21, No.3—4, 2020, pp.189—195.

② David Sanger, "US Wrestles with How to Fight Back against Cyberattacks," *New York Times*, July 30th, 2016, https://www.nytimes.com/2016/07/31/us/politics/us-wrestles-with-how-to-fight-back-against-cyberattacks.html，访问时间：2023 年 3 月 20 日。

③ ［美］罗伯特·基欧汉、约瑟夫·奈：《权力与相互依赖（第四版）》，门洪华译，北京：北京大学出版社 2021 年版，第 28—35 页。

④ Nye Joseph S. Jr, "Deterrence and Dissuasion in Cyberspace," *International Security*, Vol.41, No.3, 2017, pp.44—71.

通过向上一级层次传递危机来不断侵蚀全球战略稳定。首先是核战略稳定，它处于最优先位置，所有战略稳定必须满足核战略稳定的需求；其次是常规军事稳定，鉴于网络战争的巨大破坏力及诱发核报复的可能，避免发生军事冲突是网络战略稳定的重要议题；再次是大国关系稳定，网络空间的大国博弈失控会导致大国冲突，冲击全球战略稳定；最后是复合战略稳定，这一层次中，各种国家层面及次国家层面的网络恶意行为都可能造成严重后果，诱发军事冲突乃至核报复（如表 5.1 所示）。由此可见，网络空间战略稳定状态的底线是核战略稳定，理想状态是没有恶意行为的有序网络空间。

表 5.1　网络空间战略稳定分类

战略稳定类型	安全威胁领域	主要威胁方式	稳定形态	不稳定形态	升级形态
核战略稳定	战略核力量	针对战略核设施的网络攻击	不动用核力量	核攻击	无
军事战略稳定	常规军事行动	网络军事攻击、利用网络辅助军事行动等传统安全威胁	不爆发军事冲突的和平状态	军事冲突	核攻击
大国战略稳定	政治、经济、国家安全	网络空间中大国博弈导致的各种恶意行为	大国政治、经济稳定、	大国在政治、经济等领域的矛盾与冲突	军事冲突、核攻击
全球复合战略稳定	经济、文化等各种社会领域	网络犯罪、网络间谍、恶意软件等网络非传统安全威胁	不发生网络恶意行为	网络恶意行为导致经济损失、社会动荡等	大国冲突、地缘政治危机、军事冲突、核攻击

　　鉴于此，本书将网络空间战略稳定定义为一种状态，这种状态中的网络空间各行为主体的行为不会导致其他的主体（主要是大国）利益的严重损害，各行为主体不会做出诱发网络空间或其他领域大规模冲突的有序平稳状态，其底线是确保网络空间内各行为主体的生存，理想状态是保障各行为主体利益不因网络恶意行为受到损害。网络空间战略稳定是传统战略稳定在网络空间的延伸，也是重要的大国博弈空间。网络空间没有实体疆域概念，因此难以依靠领土与主权原则划分管辖权责，容易造成技

术大国的权力垄断；同时，网络空间的行为溯源机制不完善，因此造成网络空间投机行为盛行，且缺乏价值共识及有效力的行为规范。传统战略稳定框架无所适从，需以更广阔视角审视网络空间战略稳定议题，形成与之相适应的战略稳定模式。

第三节 战略稳定视角下网络空间安全的理想模式

各国在网络空间的试探和博弈给全球网络空间战略稳定增加了诸多不确定性，传统核战略稳定分析框架已无法满足网络空间战略稳定需求。网络空间战略稳定既有传统军事稳定因素，也存在复合稳定因素，因此网络空间战略稳定模式必然超越传统核战略稳定框架，呈现全新面貌。

一、网络空间战略稳定模式

传统战略稳定思想的核心在于确保相互脆弱性以实现制衡，使核报复足以达到"不可接受损失"的标准，从而消除双方先发制人的打击动机，确保报复后降低扩充军备的意愿。基于此，战略稳定能力建设聚焦核报复，机制建设侧重防范误判。[1] 冷战时期战略稳定保障机制主要由美苏战略稳定、核不扩散机制与核军控机制构成，整套体系的核心是确保相互摧毁和确保相互脆弱性。[2] 任何破坏核武器脆弱性和制衡格局的企图都被视为破坏战略稳定的行为。从传统战略稳定逻辑出发，在网络空间中通过构建脆弱制衡的方式可以形成战略稳定格局。

随着战略稳定问题由军事安全延伸至其他领域，脆弱制衡稳定的基础逐渐消失。在网络空间中，虽然从单纯网络攻防角度来看，网络进攻占优，但在战略层面，大国面对网络攻击时具有较强的安全韧性。[3] 虽然网络攻击技术发展迅速，但针对大国关键基础设施的攻击依然鲜有成功案例。这种安全韧性，使网络防御也能在一定程度上维持网络空间战略稳定。此外，网络空间的高度联通性使网络空间各

---

[1] 石斌：《保罗·尼采：核时代美国国家安全战略的缔造者》，北京：北京大学出版社 2017 年版，第 174—177 页。

[2] 张业亮：《美俄重启战略稳定对话能否为双边核军控铺平道路》，载《世界知识》2021 年第 20 期，第 42—44 页。

[3] Gabriel Weimann, "Cyberterrorism: How Real Is the Threat?" U.S. Institute of Peace, 2004, http://www.usip.org/files/resources/sr119.pdf，访问时间：2023 年 3 月 20 日；Joshua Green, "The Myth of Cyberterrorism," *Washington Monthly*, November 2002, http://www.washingtonmonthly.com/features/2001/0211.green.html，访问时间：2023 年 3 月 20 日。

行为主体的利益深度纠缠,各行为主体处于共存状态。这种特性使网络攻击易遭反噬,成本收益难以平衡,因而能够遏制网络攻击动机,使网络空间自发形成攻防制衡。复合战略稳定视野将更多安全因素纳入网络空间战略稳定框架,网络主体的利益共存状态使得它们选择主动规避风险,维护网络空间战略稳定。

鉴于此,本书认为网络空间战略稳定在理论上存在两种模式:一种是源于核战略稳定的网络"脆弱制衡"稳定模式。在理想条件下,大国在面对网络攻击时无法有效防御,或者网络攻击会诱发军事冲突乃至核报复等严重传统安全后果,从而使各方保持克制,形成战略稳定格局。另一种是"韧性共存"战略稳定模式,指的是大国在网络空间中依靠强大技术能力、深度利益纠缠与共存等因素,促成可靠的网络防御和遏制网络恶意行为。当大国网络安全均处于绝对脆弱或拥有绝对韧性时,网络空间战略稳定程度高;当脆弱性或者韧性相对较弱时,网络空间就会失衡,战略稳定被破坏。需要注意的是,不同维度的脆弱性与韧性相互混合会增加战略稳定性,但同一维度的脆弱性与韧性无法共同存在的。例如,网络核战略稳定的脆弱性与网络复合稳定的韧性相结合可以增强网络空间战略稳定性,但仅在核战略稳定域内,不可能既保证脆弱制衡状态又存在韧性共存局面。

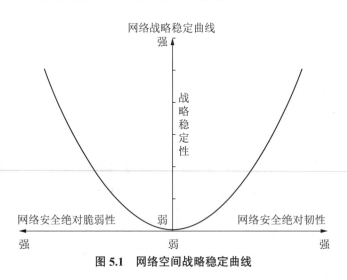

图 5.1   网络空间战略稳定曲线

二、网络空间脆弱制衡稳定的形成条件

理想状态下,所有行为体在网络空间博弈中均处于脆弱状态,构成相互制衡,形成战略稳定格局。在当前网络技术背景下,网络空间高度关联性、网络技术优势

相对性和网络空间攻防制衡性构成网络空间脆弱制衡战略稳定的基础。

1. 网络空间高度关联性

网络空间高度关联的特性使行为体在发动网络攻击时可能面临巨大风险，这成为构建网络空间脆弱制衡稳定的重要因素。随着网络技术发展，人类社会对网络空间的依赖与日俱增。网络空间逐渐成为容纳政治、经济与军事等诸多领域社会活动的重要社会空间，数以万计关系到国计民生的关键基础设施成为网络空间的重要组成部分。网络空间是基于信息与通信技术构建而来的人造空间，是物理空间在信息空间中的映射，它通过消弭物理空间中的"距离"，通过信息传递将两个实体联系在一起，并改变实体状态。多维度的高度关联性使网络活动造成的影响具有不确定性，网络攻击造成的连锁反应可能反噬攻击者。[1] 网络空间的高度关联性也使网络武器更易扩散。网络武器主要由非实体恶意代码构成，其传播与扩散速度远高于传统物理攻击武器。以"想哭"（WannaCry）为代表的国家武器级网络病毒的泄露对全球网络空间稳定乃至现实世界的正常秩序构成巨大威胁。[2]

2. 网络技术优势的相对性

互联网技术高速迭代使得网络空间行为体的网络技术优势并不稳定。网络空间技术优势具有相对性，不必然带来战略优势，因而大国在网络冲突中也不具备完全优势。一方面，网络技术优势自带悖论。技术先进国家在拥有强大网络攻击能力的同时，对网络依赖程度更高，更易受到网络攻击，不发达国家对网络空间依赖程度低，因而不惧怕网络战争。若将对抗延伸到数字空间，落后国家或非国家行为体可能比传统大国更具优势。[3] 网络攻击手段的不断丰富、网络武器的扩散对网络强国造成的伤害反而更大，这一悖论使大国在网络空间中显得更为脆弱。另一方面，网络安全领域的技术优势转移迅速，大国难以长期维持稳定技术优势。网络科技主要载体是程序代码，获取、转移和仿制门槛低。网络技术对基础工业能力要求低，技术后发国家通过较低投资能够迅速取得巨大进步。因此，大国在网络技术领域很难长期维持全方位优势，难以保证对手不获取非对称技术优势。在网络空间中，任何

---

① Stéphane Taillat, "Disrupt and Restraint: The Evolution of Cyber Conflict and the Implications for Collective Security," *Contemporary Security Policy*, Vol.40, No.3, 2019, pp.368—381.

② 江天骄：《中美网络空间博弈与战略稳定》，载《信息安全与通信保密》2020年第9期，第11—17页。

③ Lupovici Amir, "Cyber warfare and deterrence: Trends and Challenges in Research," *Military and Strategic Affairs*, Vol.3, No.3, 2011, pp. 49—62.

行为体都无法避免自己存在脆弱性。

3. 网络空间攻防制衡性

网络空间存在攻防制衡形态。传统理论认为，网络空间攻防不平衡，进攻方占据显著优势，① 但这一状况仅限于小规模、低烈度的网络恶意行为。在战略层面上，网络攻击与传统物理攻击不同，很多情况下对攻击发起者而言，赢得网络冲突不会给自身带来更多政治权力，输掉网络冲突也不会真正损害一个在网络空间中已经很强大的行动者的权威。② 由于网络攻击战略影响有限，网络空间中虽进攻方占据一定优势，但无法将其转化为战略优势。随着各国网络情报能力的增强，大规模网络攻击归因能力也在增强，大国难以隐蔽发动大规模网络攻击。③ 网络空间中这种攻防制衡的特点，使得网络攻击不仅战略收益有限，而且反倒会让攻击者显得更为脆弱。这种脆弱性是大国间网络博弈长期处于低烈度状态的重要原因。

三、网络空间韧性共存稳定的形成条件

网络空间安全韧性是构建网络空间战略稳定的重要条件。虽然网络空间技术与制度格局使其具有很强的脆弱性，但网络空间相互依赖性、行为主体多元性和安全冗余性构成韧性共存的稳定基础。

1. 网络空间相互依赖性

网络空间的高度联通性能进一步增强国家间相互依赖，降低军事冲突的可能性。互联网对其他社会领域具有高渗透性与延展性，更易促成复合相互依赖的产生。网络空间能够渗透其他空间，对所有社会生活领域造成影响，具有明显的跨域特性。网络空间还具有延展性，即随着技术发展会不断展现出新特性。这种渗透性与延展性使得网络空间与大量其他社会现象产生复杂联系，与各种社会变量纠缠在一起，形成一套复合相互依赖体系。这种复合相互依赖特征在网络产品供给和网络治理两个维度上表现得最为明显。

---

① John B. Sheldon, "Deciphering Cyber power: Strategic Purpose in Peace and War," *Strategic Studies Quarterly*, Vol. 5, No. 2, Summer 2011, p.98; Lucas Kello, "The Meaning of the Cyber Revolution: Perils to Theory and Statecraft," *International Security*, Vol.38, No.2, 2013, pp.7—40.

② Carl W. Deutsch and J. David Singer, "Multipolar Power Systems and International Stability," *World Politics*, Vol.16, No.3, 1964, pp.390—406.

③ 沈逸、江天骄：《网络空间的攻防平衡与网络威慑的构建》，载《世界经济与政治》2018 年第 2 期，第 49—70 页。

在网络产品供给维度，网络空间所依赖的网络产品和服务建立在复杂的全球供应链体系之上，是全球科技和商业覆盖的最复杂、最高效领域之一。这种复杂的供应链体系使全球网络经济运行具有高度互相依赖性。这种高度依赖性在本质上形成一种共存关系，增加了网络空间战略互信，有利于形成韧性共存战略稳定格局。

在网络治理维度，这种相互依赖更为明显。国家内部、政府与私营机构充分合作以实现网络空间治理，形成政府与私营机构相互依赖。拜登政府积极利用民主党与科技公司的联系，拉拢科技巨头，强化网络安全中的公私合作体系。① 私营公司也需要政府为其背书，特别是在遭受网络攻击时，无论是进行司法诉讼还是外交协商，私营企业都必须依赖国家行为体追究或者惩罚恶意行为者。跨国层面上，网络国际治理合作也形成相互依赖关系。因此，国家在政治、经济、文化等社会领域对互联网依赖程度越高，在它们之间构建网络治理相互依赖的程度就越高，形成韧性共存战略稳定的可能性也越高。

2. 网络空间行为主体多样性

网络空间是依赖现代通信技术构建的虚拟空间，其形成初期呈现明显的自下而上、公开透明的"多利益相关方"治理模式。② 虽然随着网络空间战略利益日趋重要，主权国家成为网络空间中的主导行为体，但网络科技公司、技术团体乃至网络犯罪组织这样的非国家行为体也能够在网络空间中扮演重要角色。主权国家之下的其他行为主体的存在使得网络空间权力结构更加复杂，促成相互牵制、多重博弈的格局，在核心安全利益之外，非国家行为体能够有效补充主权国家政策盲区，填补网络秩序真空地带。理论上，各主要行为体在网络空间通过讨价还价等一系列互动过程形成默契，竞争对手间围绕可接受的行为和不可接受的行为达成共识，形成一种"约定的竞争"条件下的秩序，实现网络空间战略稳定。③

现实中，非国家行为体在互联网空间中的权力构成主要源自技术优势与流量优

① 桂畅旎：《拜登政府网络安全政策基础、取向与制约因素》，载《中国信息安全》2021 年第 2 期，第 88—94 页。

② Laura DeNardis and Mark Raymond, "Thinking Clearly about Multi-Stakeholder Internet Governance," *GigaNet: Global Internet Governance Academic Network, Annual Symposium*, November 14, 2013, pp.1—2.

③ Michael P. Fischerkeller, "Persistent Engagement and Tacit Bargaining: A Strategic Framework for Norms Development in Cyberspace's Agreed Competition," Institute for Defense Analysis, November 2018, https://www.jstor.org/stable/pdf/resrep22663.pdf?acceptTC=true&coverpage=false，访问时间：2023 年 3 月 20 日。

势，是主权国家政治与军事权力的重要补充。以大型科技公司与跨境技术团体为代表的私营团体掌握了主要技术资源，[①] 它们通过制定技术标准与开发产品规制网络空间，通过将技术优势转为市场优势巩固权力。依附于网络技术平台的各种行为体则通过各种方式吸引网络流量，吸纳社会资源，引导社会思潮。国家行为体与非国家行为体各有所长，相互依赖形成共存关系，并成为大国博弈的缓冲地带，增强了网络空间战略博弈稳定性。国际体系从两极转向多极化，国家间的战争倾向度较低，而国家间的互动关系不仅是竞争性的，合作性也会凸显，[②] 这为网络空间战略稳定创造了条件。

3. 网络空间安全冗余性

网络空间中虽防御成本相对较高，难以实现可靠的防御效果，但不可否认，网络空间具有一定的安全冗余性，从而限制网络安全事件造成的不利后果。这种冗余性体现在技术冗余与制度冗余两个层面，在网络空间中构造出韧性稳定环境。

从技术冗余方面看，网络技术的高速发展限制了网络武器的生命周期，极大提高了网络攻击门槛。网络攻击的成功主要依赖网络设施的安全缺陷，但网络技术的高速发展使发现并修补漏洞的速度不断加快，网络武器的生命周期变得很短。此外，面对各种网络安全威胁，各国都在努力提升自身网络的冗余程度，使自身在遭受网络攻击时能够有效控制损失。[③] 冗余性虽然无法阻止网络恶意行为，但可有效降低恶意行为造成的损害，并提高网络攻击的成本。

从制度冗余上看，良好的网络安全制度设计将保证网络空间的秩序，对控制网络恶意行为造成的损失同样具有重要的作用。良好的网络安全管理制度是遏制网络攻击、管控网络安全风险的保障。例如，欧盟全力推行的"欧盟全境实现高度统一网络安全措施的指令"（A Directive on Measures for a High Common Level of Cybersecurity across the Union），增强了行政部门对网络安全管理的权限管理，降低了它们遭到大规模网络攻击的风险，[④] 大幅度提高了欧盟在面对网络安全攻击时的韧性。

---

① Grant Vaughan, "Critical Infrastructure Public-Private Partnerships: When Is the Responsibility for Leadership Exchanged?" *Security Challenges*, Vol.14, No.1, 2018, pp.40—52.

② Carl W. Deutsch and David J. Singer, "Multipolar Power Systems and International Stability," *World Politics*, Vol.16, No.3, 1964, pp.390—406.

③ 徐济铭：《欧盟网络空间治理特点及趋势分析》，载《通信世界》2021 年第 22 期，第 21—24 页。

④ Dragomir Adrian-Viorel, "What's New in the Nis 2 Directive Proposal Compared to the Old Nis Directive," *SEA-Practical Application of Science*, Vol.9, No.27, 2021, pp.155—162; Del Mar and Negreiro Achiaga, "The Nis 2 Directive: A High Common Level of Cybersecurity in the EU," European Parliamentary Research Service, January 8, 2023, https://policycommons.net/artifacts/1426786/the-nis2-directive/2041312/, 访问时间：2023 年 3 月 20 日。

综上所述，网络空间既具有形成脆弱制衡的条件，也有建构韧性共存的基础。在网络空间行为体（主要是主权国家）政策影响下，这些条件会被有选择地抑制或放大，形成不同表现形态的网络空间战略稳定格局。在处理核战略稳定时，大国可将军控体系拓展到网络空间，对网络军事活动进行约束；在经济与社会层面，通过促进各行为主体利益共存，可以形成韧性共存稳定格局。脆弱制衡与韧性共存共同发挥作用，能够互相补位，防止安全风险外溢与升级，从而实现网络空间总体战略稳定格局。

第四节　新技术条件下网络空间稳定的困境

脆弱制衡与韧性共存构成网络空间战略稳定的两种主要理想模式。脆弱制衡模式形成威慑格局，能够满足网络空间战略稳定的基本需求；韧性共存模式约束国家行为，促进国家寻求共同利益，是构成网络空间战略稳定的重要条件。在现实网络空间中，技术门槛、大国关系与国际机制三个重要因素决定了网络空间基本形态，也决定了各国在具体政策实践中对这两种理想模式的应用方式。

一、网络空间博弈技术门槛不断提高

网络空间是一个人造空间，其所依赖的技术发展程度决定了其诸多社会属性。在当前技术条件下，实现脆弱制衡稳定与韧性共存稳定，都必须跨过一定的技术能力门槛，网络空间博弈的高门槛使大国在网络空间中具有先天优势。

网络技术去中心化、虚拟化的特性给予网络攻击方诸多的便利条件，使支撑传统战略稳定的条件在网络空间中难以复制；网络安全技术的固有缺陷则使得网络空间内很难形成可靠的技术韧性环境。这种技术风险导致了网络空间行为主体普遍缺乏安全信心，对韧性战略稳定可靠性产生怀疑。网络技术风险的不确定性使得网络行为主体会采取一些主动防御活动，如释放木马程序、程序后门或"逻辑炸弹"等行为，[①] 破坏战略稳定。

网络技术发展的趋势是不断修复漏洞，增强网络在安全技术层面的韧性。随着网络空间安全性的不断提高，实施网络破坏的复杂程度也在提高，只有少数拥有战

---

① 张耀、许开轶：《攻防制衡与国际网络冲突》，载《国际政治科学》2019 年第 4 期，第 90—124 页。

略能力的行为体才能发动有效的网络攻击。① 技术门槛的提高能够增强网络空间战略稳定性，排除弱小行为体，使大国成为网络空间战略稳定框架的支柱。

二、大国网络空间关系滑向战略竞争

大国间是否期望建立平衡态、是否有能力或意愿做出改变、是否存在维持稳定的长效机制等主观意愿是网络空间战略稳定的关键要素。② 大国实现战略稳定的意愿在很大程度上决定了网络空间战略稳定机制的产生，大国间如果不主动寻求稳定甚至破坏稳定，那么网络空间战略稳定就难以形成。网络空间形成初期，利益多集中于市场领域，大国所关注的政治、经济与安全方面的问题并不突出，大国网络关系以合作为主线。③ 但随着网络空间战略利益不断丰富，网络空间逐渐国家化，大国竞争成为网络空间大国关系的主旋律。④

宏观上，大国竞争对网络空间战略稳定格局构成冲击。威廉·沃尔弗斯（William C. Wohlforth）认为，在多极世界中，大国之间进行霸权竞争和安全竞争，导致国际体系的不稳定。⑤ 在网络空间中，这一问题尤为突出，美国的网络威慑政策强调通过不断累积行动能力来限制对手，降低自身受伤害程度，其实质就是权力竞争。在竞争模式下，网络威慑战略的目标是攫取更多的权力，而不是获得安全。大国竞争中对单方面战略优势的追求的本质是用霸权稳定代替战略稳定。

微观上，大国网络空间竞争将导致"损害累积"转化为大国危机。网络威胁多集中于灰色地带，威胁程度与损害程度都较低，引发直接军事对抗的概率极小，⑥

---

① Thomas Rid, "Cyber War will Not Take Place," *Journal of Strategic Studies*, Vol.35, No.1, 2012, pp.5—32.

② 刘越、王亦澎：《从互联网治理看网络空间战略稳定》，载《信息安全与通信保密》2019 年第 7 期，第 12—14 页。

③ Miles Kahler, *Networked Politics: Agency, Power, and Governance*, New York: Cornell University Press, 2009, p.34.

④ Camino Kavanagh, "The United Nations Cyberspace and International Peace and Security: Responding to Complexity in the 21st Century," United Nations Institute for Disarmament Research, 2017, https://unidir.org/sites/default/files/publication/pdfs/the-united-nations-cyberspace-and-international-peace-and-security-en-691.pdf, 访问时间：2023 年 3 月 20 日。

⑤ William C. Wohlforth, "The Stability of a Unipolar World," *International Security*, Vol.24, No.1, 1999, pp.5—41.

⑥ Guillem Colom-Piella, "Cyber Activities in the Grey Zone: An Overview of the Russian and Chinese Approaches," Strategies XXI International Scientific Conference The Complex and Dynamic Nature of the Security Environment, November 5, 2020, https://cssas.unap.ro/en/pdf_books/conference_2020.pdf#page=189, 访问时间：2023 年 3 月 20 日。

从而导致大国在网络空间博弈中很难克制自己的投机行为。网络空间中持续性的恶意行为终将导致安全风险不断累积，对网络空间战略稳定构成严重威胁。投机行为的盛行会不断侵蚀规范，瓦解共存格局，削弱韧性稳定的基础。随着大国博弈的日趋激烈，网络空间秩序面对的压力将不断增加。

三、网络空间国际机制在悖论中寻求突破

国际机制赋予国家进行合作的能力，降低不确定性，帮助国家获得共同收益。网络空间中存在技术机制与治理机制两种主要运作机制，构成了专业化的技术秩序与规范化的行为秩序。

在技术层面，"公器私有"悖论冲击着网络空间互信。构成网络空间的通信基础设施、底层系统软件、媒体社交平台等网络基础软硬件是当前网络空间存在与运作的基础，提供这些产品的公司与这些公司所属国家成为网络公共产品的提供者。当国家意志与地缘政治利益挑战基于效率与商业规范的市场原则后，网络技术也逐渐失去了网络空间形成之初所具有的公共性特征，成为部分国家谋取私利的工具。① 这使现有技术秩序的公正性备受质疑，即便技术垄断迫使国际社会遵从大国控制的技术秩序，"公器私有"的状态也会瓦解互信，对现有网络空间的战略稳定性构成长期挑战。

在治理层面，大国战略利益与治理秩序目标相互冲突，难以达成共识。在将国际法原则落实到互联网的过程中，大国间存在分歧，使得网络空间行为秩序难以形成。②2021 年，联合国信息安全开放工作组和信息安全政府专家组确认了现行国际法（特别是《联合国宪章》等）对于网络空间的适用性，并制定了 11 条负责任国家行为规范，③ 却遭到美国反对。作为全球网络安全应急响应的重要组织的计算机应急响应和安全团队论坛，在美国政府的不断施压下，暂停了中国华为公司的会员资格。为了攫取更多战略资源，大国会抗拒稳定秩序的产生，但在缺乏稳定秩序的

---

① 樊勇明：《区域性国际公共产品——解析区域合作的另一个理论视点》，载《世界经济与政治》2008 年第 1 期，第 8 页。

② Michael N. Schmitt, *Tallinn Manual 2.0 on the International Law Applicable to Cyber Operations*, Cambridge: Cambridge University Press, 2017.

③ UN Secretary-General, "Group of Governmental Experts on Developments in the Field of Information and Telecommunications in the Context of International Security," July 22, 2015, https://www.un.org/ga/search/view_doc.asp?symbol=A/70/174, 访问时间：2023 年 3 月 20 日。

情况下，战略资源竞争更为激烈，这种悖论使网络空间内难以形成有效合作机制，不断侵蚀战略稳定基础。

理论上，网络空间治理机制的形成依赖于各行为体之间的互相合作与共识，一旦形成较强的稳定性，就有希望形成韧性稳定格局。然而，在技术国家化、博弈白热化的背景下，共识难以形成，如果无法在这一层面获得突破，那么网络空间战略稳定也很难维持。

四、各国网络战略对网络空间战略稳定的影响

为应对当前网络空间战略稳定态势，各主要国家依据自身不同的战略定位，制定各自的应对策略，以维护自身安全利益。这些不同取向的政策方略对网络空间战略稳定的走向产生了非常重要的影响。

美国在网络空间中坚持其霸权护持思维，坚持构建网络威慑能力，在不断变化的网络空间中追逐霸权。在政策取向上，美国以绝对安全为目标，将自身的网络安全等同于网络战略稳定，坚持网络威慑政策。美国网络威慑政策强调增强网络进攻能力，不断充实美军网络武器库。[①] 从战略目标与实施手法等因素来看，美国网络威慑具有鲜明的单边主义和权力竞争特征，与网络空间战略稳定背道而驰，对网络空间乃至其他领域的安全与秩序极具破坏性。

俄罗斯作为网络空间的重要行动者，具有利用网络平台进行大国博弈，与美国对抗争夺战略主动权的雄心。[②] 在网络安全领域，俄罗斯多管齐下、虚实结合、软硬互补，构建了多重安全保障，[③] 但受制于西方国家制裁与抵制，俄罗斯在网络空间全球治理领域被边缘化，加之其网络技术发展较为滞后，因而难有作为。因此俄罗斯虽有与美国展开网络争霸的意图，却只能采取单纯强化网络安全韧性的防守姿态，[④] 无法撼动网络空间战略稳定格局。

---

① US Department of Defense, "Strategy for Operating in Cyberspace," July 2011, pp.5—6, https://csrc. nist.gov/CSRC/media/Projects/ISPAB/documents/DOD-Strategy-for-Operating-in-Cyberspace.pdf，访问时间：2023 年 3 月 20 日。

② Julian E. Barnes, "U.S. Military Has Acted Against Ransomware Groups, General Acknowledges," *New York Times*, December 5, 2021, https://www.nytimes.com/2021/12/05/us/politics/us-military-ransomware-cyber-command.html，访问时间：2023 年 3 月 20 日。

③ 耿贵宁、张格莹、刘丽：《美欧俄网络安全战略与政策发展趋势研究》，载《网络安全技术与应用》2021 年第 10 期，第 180—182 页。

④ 由鲜举、高尚宝：《〈俄罗斯联邦信息安全学说（2016）〉解读》，载《保密科学技术》2016 年第 12 期，第 37—39 页。

　　欧盟在网络安全领域更注重加强自身网络安全韧性，具有典型的韧性共存思想特征。①欧盟的网络安全战略以增强网络技术自主性为立足点，以构建网络安全韧性为目标，在内部强化政府管理力度，在外部强调国际多边合作，在加强关键基础设施韧性、构建网络技术主权与领导力、构建网络联合行动能力和发展全球开放网络空间四个领域制定了一系列政策，②力图通过增强网络安全韧性维护网络空间战略稳定。

　　在欧盟网络安全战略框架下，欧洲大国也立足于构建自身的网络韧性。德国联邦内政部于 2021 年发布了新的《网络安全战略》，强调维护数字主权、技术自主，以及确保私营行业网络安全的战略目标。③德国网络战略在执行上更注重政府部门与欧盟内部国际合作的作用，保证获取足够的资源以构建网络安全韧性。法国则将成为网络安全强国作为战略目标，更加强调掌握核心信息安全技术、保持技术独立自主的重要性。法国特别重视网络安全国际合作，2018 年 11 月宣布发起《网络空间信任与安全巴黎倡议》，试图扩大自身网络战略影响力，成为创制国际网络行为准则的领导者。④

　　日本的安全战略基本依附于美国，在网络安全领域立足于美日同盟，体现出起点高、跨机构、机制化和功能明确等鲜明特点。⑤对内，日本立足于自身的安全需要，通过增强自身网络安全防御能力保护本国经济发展；对外，日本积极配合美国的印太战略，通过网络安全合作，在东盟与美日印澳"四方安全对话"框架下扩大自身影响力。⑥随着中美大国竞争日趋激烈，日本的网络安全政策转向"联美制华"。自 2019 年起，日本防卫白皮书将中国作为首要"网络空间威胁"，日本媒体也竭力渲染所谓中国的"网络安全威胁"，为日美同盟的网络空间军事化政策提供

①　孙频捷：《欧盟网络安全态势评估：挑战、政策与行动》，载《中国信息安全》2021 年第 12 期，第 81—84 页。

②　吕蕊：《欧盟网络外交：战略基础、政策向度与安全竞争》，载《同济大学学报（社会科学版）》2022 年第 4 期，第 36—47 页。

③　嵇绍国：《德国〈2021 年网络安全战略〉解析》，载《保密科学技术》2022 年第 6 期，第 54—57 页。

④　United Nations, "France's Response to Zero-Draft Report from the OEWG Chair," February 2021, https://front.un-arm.org/wp-content/uploads/2021/02/France_OEWG_ENG_Vfclean.pdf, 2023-03-08.

⑤　张景全、程鹏翔：《美日同盟新空域：网络及太空合作》，载《东北亚论坛》2015 年第 1 期，第 86—95 页。

⑥　嵇绍国：《日本新版〈网络安全战略〉解析》，载《保密科学技术》2021 年第 9 期，第 53—57 页。

合理性。① 总之，日本在网络空间战略稳定格局中只是一个大国的附庸。

作为新兴网络大国的印度，其网络空间政策在保证自身网络安全之外，亦与该国所处政治环境密切相关，反映出印度积极谋求国际政治地位与军事发展的国家战略。印度将自己视为地区强国，对网络防御与进攻能力都有一定的诉求。在完善网络安全政策的同时，印度不断发展网络安全技术装备与攻击性网络武器，力图在网络空间实现攻守兼顾。印度寻求与美国、日本等国在网络空间能力建设、关键基础设施防护、安全威胁信息共享等领域开展持续合作，以应对全球网络威胁，谋求更高的国际地位。② 但是，印度的网络空间行为过于注重索取战略利益，投机性明显，在战略稳定领域难堪重任。

综上所述，当前网络空间战略稳定态势并不乐观。大国竞争背景下，美国试图通过增强单边战略优势构建网络空间霸权稳定格局；作为科技强国的日本只是其网络霸权的附庸；传统大国俄罗斯因技术能力有限而难以在网络空间战略稳定上有所作为；以德法为代表的欧盟国家立足于强化网络安全韧性，对建构网络空间战略稳定具有一定的积极意义；印度投机主义倾向明显，难有实质性贡献。当前网络空间力量多极化趋势并不明朗，未来网络空间战略稳定格局的走向呼唤新力量与新模式的出现。

第五节　中国网络空间安全治理的路径选择

战略稳定源自大国博弈，但不是其必然结果。网络霸权主义必然加剧网络安全风险、国家间竞争风险，乃至地缘政治风险，对网络空间带来和平与稳定造成巨大冲击。③ 在《联合国宪章》下，以维护网络空间和平为目标，以尊重各国网络主权为基本原则，构建网络空间战略稳定才是国际社会的共同愿望，也是中国必然的战略选择。

一、中国的网络空间战略稳定观

中国是网络空间战略稳定的坚定支持者。中国政府提出了"网络空间命运共同体"理念，力图将网络空间建设为一个广泛联系、共商共建、无限包容、共享共

① Minister of Defense(Japan), "Defense of Japan 2019," February 26, 2020, https://www.mod.go.jp/en/publ/w_paper/wp2019/pdf/DOJ2019_Full.pdf, 访问时间：2023 年 3 月 8 日。
② 张兆祺：《印度网络空间能力建设情况综述》，载《中国信息安全》2022 年第 9 期，第 79—83 页。
③ Joshua Rovener and Tyler Moore, "Does the Internet Need a Hegemon?" *Journal of Global Security Studies*, Vol.2, No.3, 2017, pp.184—203.

赢的"理想范畴"。①2016 年 11 月，习近平在第三届世界互联网大会开幕式上提出"中国愿同国际社会一道，坚持以人类共同福祉为根本，坚持网络主权理念，推动全球互联网治理朝着更加公正合理的方向迈进"②，进一步明确了网络命运共同体理念。该理念坚持尊重网络主权，维护网络空间和平安全，促进网络空间开放合作，构建良好网络空间秩序，是互联网时代解决全球网络空间治理困境的中国主张。在这一理念的指导下，网络主权与国际合作是中国的网络战略稳定的两个基本立足点。

中国强调网络主权是构建网络战略稳定的基本原则。战略稳定的基础是相关国家利益不受威胁、国家不发生冲突的状态，而主权是国家利益的核心。2022 年 11 月 7 日，国务院新闻办公室发布的《携手构建网络空间命运共同体》白皮书强调，网络主权是国家主权的自然延伸。③ 中国的网络空间战略稳定立足于维护国家主权利益，反对网络空间中霸权主义和极端网络自由对国家主权的侵蚀。

中国将国际合作视为实现网络空间战略稳定的基本手段。2015 年习近平在第二届世界互联网大会上指出："国际社会应该在相互尊重、相互信任的基础上，加强对话合作，推动全球网络空间治理体系变革，共同构建和平、安全、开放、合作的网络空间，建立多边、民主、透明的全球互联网治理体系。"④ 中国始终将推动联合国主导下的多边治理模式视为构建网络空间战略稳定的主要手段，积极参与互联网空间全球治理。

鉴于此，中国主张的网络战略稳定必然反对美国霸权稳定主张，也超越欧盟国家"独善其身"式网络韧性战略，更不会采取印度投机主义策略。中国推崇立足于全球治理视野、超越单一国家利益、主动承担大国责任的网络战略稳定格局。大国竞争的背景下，美国试图通过围堵、打压和脱钩等手段，削弱中国网络空间战略能力，恶化中国网络空间战略环境。中国需要进一步系统化、操作化自身战略设计，

① 邵培仁、许咏喻：《新世界主义和全球传播视域中的"网络空间命运共同体"理念》，载《浙江大学学报（人文社会科学版）》2019 年第 3 期，第 98—108 页。

② 中共中央党史和文献研究院编：《习近平关于网络强国论述摘编》，北京：中央文献出版社 2021 年版，第 161 页。

③ 国务院新闻办公室，《携手构建网络空间命运共同体》白皮书，2022 年 11 月，http://www.scio.gov.cn/ zfbps/32832/Document/1732898/1732898.htm，访问时间：2023 年 3 月 8 日。

④ 习近平：《在第二届世界互联网大会开幕式上的讲话》，新华网，2015 年 12 月 16 日，http://www.xinhuanet.com/politics/2015-12/16/c_1117481089.htm，访问时间：2023 年 3 月 8 日。

积极应对挑战，构建网络空间战略稳定。

二、在传统安全领域夯实脆弱制衡格局

网络空间的安全问题类型繁多，复杂程度高，但以核战略稳定与军事战略稳定为代表的传统安全战略稳定仍是网络空间战略稳定乃至全球战略稳定的基石。基于中国国家安全战略目标，中国网络威慑能力应与传统战略威慑政策相配套，促成网络空间传统安全领域脆弱制衡格局，构建网络空间战略稳定。

第一，提升感知与溯源能力，构建网络空间拒止威慑。网络空间的互相脆弱性建立在可靠的报复能力上，对网络攻击源头的感知与定位能力尤为重要。通过网络技术的迭代、情报感知能力的增强，发展出可靠的网络攻击溯源能力是突破网络空间战略稳定这一技术困境的核心。提高网络行为透明度是构建网络空间脆弱制衡稳定的重要基础。

第二，发展多样化制衡手段，加强综合跨域威慑。单纯的军事报复行动往往会导致事态升级，且无法覆盖数量庞大又规模较小的持续性网络威胁。针对这一问题，中国必须建立起跨域综合网络威慑能力，整合军事、外交、经济、执法合作和市场限制等多种方式，对恶意行为实施惩罚；建构跨域制衡能力，提高网络恶意行为成本，遏制网络安全风险。

第三，划定网络行动道义底线，构建网络行为"禁忌"威慑。大规模杀伤性武器被国际社会视为"禁忌"，导致其使用成本高昂，使得一般情况下，核生化武器很难成为大国的手段选项。规范、制度和污名化可能使某些网络攻击失去合法性并被归入"禁忌"范畴，通过道义压力的方式产生威慑。① 中国应该积极推动建设网络行为国际共识，提升网络军事行动的政治成本与道义脆弱性，促进网络空间战略稳定性。

三、在非传统安全领域促进韧性共存发展

在网络非传统安全领域，各种因素与多元行为体的深度纠缠具有明显的相互依赖特征。在网络空间非传统安全领域，中国应该积极推动网络空间公共产品的供给，构建互相依赖条件下的网络空间韧性共存稳定格局。

---

① Nye Joseph S. Jr., "Deterrence and Dissuasion in Cyberspace," *International Security*, Vol.41, No.3, 2017, pp.44—71.

　　一方面，坚持国家治理主导地位，明确网络空间治理"责权"边界，保障各方合法权益。中国的网络空间战略主张"以治理谋安全"，在"国家中心导向"下通过多边合作实现网络空间稳定。中国将国家视为网络治理的领导者与推动者，注重对网络空间实施多边治理，在强调国家治理权威的前提下，将国家主权置于网络空间的国家疆域界限之上。① 只有在网络空间中落实国家治理原则，尊重主权国家的合法权益，才能充分照顾到各方利益需求，维护网络空间的公正与秩序，提升网络空间安全韧性。

　　另一方面，推动公共产品的稳定供给，促进网络空间共存与相互依赖。网络空间已经成为重要的社会基础设施，具备全球公共产品的基本特性。中国需要推动网络技术基础设施与网络治理公共产品的供给，打破西方的技术与制度垄断，通过维护网络空间公共性来维持韧性共存稳定格局。作为网络大国，中国通过技术输出与援助等方式，能向国际社会供应大量重要的网络基础设施，削弱西方科技公司市场垄断能力。在网络治理领域，中国依托在发展中国家中的影响力以及与发达国家紧密的经济联系，具备成为全球治理领导者的潜力。

　　概言之，在非传统安全领域，中国的战略目标是依托自身网络大国地位，通过推动网络空间确权与共存，促进网络空间行为体在行为模式上选择规避风险，发展共同利益，形成合作共赢的韧性共存稳定格局。

四、脆弱制衡与韧性共存有机融合

　　网络空间的复杂性导致网络空间战略稳定无法采取单一模式构建。针对部分国家对网络霸权无节制的追求必须以威慑制衡，保持相互脆弱对遏制网络军事冒险更有效。而在碎片化的非传统安全领域，韧性共存模式的效果更优、更持久。网络空间战略稳定格局具有明显层次差异性，在不同层次上，战略稳定格局的影响因素与面对的困境均呈现出一定独立性。在网络空间战略稳定政策选择上，须立足于分层思维，通过不同战略稳定模式的有机融合实现网络空间整体战略稳定格局。

　　不同战略稳定模式的有机融合能形成各层次网络战略稳定相互促进的局面。例如，在复合战略稳定的条件下，网络行为规范创造了秩序，促进了网络空间韧性；在军事战略稳定层面，网络规范形成了军事行动"禁忌"，让攻击方在道义上变得

---

① 朱诗兵等：《世界范围内网络主权的主要观点综述》，载《中国工程科学》2016 年第 6 期，第 89—93 页。

更为脆弱。网络规范在不同战略稳定层次发挥不同功能，既能创造韧性共存，也能促进脆弱制衡，是一个重要变量。利用好这些具有多重功效的关键变量，有机融合两种战略稳定模式，能够形成更为坚实的战略稳定性。

中国网络空间战略稳定政策设计应遵循多模式有机融合的思路，通过对网络空间战略稳定元素的细致分层，构建一套科学的复合稳定模式，在不断演化的网络空间战略格局中切实把握住网络空间战略稳定的主动权。

第六节 本章小结

网络空间的联通性特征使其战略稳定因素必然呈现跨域与多元形态，对全球战略稳定构成新冲击。随着社会经济数字化，现代人类社会已对网络空间形成高度依赖，这种冲击成为人类社会发展过程中无法回避的问题。随着大国竞争加剧，网络空间的无序、混乱且无政府状态会变得更为明显。网络冲突将更激烈频繁，成为颠覆现实国际秩序、导致战略不稳定的重要因素。

当前网络技术发展和相关合作制度安排存在诸多缺陷，大国竞争下的网络空间战略稳定面临诸多挑战。美国则依托技术与国力优势，谋取网络霸权，试图以霸权稳定替代现有战略稳定格局。这种战略态势严重恶化了网络空间互信，增加了网络空间中各种安全风险，对全球战略稳定格局构成了严峻挑战。

本书认为通过脆弱制衡与韧性共存模式构建网络空间战略稳定的条件较为充分。作为网络强国的中国，必须立足于自身能力，创造性地在核心网络安全领域中制衡美国单边主义行径，遏制美国霸权主义在网络空间的扩张；同时，携手国际社会深化网络空间合作，构建共存环境，不断促进韧性共存战略稳定形态的发展。中国的国家安全观及对网络空间治理的基本理解，决定了维护网络空间战略稳定形态是最符合中国安全利益的选择。随着网络空间技术的发展，网络空间与现实生活的结合将更为紧密，网络空间安全态势对国际格局的影响也将变得更为深远。网络空间将是中美战略竞争的核心领域，中国唯有顺应社会发展，维护好网络空间战略稳定格局，才能在未来的大国竞争中取得先机。

第六章 传统战略思维下的网络空间安全治理

安全治理概念是安全与治理两个范畴的组合，不仅体现了安全管理需要运用治理理论来实现，而且强调了安全内涵扩展与安全理论提升。作为非传统安全维护的新范式，要理解安全治理就必须分别梳理安全与治理的各自内涵以及两者有机结合的情况，就需要综合考量多元行为主体参与、安全环境全方位改善、多种资源有效整合运用、安全政策现实实施目标，从而揭示安全治理理论的现实存在必要性。有了这一价值导向和政策意义，安全治理的理论探索和政策实践需要在传统战略思维的基础上形成非传统的新安全观念和思维模式。传统战略思维中的威慑理论是构建冷战时期战略稳定的重要基础，也被视为冷战后应对各种威胁的重要手段。[1] 以网络安全为例，美国网络威慑政策发端于小布什政府时期。2003 年 2 月美国政府公布的《保护网络空间安全的国家战略》首次使用"网络威慑"(cyber-deterrence) 的概念，2008 年的"综合性国家网络安全计划"确立了威慑政策在美国网络安全战略中的重要地位。尽管网络威慑成效存在争议，美国网络威慑政策却并未减慢发展步伐。经过 20 年的发展，美国网络威慑政策已演变为一个全领域覆盖、全社会参与的威慑体系，威慑政策从单纯的网络空间扩张到军事、政治、经济与文化等社会领域。网络威慑蜕变为一只包罗万象且不断膨胀的"巨兽"，成为美国政府打压竞争对手、维护自身霸权的重要工具。

传统威慑理论强调通过明确展示实力来阻止对手发起攻击。[2] 而不断膨胀的美国网络威慑政策却强调运用实力，通过不间断地与对手交战并取胜来实现威慑。[3]

---

[1] U.S. Department of Defense, "Deterrence Operations Joint Operating Concept," December 2006, https://www.jcs.mil/Portals/36/Documents/Doctrine/concepts/joc_deterrence.pdf?ver=2017-12-28-162015-337.

[2] U.S. Department of Defense, "DOD Dictionary of Military and Associated Terms," November 2021, https://irp.fas.org/doddir/dod/dictionary.pdf，访问时间：2024 年 2 月 17 日。

[3] The White House, "National Cyber Strategy of the United States of America," September 2018, https://trumpwhitehouse.archives.gov/wp-content/uploads/2018/09/National-Cyber-Strategy.pdf，访问时间：2024 年 2 月 17 日。

这种立足实战并不断延伸的威慑政策不仅未给网络空间带来秩序与稳定，而且不断制造动荡并造成风险外溢。这种做法完全背离了网络威慑政策维护网络安全的初衷，也背离了威慑理论的思想基础，对网络空间的安全与发展构成严峻挑战。为此，我们必须重新审视美国网络威慑政策，结合美国政府网络安全取向，厘清美国网络威慑政策演进过程，判断其真实战略意图及发展趋势，评估其对网络空间乃至全球战略稳定的影响。

第一节　研究评析与问题提出

威慑本意是通过胁迫或构建相应的胁迫能力来迫使对手放弃敌对行动。威慑成功的三种要素，即实力、使用实力的意志和潜在进攻者，其中任一要素缺失都将导致威慑失败。[1] 通过展示实力而非直接动用武力来实现战略目标是威慑理论的重要特征。[2] 冷战时期，核威慑被证明是一种有效的安全战略，这促使美国试图将威慑政策延伸至更广泛领域，应对更多新兴威胁。[3]

"网络威慑"概念在 1994 年由詹姆斯·德·德里安（James Der Derian）首次提出。[4] 在小布什政府期间，网络威慑演变为重要的国家安全政策，逐步成为美国网络安全战略重要组成部分。然而在理论层面，围绕着网络威慑的可行性一直存在两方面的激烈争论。

一方面是网络威慑目标能否实现。网络技术架构塑造了网络空间匿名性、复杂性、互连性、管辖权分散、开放访问等固有特征，使得网络难以形成有效威慑，即便存在威慑，其效力也相对较弱。[5] 网络威慑困境主要体现在归因困境上。归因困

① ［美］亨利·基辛格著，国际关系研究所编译室译：《选择的必要：美国外交政策的前景》，北京：商务印书馆，1973 年版，第 18 页。

② Thomas Schelling, *Arms and Influence*, New Haven: Yale University Press, 2020, pp.1—34.

③ U.S. Department of Defense, "Policy Subcommittee of the Strategic Advisory Group(SAG) of the United States Strategic Command, Essentials of Post-Cold War Deterrence, 1995," 1995, https://www.nukestrat.com/us/stratcom/SAGessentials.pdf, 访问时间：2023 年 4 月 10 日。

④ James Der Derian, "Cyber-Deterrence," *Wired*, Vol.2, No.9, 1994, pp.116—122.

⑤ Tim Stevens, "Cyberwar of Ideas? Deterrence and Norms in Cyberspace," *Contemporary Security Policy*, Vol.33, No.1, 2012, pp.148—170; "Jim Lewis of CSIS Speaks at Stimson on Cyber Deterrence," 15 November 2012, https://www.stimson.org/2012/jim-lewis-csis-speaks-stimson-cyber-deterrence/, 访问时间：2024 年 2 月 17 日；Clorinda Trujillo, "The Limits of Cyberspace Deterrence," *JFQ 75*, 4th Quarter, 2014, pp.43—52, https://ndupress.ndu.edu/Portals/68/Documents/jfq/jfq-75/jfq-75_43-52_Trujillo.pdf, 访问时间：2024 年 2 月 17 日；Alex Wilner, "Cyber Deterrence and Critical-Infrastructure Protection: Expectation, Application, and Limitation," *Comparative Strategy*, Vol.36, No.4, 2017, pp.309—318.

境指因缺乏报复或惩罚的对象而导致无法实现有效网络威慑，反而让攻击者自觉身份受到保护，从而不惧怕可能发生的报复行为。[1] 不过有学者指出，通过开发新技术与加强情报能克服归因困境，[2] 可见网络归因的难度被严重夸大。鉴于大规模网络攻击几乎都附带明显政治意图，因此判断其来源并不困难。[3]

　　另一方面是网络威慑手段是否有效。很多研究指出，网络空间防御难度大，优势在进攻方，防御方难以构建拒止威慑。[4] 主动实施网络攻击则显得更方便且成本低廉，即便被攻击者发现了攻击行为，也将为修补长期攻击导致的损失付出巨大代价。[5] 网络空间中潜在对手数量庞大，难以对所有威胁实施威慑。[6] 网络报复的胁迫可信度难以确定，使得惩罚性威慑难以成立。例如，国家对网络空间的依赖程度决定了网络胁迫有效性，落后国家可能不惧怕网络报复，强国也难以建构可靠的网络胁迫能力。[7] 也有学者认为，影响进攻与防御成效的因素很多，网络威慑可能不会完全成功但也不会完全失败，这使得可以在网络空间中构筑一种动态"攻

[1]　Nicholas Tsagourias, "Cyber-attacks, Self-defense and the Problem of Attribution," *Journal of Conflict and Security Law*, Vol.17, No.2, 2012, pp.229—244; Thomas Rid and Ben Buchanan, "Attributing Cyber-Attacks," *Journal of Strategic Studies*, Vol.38, No.1—2, 2015, pp.4—37; Clement Guitton and Elaine Korzak, "The Sophistication Criterion for Attribution: Identifying the Perpetrators of Cyber-Attacks," *The RUSI Journal*, Vol.158, No.4, 2013, pp.62—68; Lindsay Jon R., "Tipping the Scales: The Attribution Problem and the Feasibility of Deterrence Against Cyberattack," *Journal of Cybersecurity*, 2015, Vol.1, No.1, 2015, pp.53—67.

[2]　Mason Rice, Jonathan Butts and Sujeet Shenoi, "A Signaling Framework to Deter Aggression in Cyberspace," *International Journal of Critical Infrastructure Protection*, Vol.4, No.2, 2011, pp.57—65; Lin Herbert, "Escalation Dynamics and Conflict Termination in Cyberspace," *Strategic Studies Quarterly*, Vol.6, No.3, 2012, pp.46—70.

[3]　沈逸、江天骄：《网络空间的攻防平衡与网络威慑的构建》，载《世界经济与政治》2018 年第 2 期，第 49—70 页。

[4]　Samuel Liles et al., "Applying Traditional Military Principles to Cyber Warfare," 2012 4th International Conference on Cyber Conflict, IEEE, 2012; Ramaswamy Swarnammal Shaji, V. Sachin Dev and Thomas Brindha, "A Methodological Review on Attack and Defense Strategies in Cyber Warfare," *Wireless Networks*, Vol.25, No.6, 2019, pp.3323—3334.

[5]　James Wirtz, "The Cyber Pearl Harbor," *Intelligence and National Security*, Vol.32, No.6, 2017, pp.758—767.

[6]　Patrick Morgan, "Applicability of Traditional Deterrence Concepts and Theory to the Cyber Realm," *Proceedings of a Workshop on Deterring Cyberattacks: Informing Strategies and Developing Options for US Policy*, Vol.56, Washington DC: The National Academies Press, 2010; John Arquilla, "Twenty Years of Cyberwar," *Journal of Military Ethics*, Vol.12, No.1, 2013, pp.80—87.

[7]　Ben Buchanan, *The Cybersecurity Dilemma: Hacking, Trust, and Fear between Nations*, Oxford University Press, 2016, p.145; Amir Lupovici, "Cyber Warfare and Deterrence: Trends and Challenges in Research," *Military and Strategic Affairs*, Vol.3, No.3, 2011, pp.49—62.

防平衡",两种威慑方式都能发挥作用。① 针对网络攻击的报复不必拘泥于网络空间,通过在其他领域施加惩罚性跨域威慑就能建立起可信的胁迫能力。② 国际规范与道义标准可能会使网络攻击失去合法性,可通过道义压力的方式形成威慑。③ 中国学界对网络威慑研究更多集中于政策分析层面。以蔡翠红为代表的学者认为,网络威慑是美国网络安全战略的重要支柱,强调进攻优先是其重要特征。④ 江天骄、桂畅旎等学者更关注美国网络威慑实施具体手段,对美国政府跨域网络威慑、分层网络威慑的实质及其影响进行了细致分析。⑤ 总体上看,中国学者普遍认为美国网络威慑不能实现网络空间安全与稳定,反而可能导致网络冲突升级。⑥

针对美国网络威慑理论与政策的研究非常丰富,这些研究存在一个共同困惑:从理论上看,网络威胁很有可能是无效的,甚至是起反作用的,美国政府为何依然不遗余力地坚持这种政策? 本书认为,存在这一困惑的主要原因是既有研究在以下几个方面存在疏漏。

首先,对网络威慑的目标与范围认识不足。不能套用核威慑理论来直接评价网络威慑效果,应从更广阔的视角来观察网络威慑战略与相关政策措施所造成的影响。⑦ 许多分析网络威慑理论的文献都将网络威慑视为一种防御性政策,将威慑框

---

① Tor Uri, "Cumulative Deterrence' as a New Paradigm for Cyber Deterrence," *Journal of Strategic Studies*, Vol.40, No.1—2, 2017, pp.92—117.

② Tim Sweijs and Samuel Zilincik, "The Essence of Cross-Domain Deterrence," *NL ARMS Netherlands Annual Review of Military Studies 2020*, The Hague: TMC Asser Press, 2021, pp.129—158; Erik Gartzke and Jon R. Lindsay(eds.), *Cross-Domain Deterrence: Strategy in an Era of Complexity*, Oxford University Press, 2019.

③ Joseph S. Nye Jr., "Deterrence and Dissuasion in Cyberspace," *International Security*, Vol.41, No.3, 2016, pp.44—71.

④ 蔡翠红:《中美网络空间战略比较:目标、手段与模式》,载《当代世界与社会主义》2019 年第 1 期,第 42—49 页。

⑤ 江天骄:《跨域威慑与网络空间战略稳定》,载《中国信息安全》2019 年第 8 期,第 36—39 页;桂畅旎:《从"分层网络威慑"看美国网安政策发展趋势》,载《信息安全与通信保密》2020 年第 9 期,第 18—25 页。

⑥ 参见赵子鹏、张光迎:《威慑战略激化网络空间冲突的认知分析》,载《信息安全与通信保密》2022 年第 10 期,第 117—123 页;徐纬地:《缘木求鱼:以网络威慑求网络军事/战略稳定》,载《信息安全与通信保密》2020 年第 9 期,第 2—10 页。

⑦ Eric Sterner, "Retaliatory Deterrence in Cyberspace," *Strategic Studies Quarterly*, Vol.5, No.1, 2011, pp.62—80.

架与作战框架作为互相排斥的机制进行理解，因此难以准确把握美国网络威慑战略的真实战略意图。其次，忽略网络安全战略对网络威慑实践的影响。网络威慑理论的发展滞后于网络威慑实践，在学术界的相应理论被正确理解、测试和完善之前，美国政府与军队的相应战术、战略和政策就已经制定并付诸实践。[1] 因此脱离网络安全战略来研究网络威慑理论，将难以正确理解网络威慑在美国网络安全战略中的重要地位及其真实影响。最后，缺乏对美国网络威慑政策发展机制的研究。针对美国网络威慑的研究多以澄清概念及探讨细节为主，从宏观上分析网络威慑演进与发展动力的研究相对较少。分析网络威慑政策不仅需要从威慑理论出发，更需要考虑推动其发展的社会与政治动因。各种网络风险因素被安全化是推动美国网络威慑政策膨胀的重要动因。唯有认识了安全化与网络威慑政策演变的关系，才能正确理解其发展规律。

网络威慑理论与相关政策实践具有重要研究价值。作为网络威慑理论研究的积极推动者与实践者，美国网络威慑政策演进是一个重要研究样本。现实中，美国网络威慑实践并未构建出一个稳定的网络安全环境，大国间网络攻击冲突正不断增加。何种机理推动并导致这一结果、网络威慑实质与传统威慑理论存在怎样的差异，是本章研究的核心问题。在此基础上，网络威慑必然会随着网络延伸到社会各领域，这种延伸是否会传导不稳定因素、对网络空间和全球战略稳定是否有影响，也是本章关注的重要问题。

第二节 网络威慑政策的历史演进

传统威慑稳定理论建立在大国通过某一领域攻防平衡构建的拒止威慑以及可行的大规模报复所支撑的惩罚性威慑之上。[2] 美国网络威慑战略围绕对安全目标的不断增加而逐步演进，随着网络技术的发展，网络对国家安全的影响愈发重要，美国网络威慑战略不断向各领域拓展，通过观察其发展脉络能清晰了解美国网络威慑战略本质。

---

① Alex Wilner, "U.S. Cyber Deterrence: Practice Guiding Theory," *Journal of Strategic Studies*, Vol.43, No.2, 2020, pp.245—280.

② Glenn Herald Snyder, *Deterrence and Defense: Toward a Theory of National Security*, Princeton University Press, 1961, pp.3—16.

一、国土安全取向的拒止威慑（2002—2008 年）

美国很早就意识到网络空间存在巨大风险，早在克林顿政府时期，美国就认为关键基础设施正面临巨大网络安全风险。[①]"9·11"恐怖袭击后，网络威胁成为美国国家安全重点关注对象。2003 年，小布什政府发布美国首份独立的网络安全战略文件《保护网络空间安全的国家战略》，该战略设定了三个核心目标——防止对关键基础设施的网络攻击、减少面对网络攻击的脆弱性、减轻网络攻击造成的损害，其核心为"保护广泛分布的网络空间资产"。[②]这三个目标着重于防止对关键基础设施的网络攻击，尤其是利用网络发动恐怖袭击。[③]从威慑理论的角度看，该战略已经兼有拒止威慑与惩罚性威慑。在惩罚性威慑方面，小布什政府主要采取刑事打击的方式来对网络攻击实施惩罚，并未公开解决国家之间或国际层面上的网络惩罚或报复问题。美国政府仅间接暗示美国"不局限于刑事起诉"并"保留以适当方式做出回应的权利"。从国际关系层面看，这种模棱两可的表述只能达到有限的威慑作用。

现实中，小布什政府更关注建立拒止威慑。在 2003 年的战略文件中，小布什政府将减轻网络攻击的影响、建立不易受攻击的网络系统和培养所有美国人的网络安全意识联系起来，作为限制进行网络攻击可行性和实用性的一种方式，试图通过加强网络防御能力，降低网络攻击吸引力。随后在 2003 年第 7 号国家安全总统令中，美国为进一步完善网络拒止威慑能力，责成刚成立的美国国土安全部制定保护美国关键基础设施和关键资源的概念、框架和流程。[④]美国国土安全部于 2006 年首次发布《国家基础设施保护计划（2006 年）》。该计划的核心是"防止攻击、减

① Software Engineering Institute, "Report to the President's Commission on Critical Infrastructure Protection," Carnegie Mellon University, January 1997, https://resources.sei.cmu.edu/asset_files/SpecialReport/1997_003_001_16538.pdf，访问时间：2023 年 4 月 1 日。

② The White House, "The National Strategy to Secure Cyberspace," February 2003, https://www.energy.gov/sites/prod/files/National%20Strategy%20to%20Secure%20Cyberspace.pdf，访问时间：2023 年 4 月 1 日。

③ Giampiero Giacomello, "Bangs for the Buck: A Cost-Benefit Analysis of Cyberterrorism," *Studies in Conflict and Terrorism*, Vol.27, No.5, 2004, pp.387—408.

④ American Cyber Defense Agency, "Homeland Security Presidential Directive No.7: Directive on Critical Infrastructure, Prioritization, and Protection," December 2003, https://www.cisa.gov/news-events/directives/homeland-security-presidential-directive-7，访问时间：2023 年 4 月 1 日。

少脆弱性、减轻损害",并将网络拒止威慑定义为"使潜在攻击者认为失败的风险大于可接受的风险",从而停止攻击的威慑力量。① 该计划将减少目标价值、预防和延迟攻击、最小化和减轻攻击影响以及从攻击中恢复视为建立拒止威慑的四项必要手段。依托该计划形成的网络威慑政策完全基于拒止威慑逻辑,并未涉及惩罚措施。这从侧面反映出美国早期网络安全政策中防御(拒止威慑)胜过进攻(惩罚性威慑)的思维模式,这种思维模式使防御型网络威慑政策得以产生。

二、网络作战取向的惩罚性威慑（2009—2016 年）

奥巴马政府的网络安全目标全面超越小布什政府,网络威慑逻辑也发生了巨大转变。奥巴马政府 2009 年公布《综合性国家网络安全倡议》,要求美国政府"定义和制定持久的威慑战略和计划",将网络威慑作为美国网络安全政策核心。②2015年美国发布的《国防部网络战略》将网络威慑目标调整为"对针对美国利益的网络攻击做出反应",③ 极大拓展了美国对威慑目标的理解。2017 年,美国国防委员会发布报告,提出将采取延伸威慑姿态,将网络威慑延伸至美国盟友;威慑对象从恐怖分子变为主要大国、次要大国和复杂非国家行为体间的高级别网络威胁。④ 新主体的加入促使美国网络威慑政策覆盖范围进一步扩大,相较小布什政府,这一时期美国网络威慑政策具有以下三个重要特征。

第一,国防部门与情报部门积极提供战略资源。奥巴马政府强调国防部和美国情报界应在网络防护和阻止网络攻击方面发挥作用。美国联邦调查局建立国家网络调查联合特遣队,协调整合来自美国中央情报局、美国国家安全局、美国特勤局和其他机构的信息,加强美国国内与海外网络攻击犯罪的调查和起诉能力。美国国土安全部在其他部门协助下,设立美国国家网络安全中心,改善在保护和保卫美国政府通信、网络和信息网络方面的协调。美国国家情报局局长计划制定所谓的"网络

---

① Department of Homeland Security, "National Infrastructure Protection Plan 2006," 2006, https://www.dhs.gov/xlibrary/assets/NIPP_Plan_noApps.pdf, 访问时间：2023 年 4 月 1 日。

② The White House, "Comprehensive National Cybersecurity Initiative," 2009, p.4, https://obamawhitehouse.archives.gov/issues/foreign-policy/cybersecurity/national-initiative, 访问时间：2023 年 4 月 1 日。

③ U.S. Department of Defense, "The DOD Cyber Strategy," April 2015, pp.10—11, https://www.hsdl.org/c/view?docid=764848, 访问时间：2023 年 4 月 1 日。

④ Defense Science Board, "Task Force on Cyber Deterrence Report," February 2017, https://dsb.cto.mil/reports/2010s/DSB-CyberDeterrenceReport_02-28-17_Final.pdf, 访问时间：2023 年 4 月 1 日。

反情报计划",以加强 2007 年的美国国家反情报战略。①美国国务卿、美国国防部长、美国国土安全部部长、美国司法部长和美国国防情报局局长共同制定"协调和应用进攻能力以保卫美国信息系统的计划……定义和制定一项全面协调战略,以阻止网络空间干扰和攻击"。②战略与安全部门的参与使得美国的网络威慑政策获得了更多资源,提升了对抗能力。

第二,专业网络作战单位提供行动支持。为实施并展示美国网络威慑,美国政府自 2009 年起创设美国网络空间安全办公室网络安全协调员(又称为"白宫网络沙皇")职位,负责协调美国政府各部门网络安全政策。③同年,美国成立网络司令部,负责开发用于威慑的进攻性网络能力。美国网络司令部拥有 133 支网络任务部队(Cyber Mission Force,CMF),其任务是对国防部网络任务提供专业化支持。例如,由 27 支"战斗任务"小组开展"网络空间效应"行动,以支持相关军事行动;联合其他"国内任务"和"防御行动"小组,通过"观察对手活动,阻止攻击并伺机发动进攻"的方式保护公共网络与基础设施。④这些专业网络作战单位的成立赋予了美国强大的网络作战能力。

第三,报复与惩罚成为主要威慑手段。在 2011 年发布的《国防部网络空间行动战略》中,美国国防部提出了网络空间五项战略举措。其中最引人注目的变化是国防部将网络空间视为"作战领域",并致力于完善美军的组织、训练和装备以适应网络作战需求,正式将美国军事行动延伸至网络空间。⑤随后,《国防部网络

---

① Office of the Director of National Intelligence, "The National Counterintelligence Strategy of The United States of America 2007," 2007, https://www.dni.gov/files/NCSC/documents/archives/CIStrategy.pdf, 访问时间:2023 年 4 月 1 日。

② The White House, "National Security Presidential Directive 54," January 2008, p.11, https://epic.org/issues/cybersecurity/presidential-directives/, 访问时间:2023 年 4 月 1 日。

③ Kevin Newmeyer, "Who Should Lead Us Cybersecurity Efforts?" *Prism*, Vol.3, No.2, 2012, pp.115—126.

④ 在 2016 年 10 月美国网络司令部拥有了完整的运营能力,转化为大约 6 000 人的网络作战部队,相关信息参见 "All Cyber Mission Force Teams Achieve Initial Operating Capability," U.S. Cyber Command News Release, October 2016, https://www.defense.gov/News/News-Stories/Article/Article/984663/all-cyber-mission-force-teams-achieve-initial-operating-capability/, 访问时间:2023 年 4 月 1 日。

⑤ U.S. Department of Defense, "Strategy for Operating in Cyberspace," July 2011, pp.5—6, https://csrc.nist.gov/CSRC/media/Projects/ISPAB/documents/DOD-Strategy-for-Operating-in-Cyberspace.pdf, 访问时间:2023 年 4 月 1 日。

空间政策报告》明确将进攻性网络能力与威慑联系起来。这份报告强调美国网络
威慑战略面临着困境并提出了相应的解决方案，包括如何在网络空间展示威慑姿
态，如何解决归因困境，如何平衡保密需要与传达威慑能力，如何控制网络冲突升
级等。报告明确指出，如果网络拒止威慑不起作用，美国将在网络空间和其他领域
实施军事报复。① 由此可见，立足于新安全威胁与新对手，美国网络威慑逻辑已由
拒止威慑转向惩罚威慑。此后，《国防部网络战略》报告进一步强化这一取向，强
调在网络空间中实施惩罚而非防御来实现网络威慑。② 在惩罚手段上，美国甚至将
核报复作为可能选项，2013 年的《弹性军事系统和高级网络威胁》报告提出，当面
临"现实性网络攻击"时，可使用核武器作为报复手段。③ 这一主张不仅将网络威
慑纳入核战略稳定框架中，也使美国网络威慑的进攻性特征暴露无遗。

三、网络霸权取向的分层网络威慑（2017—2020 年）

2016 年的干预美国大选事件让美国政府认识到网络中非作战行为对国家安全同
样构成严重威胁。④ 网络政治操弄、网络间谍与网络犯罪等被确立为新国家安全议
题后，美国迫切需要对其实施威慑政策覆盖。为此，2020 年 3 月，美国网络空间日
光浴委员会提出分层网络威慑战略。分层网络威慑战略立足网络霸权逻辑，代表美
国网络威慑政策的重大转变。

第一，分层网络威慑框架实现威慑方式转变，为网络争霸提供更多工具。单纯
的网络军事行动已无法应对数量庞大又规模较小的网络安全事件，惩罚威慑与拒止
威慑两种方式变得难以覆盖各种新兴网络威胁。⑤ 基于这样的判断，美国网络威慑

---

① U.S. Department of Defense, "Department of Defense Cyberspace Policy Report," November 2011, pp.2—4, https://irp.fas.org/eprint/dod-cyber.pdf, 访问时间：2023 年 4 月 1 日。
② U.S. Department of Defense, "Department of Defense Cyber Strategy," April 2015, pp.10—11, https://www.hsdl.org/c/view?docid=764848, 访问时间：2023 年 4 月 1 日。
③ U.S. Department of Defense, "Resilient Military Systems and the Advanced Cyber Threat," January 2013, https://nsarchive2.gwu.edu/NSAEBB/NSAEBB424/docs/Cyber-081.pdf, 访问时间：2023 年 4 月 1 日。
④ Hal Berghel, "Oh, What A Tangled Web: Russian Hacking, Fake News, and the 2016 US Presidential Election," *Computer*, Vol.50, No.9, 2017, pp.87—91.
⑤ Kent Marett and Misty Nabors, "Local learning from municipal ransomware attacks: A geographically weighted analysis," *Information and Management*, Vol.58, No.7, 2021, https://www.sciencedirect.com/science/article/pii/S0378720621000562, 访问时间：2023 年 4 月 1 日; Benjamin Jensen, Brandon Valeriano and Ryan Maness, "Fancy bears and digital trolls: Cyber strategy with a Russian twist," *Journal of Strategic Studies*, Vol.42, No.2, 2019, pp.212—234.

目标从阻止网络攻击转变为控制网络攻击规模与严重性，强调"通过增加行动成本"遏制网络攻击。美国国防科学委员会网络威慑工作组 2017 年的报告引入"通过增加攻击者成本实现威慑"以取代传统的报复性惩罚。① 其核心思想是调动各种力量与资源以尽可能地提高对手网络行动代价，最终影响对手成本效益预期，遏制其网络恶意行动。② 威慑方式的转变为美国政府在网络空间建构霸权提供了更多政策选项，通过强调非军事手段与跨域工具的使用进一步强化美国争夺网络空间主导权的优势。

第二，分层网络威慑拓展网络威慑领域，推动美国霸权在网络空间中延伸。分层网络威慑战略设想出三个保护维度，针对不同类型问题实施不同方式的威慑，将威慑战略推向网络空间各领域。在日常网络行为维度，美国试图利用复杂的同盟关系掌握网络规制权力，控制对手行为。在利益竞争维度，美国控制的网络生态系统不仅能在物理层面强化美国网络防御能力，而且通过控制网络空间运行规则使违背美国意志的利益难以实现。在网络对抗维度，美国立足胁迫逻辑，利用美国其他各领域优势胁迫对手就范。③ 分层网络威慑是美国应对网络威胁碎片化的重要创新，其本质是通过拓展网络威慑覆盖范围推动美国霸权向网络空间各处延伸，实施网络空间全领域胁迫。

第三，分层网络威慑改变网络威慑目标，威慑政策成为争夺"制网权"重要工具。美国政府基于网络空间中不可能存在完全威慑的逻辑，通过不断增强网络行动能力，抵御更多不确定风险。分层网络威慑战略将许多低层次攻击或恶意行为纳入网络威慑战略视野，扩大网络空间中国家安全事件的概念外延。导致威慑理论中的重要"红线"不复存在，使美国能够随意地将各种网络恶意行为纳入网络威慑目标，为肆意动用政治、经济乃至军事资源打压对手创造条件。多层次网络威慑战略使美国对所谓网络"恶意"行为能够进行全覆盖威慑。网络威慑范畴必然超越网络

---

① Defense Science Board, "Task Force on Cyber Deterrence report," February 2017, https://dsb.cto.mil/reports/2010s/DSB-CyberDeterrenceReport_02-28-17_Final.pdf, 访问时间：2023 年 4 月 1 日。

② Cyberspace Solarium Commission, "Cyberspace Solarium Commission Report," March 2020, https://drive.google.com/file/d/1ryMCIL_dZ30QyjFqFkkf10MxIXJGT4yv/view，访问时间：2023 年 4 月 1 日。

③ Benjamin Jensen, "Layered Cyber Deterrence: A Strategy for Securing Connectivity in the 21st Century," Lawfare Bloy, March 2020, https://www.lawfareblog.com/layered-cyber-deterrence-strategy-securing-connectivity-21st-century，访问时间：2023 年 4 月 1 日。

安全现实需求，网络威慑成为美国争夺"制网权"的工具。

四、大国竞争取向的一体化威慑（2021年至今）

"分层网络威慑"战略对网络威慑手段、领域与目标进行扩展，成为美国争夺网络霸权的重要工具。在新兴大国成为美国首要国家安全关切后，拜登政府试图将整个国家的所有能力纳入网络威慑"工具箱"，整合军事、外交、经济、司法等一系列手段来实现美国网络威慑目标。这种多样化的网络威慑手段同时考虑了进攻、防御和系统约束，超越过去制定的单一策略。① 随着大国竞争不断白热化，2021年开始，"一体化威慑"（integrated deterrence）概念成为美国国防战略界的热门话题，美国国防部在《2022年国防战略报告》中再次强调这一概念，要求美国政府各部门能够与盟国以及合作伙伴密切合作，共同使用所掌握的这些工具让潜在敌人放弃侵犯行动。② 拜登政府力图在威慑手段、市场主体和国际同盟三个层面实施整合，构建强大威慑能力以应对大国挑战。美国网络威慑由单纯的防御战略转变为网络空间大国竞争的战略性活动。

第一，整合网络威慑手段。特朗普在2018年发布的《美国国家网络战略》中宣布美国将利用"所有国家力量"包括"（现实空间与网络空间层面的）军事力量"以应对网络攻击，③ 拜登政府在2023年颁布的《国家网络安全战略》中再次强调整合外交、信息、军事（包括现实空间与网络空间层面）、金融、情报和执法等各方面能力来打击网络攻击者。④ 通过整合网络威慑手段，美国对恶意网络活动基本采取非军事打击的跨域威慑行动，⑤ 同时控制网络冲突规模，防止网络冲突扩大化。

---

① Brandon Valeriano and Benjamin Jensen, "Building a National Cyber Strategy: The Process and Implications of the Cyberspace Solarium Commission Report," *2021 13th International Conference on Cyber Conflict (CyCon) IEEE*, 2021, pp.189—214.

② U.S. Department of Defense, "National Defense Strategy(2022)," October 2022, https://media.defense.gov/2022/Oct/27/2003103845/-1/-1/1/2022-national-defense-strategy-npr-mdr.pdf，访问时间：2024年2月17日。

③ The White House, "National Cyber Strategy of the United States of America," September 2018, p.21, https://trumpwhitehouse.archives.gov/wp-content/uploads/2018/09/National-Cyber-Strategy.pdf，访问时间：2023年4月1日。

④ The White House, "National Cybersecurity Strategy 2023," March 2, 2023, https://www.whitehouse.gov/wp-content/uploads/2023/03/National-Cybersecurity-Strategy-2023.pdf，访问时间：2023年4月1日。

⑤ Erica Lonergan and Mark Montgomery, "What is the Future of Cyber Deterrence?" *SAIS Review of International Affairs*, Vol.41, No.2, Summer-Fall 2021, pp.61—73.

美国网络威慑战略不会被"红线"束缚，面对任何程度的威胁都能动用相应工具予以应对，而不担心其网络行动的合法性问题。

第二，整合市场主体。美国政府充分认识到市场主体是网络空间中重要的战略力量。这使得美国在增强网络防御领域时尤为重视与私营机构合作，增加美国网络防御弹性。2023 年颁布的《国家网络安全战略》将"塑造市场力量以推动安全和弹性"作为美国网络安全五大支柱之一。美国政府通过增加对国内市场主体投资，保持其在网络技术和网络市场上优势，以应对竞争对手的挑战。[1] 拜登政府积极利用民主党与科技公司之间的联系拉拢科技巨头，强化网络安全中的公私合作，投资高新技术、制衡竞争对手，网络技术领域的公私联盟成为美国获取网络空间主导权的重要手段。[2]

第三，整合国际同盟。拜登政府极为重视同盟体系在网络安全战略中的重要地位，特别强调同盟合作重要性。拜登政府上台后试图立即恢复传统同盟体系，要求联合盟友和合作伙伴建立和实施基于共同利益和价值观的网络规则，塑造网络空间行为。2022 年 4 月，美国和 60 个国家发起《互联网未来宣言》，试图围绕美国价值观构建一个广泛的网络联盟，在这一联盟内推广美国技术标准与网络规范，获得网络空间战略优势。[3] 与此同时，除北约等传统同盟关系外，拜登政府在美日印澳"四方安全对话"（The Quad）与美英澳"三边安全伙伴关系"（AUKUS）等机制下建立了一套集网络情报共享、网络安全防范等功能于一体的安全合作机制，为美国网络威慑战略服务。[4] 这种集体威慑态势与美国政府在其他领域对新兴大国开展竞争时所采取的同盟抵抗战略具有高度一致性。

随着网络安全议题不断变化，美国网络威慑政策经历多次演变，其概念、目标、手段等核心内容被重新审视并获得极大拓展，伴随着网络恐怖袭击、大国网络袭扰、网络舆情操弄与新兴大国对美国网络霸权的挑战，网络空间中的诸多社会现

---

[1] The White House, "National Cybersecurity Strategy 2023," March 2, 2023, https://www.whitehouse.gov/wp-content/uploads/2023/03/National-Cybersecurity-Strategy-2023.pdf，访问时间：2023 年 4 月 1 日。

[2] 桂畅旎：《拜登政府网络安全政策基础、取向与制约因素》，载《中国信息安全》2021 年第 2 期，第 88—90 页。

[3] The White House, "A Declaration for the Future of the Internet," April 2022, https://www.whitehouse.gov/wp-content/uploads/2022/04/declaration-for-the-future-for-the-internet_launch-event-signing-version_final.pdf，访问时间：2023 年 4 月 1 日。

[4] The White House, "National Cybersecurity Strategy 2023," March 2, 2023, https://www.whitehouse.gov/wp-content/uploads/2023/03/National-Cybersecurity-Strategy-2023.pdf，访问时间：2023 年 4 月 1 日。

象被不断安全化，新安全议题层出不穷。网络安全议题的逐渐泛化导致美国网络威慑发展成为一种手段多样、领域宽泛、目标庞杂的网络争霸工具。美国在网络空间中以维护国家安全之名，行霸权主义之实，打着防御威胁的幌子挤压其他国家在网络空间中的战略空间。随着网络空间博弈日趋复杂，网络对抗的最终影响无法预料，但美国网络威慑政策必然脱离威慑理论，成为一种全新的政策工具。

第三节　新技术环境下网络威慑对理论边界的突破

虽然威慑理论能否在网络空间中获得显著成效仍存争议，但美国政府依然不断强调立足威慑的美国网络安全战略。当前，越来越多学者开始质疑网络威慑的可行性，这种理论与实践的背离是研究者将理论目标替代现实战略目标造成的。随着网络技术对社会各领域渗透，新型网络安全风险涌现，美国政府通过不断地安全化操作将新领域与新目标附加到网络威慑政策中。这一趋势下，美国网络威慑政策突破了传统威慑理论框架，由防御策略转为争霸策略。

一、威慑领域超越军事安全范畴

自美国网络威慑政策诞生起，其目标就不断向外拓展。现代威慑理论立足于理性与认知模型，威慑目标建立在通过让对手感到其行为将造成严重后果（特别是对军事行动）或将产生巨大成本和风险的恐惧之上。[1] 这一目标在风险与后果清晰的核威慑领域较易实现，但在网络安全领域情况则完全不同。网络攻击的形式、存在形态及安全效应均处于一种动态发展状态中，网络安全领域存在大量不确定性导致威慑目标与手段的选择都无定法可循。

传统威慑理论在应用于网络领域时暴露出两个严重问题。第一，基于传统军事行动的网络威慑无法覆盖大多数低烈度网络威胁。针对大规模网络袭击进行网络威慑基本被认为有效。但实践中，网络威胁主要由一些所谓的恶意行为构成，不可能针对其发动军事打击行动。[2] 例如，2020 年 11 月的"太阳风"（Solar Winds）网络

---

① John Mearsheimer, *Conventional Deterrence*, Ithaca: Cornell University Press, 1990, p.23.

② Jacquelyn Schneider, "Tie Cyberspace Solarium Commission: From Competing to Complementary Strategies," Lawfare Blog, April 1, 2020, https://www.lawfareblog.com/cyberspacesolarium-commission-competing-complementary-strategies，访问时间：2023 年 4 月 1 日。

漏洞袭击事件,虽然造成巨大危害但没有达到网络战标准。[①]第二,威慑政策所制定的行为"红线"成为对手规避报复的指南,导致威慑政策不仅难以遏制恶意活动,反而推动网络恶意活动创新。因此,在政策实践中美国通过拓展网络威慑外延来适应网络安全需求。例如,从利用网络攻击与扰乱俄罗斯特工的海外行动到与社交媒体合作打击所谓的虚假信息,乃至针对某些攻击者发动制裁,这些行动所针对的问题都被提升为国家安全威胁并被纳入美国网络威慑政策中。由此可见,美国网络威慑既没有静态目标,也没有固定边界。[②]美国通过"安全化"网络风险来制造网络空间中的"国家安全风险",拓展网络威慑覆盖范围。网络威慑超越军事安全范畴,成为具有高度广泛性与灵活性的安全政策。

二、威慑手段突破"吓阻"逻辑

传统威慑理论强调通过公开展示实力的方式宣示伤害对手的能力与决心。采取一系列可预见的报复行为打击对手合理期望,让潜在攻击者感知到风险从而放弃行动,这是威慑行动的基本逻辑。[③]但在网络困境中,这种立足于危险预期的"吓阻"逻辑面临巨大挑战。一方面,过度展示将削弱网络武器的实际效力。网络武器发挥作用的基础在于其"隐秘性",一旦对外展示,网络武器很有可能失去实际攻击能力。用来发动网络攻击的漏洞都是不可再生的一次性资产,对手很容易就此采取针对性防御措施,从而造成网络攻击武器"宣示即失效"的悖论。[④]另一方面,网络攻击的不确定性使威慑效果难以保证。现实中,并非每次网络攻击都能获得圆满成功,对网络攻击成效预估仅立足于概率计算。传统战略宣示并不具备足够威慑功能。美国网络司令部更倾向于不断采取域内或者跨域网络行动来压制对手。2018 年,

---

① Erica Borghard and Jacquelyn Schneider, "Russia's Hack Wasn't Cyberwar That Complicates U.S. Strategy," Wired, December 17 2020, https://www.wired.com/story/russia-solarwindshack-wasnt-cyberwar-us-strategy/, 访问时间:2023 年 4 月 1 日。

② United States Cyber Command, "Command Vision for U.S. Cyber Command: Achieve and Maintain Cyberspace Superiority," 2018, p.4, https://www.cybercom.mil/portals/56/documents /uscybercom%20vision%20april%202018.pdf, 访问时间:2023 年 4 月 1 日。

③ Eric Sterner, "Retaliatory Deterrence in Cyberspace," *Strategic Studies Quarterly*, Vol.5, No.1, Spring 2011, pp.62—80.

④ Zachary Fryer-Biggs, "U.S. Military Goes on Cyber Offensive," *Defense News*, March 24, 2012, http://www.defensenews.com/article/20120324/defreg02/303240001/u-s-military-goes-cyber-offensive, 访问时间:2023 年 4 月 1 日。

美国网络司令部引入"持续交战"的概念，试图发挥坚持不懈的作战优势，通过持续交战并不断对抗的方式使美国的对手无论何时何地发动何种攻击都难以取得满意效果。①

在这种威慑逻辑下，美国网络司令部与美国国土安全部积极开展战术行动，以改变对手行为，提升美国网络威慑水平。例如，2020 年美国大选时，美国网络司令部执行了超过 24 次行动以应对企图干预选举的外部网络行动。②类似行动还包括 2019 年破坏伊朗宣传机构、2021 年 9 月针对俄罗斯勒索软件组织的攻击等。美国网络司令部采取定时清理策略，以现实作战行动构建网络威慑。"持续交战"逻辑是对传统"吓阻"逻辑的重大突破，是当前美国网络威慑政策的主要特征。

三、威慑力量裹挟市场主体

美国网络威慑立足于全领域、低烈度的持续性对抗。为了维持其日常化运作，美国政府将更多社会主体纳入网络威慑政策中，为自身提供技术和行动资源。

特朗普政府试图让非国家行为体承担一部分网络威慑责任，允许公司或组织在遭受网络攻击时自主发动反击。③随着人工智能和无线连接物联网设备等新兴技术的兴起，勒索软件和复杂的分布式拒绝服务攻击等恶意网络活动的技术含量越来越高、波及面越来越广。网络威慑体系亟待技术背景深厚的大型企业支撑并使其成为网络威慑战略的利益相关者。美国政府在 2020 年提出的分层网络威慑战略中，着重强调公私部门合作对网络威胁的重要性，甚至要求私营部门在网络防御中发挥主导作用。私营部门通过加强网络安全韧性，积极与政府共享情报，形成网络安全共同防御体系。④

---

① United States Cyber Command, "Command Vision for U.S. Cyber Command: Achieve and Maintain Cyberspace Superiority," April 2018, p.6, https://www.cybercom.mil/Portals/56/Documents / USCYBERCOM%20Vision%20April%202018.pdf，访问时间：2023 年 4 月 1 日。

② Alyza Sebenius, "U.S. Conducted More Than Two Dozen Pre-Election Cyber Operations," Bloomberg, March 26, 2021, https://www.bloomberg.com/news/articles/2021-03-25/u-s-conducted-more-than-two-dozen-pre-election-cyber-operations#xj4y7vzkg，访问时间：2023 年 4 月 1 日。

③ Zaid Shoorbajee, "Google and Microsoft Ask Georgia Governor to Veto Hack Back, Bill," Cyber Scoop, 27 April 2018, https://cyberscoop.com/georgia-sb-315-hack-back-google-microsoft，访问时间：2023 年 4 月 1 日。

④ 桂畅旎：《美国"分层网络威慑"战略的主要内容及影响分析》，载《中国信息安全》2020 年第 5 期，第 82—86 页。

将私人机构纳入网络威慑主体后，美国网络威慑政策实现了对传统威慑理论的全面突破，将威慑理论从军事安全理论转变为一套应对各类型安全风险的安全政策工具。美国网络威慑政策依托网络空间向外延伸，理论上可覆盖社会生活各领域。这一过程本质上是美国政府以安全为借口申索特别权力的政治行动，是典型的安全化操弄手法。① 美国政府通过安全化操弄诱发了一场网络安全社会运动并以此为契机大力拓展网络威慑应用空间。

四、网络威慑政策的权力竞争本质

威慑理论在网络空间中的适用性问题一直存在争议。从理论层面看，威慑是一种防御性策略，核心理念是避免实质性冲突，以较低成本维护自身安全利益。② 网络威慑在实践中可能无法实现核威慑那样的战略效果，但对美国战略界而言，网络威慑战略依然是一个重要的安全政策。通过 20 年的发展，网络威慑意义早已超越网络安全本身，网络威慑政策的实质不是防御而是争霸，美国网络威慑行动早已超出自卫范畴，成为美国追求网络霸权的重要工具。

在霸权能力建设维度，网络威慑成为美国构建网络霸权能力的重要掩护。一方面，网络威慑为美国发展网络军事能力提供合法性，掩盖其谋取网络霸权的企图。奥巴马政府以加强网络惩罚威慑为由建立的美国网络司令部将进攻性网络作战能力与网络威慑联系起来，在网络威慑的幌子下不断充实美军网络武器库。③ 由于威慑理论是以防御或者报复现实性威胁为逻辑起点，具备道义优势，因此为美国强化网络军事能力图谋网络霸权提供了很好的掩护。另一方面，网络威慑为美国先发制人的网络攻击提供合法性，掩盖其网络霸凌实质。利用"威慑门槛""成本征收"等一系列新的网络行动概念，美国为其先发制人式网络攻击建构了一套法理框架。这一逻辑下，无论美军在网络上发动何种咄咄逼人的攻击，都可以在网络威慑理论的掩护下，被包装成防御性行动，从而免受国际舆论声讨。

① Barry Buzan and Eric Herring, *The Arms Dynamic in World Politics*, Lynne Rienner Publishers, 1998, p.21.
② Glenn Snyder, *Deterrence and Defense: Toward a Theory of National Security*, Princeton: Princeton University Press, 1961, p.9.
③ U.S. Department of Defense, "Strategy for Operating in Cyberspace," July 2011, pp.2—4, https://csrc.nist.gov/CSRC/media/Projects/ISPAB/documents/DOD-Strategy-for-Operating-in-Cyberspace.pdf, 访问时间：2023 年 4 月 1 日。

在网络安全格局维度，网络威慑是构建霸权稳定的格局基础。理论上，若各国在网络博弈中都采取防御性政策，那么随着时间推移，网络空间中将出现行为规范和稳定性。各主要行为体在网络空间通过讨价还价等一系列互动过程形成默契，竞争对手间也将围绕可接受行为和不可接受行为达成共识，形成"约定的竞争"（agreed competition）条件下的秩序，实现网络空间战略稳定。①这种由实力平衡构成的共治稳定环境必然削弱美国在网络空间中的绝对权力，这是一直奉霸权稳定为圭臬的美国无法认可的安全形态。因此，在网络威慑框架下，美国采取积极行动，通过"前出防御"将美国安全边界向外拓展，蚕食"约定的竞争"空间，通过持续交战压制其他行为者网络行动能力，最终将"约定的竞争"转变为美国网络主导权下的网络规范，构建所谓"负责任的网络行动"。这种意在掌握网络规则制定权与解释权的规范威慑将美国网络威慑的权力竞争取向彻底暴露。

在网络空间权力结构维度，美国以分层网络威慑之名构建了一套网络空间霸权体系。在这一体系中，成本施加层是美国施行网络行动的基础。成本施加实质上是通过增强网络作战能力，赋予美国巨大的网络空间行动自由。拒止获利层是美国实施网络空间的保障。美国官员一直强调，只有当美国自己的基础设施具有足够韧性时，美国才能大胆对外实施网络威慑行动，拒止对手在网络空间获利，保障美国享受网络空间行动的绝对自由。行为塑造层则是美国网络主导性权力的具体表现。通过在网络空间建立绝对行动自由，美国足以迫使其他行为体按照美国的意图行事，形成美国主导的网络行为规范。拜登政府以"一体化威慑"逻辑集合各种国家力量，极大提升了美国网络威慑能力以对抗其他大国的竞争，为这套霸权体系保驾护航。

综上所述，美国网络威慑战略的本质不是防御。从战略目标、实施手法等因素上看，美国网络威慑具有鲜明的单边主义和权力竞争特征。这种特征使美国网络威慑战略脱离传统威慑理论框架，由维权变成侵权。为追求网络空间内的绝对自由、掌控"制网权"，美国采取所谓"持续交战"策略，打破网络空间中自发的秩序形

---

① 该理论认为各国在网络空间持续运作以"塑造无限的网络空间"，这种无限空间中的各国都可能拥有自己的优势地位，从而形成一种博弈–稳定状态，使得"约定的竞争"得以实现。参见 Michael Fischerkeller, "Persistent Engagement and Tacit Bargaining: A Strategic Framework for Norms Development in Cyberspace's Agreed Competition," Institute for Defense Analysis, November 2018, https://www.jstor.org/stable/pdf/resrep22663.pdf?acceptTC=true&coverpage=false，访问时间：2023 年 4 月 1 日。

成与利益协商过程，导致网络空间内处于持续性、低烈度冲突的状态。美国政府不仅利用安全化操弄建立威胁靶标来打击竞争对手，而且动员非政府组织（包括私营企业在内）的数据、技术、人力等战略资源，谋求实现自身在网络空间内的绝对优势地位。这种权力竞争取向的网络安全逻辑是典型美式霸权主义，必然损害其他行为体的网络安全利益，美国没有边界的权力追求与全域动员的特征将使网络安全风险肆意外溢，造成严重负面影响。

第四节　网络威慑政策对网络安全治理的影响

随着网络技术的发展，人类社会对网络空间的依赖与日俱增。网络数据成为重要战略资源，各大国围绕着网络技术、基础设施标准等重要议题展开激烈博弈。在一个日趋数字化和紧密联系的世界中，针对网络设施的攻击有可能通过国家或地区不稳定及对机构和个人的直接威胁来破坏国际和平与安全，网络空间的高度"连通性"使其成为其他社会领域安全博弈的重要场所，网络空间对全球战略稳定的影响日益增长。

一、美国网络威慑政策的效果

美国网络威慑政策的基础目标是保护美国网络安全，阻止其他行为体在网络空间发动针对美国的攻击。但随着相关政策由被动防御转向主动遏制，美国陷入使网络空间风险安全化、扩张网络威慑外延的歧途。于是，网络威慑所应对的威胁增多，被纳入网络威慑的主体与工具增加。美国政府在利用安全化手法推动网络威慑政策发展的同时，也带来了更多负担，这使网络威慑不仅无法完全实现美国网络安全战略目标，而且增加了美国网络安全风险。

第一，进攻性网络威慑政策不仅没有彻底消灭网络空间安全隐患，反而培育出更难应付的对手。美国网络威慑政策突破网络防御界限，主动攻击消灭潜在威胁。这种攻击姿态在消灭具体网络威胁主体时，也会导致更多、更老练的网络攻击在全世界蔓延。[①] 究其原因，一方面，其他国家为自保会设法提高自身网络攻击能力而非放弃抵抗，进攻性网络威慑政策更易造成网络军备竞赛；另一方面，美国在发展

---

① 孙频捷：《2022年度欧盟网络安全态势综述》，载《中国信息安全》2023年第1期，第78—82页。

网络攻击能力的同时，造成了网络武器扩散，损害了自身网络安全环境。①

　　第二，滥用跨域威慑在短期能够遏制对手，长期来看则会严重透支美国国家信誉。跨域威慑的实质是美国在网络空间缺乏有效威慑能力时，利用其他领先优势地位来共同应对网络安全风险。② 当作为防御手段时，跨域威慑尚能得到国际社会认可，但当美国滥用跨域威慑维护其网络霸权时，国家信誉必将受损。例如，美国多次以维护网络安全为由，利用其在科学技术与货币金融等领域的霸权优势，对中国华为公司等市场实体进行打压，引起包括其欧洲盟友在内的多国警惕。虽然美国依赖其全球霸权能够取得跨域威慑成功，但这种滥用霸权的做法也使其他国家纷纷寻求网络技术与经济发展自主权，摆脱对美国的依赖。美国则将跨域威慑升级为"一体化威慑"，进一步整合力量以弥补自身被削弱的优势。长此以往，不仅跨域威慑效果会被逐渐削弱，美国在其他领域的主导地位也会受到影响，导致美国霸权的整体性衰弱。

　　第三，无节制的安全化会损害美国整体战略利益。美国的网络威慑政策伴随着对网络安全风险的过度安全化。在霸权护持思维与竞争对手压力的共同作用下，美国政府对各种网络风险进行安全化操作，将其上升为国家安全议题，动用网络威慑政策遏制对手发展，维护其霸权地位。盲目地将各种网络风险上升为国家安全议题不仅严重浪费网络安全资源，制约网络空间自由发展，而且这种以安全逻辑绑架自由经营市场逻辑的破坏规则的行为，最终会付出惨重代价。例如，美国针对华为5G设施的安全化操作，在打压华为公司的同时，也妨碍了本国5G技术的推广与应用步伐，更不利于全球技术发展。这种安全化操弄将深刻改变美国网络科技发展所依赖的市场环境和供应链体系，伤害美国自身战略利益。

　　概言之，霸权逻辑下的美国网络威慑政策充满傲慢与短视。美国依托其技术优势毫不克制自己在网络空间中的行为，利用其全球霸权滥用跨域威慑，短期内成功打击对手，长期看却塑造出一个更为凶险的网络安全环境。美国政府通过安全化操弄来不断扩张网络威慑覆盖领域，将网络威慑作为霸权护持工具，表面效果虽然显

---

① 赵子鹏、张静：《美国网络威慑面临困境及对网络空间全球治理的影响》，载《信息安全与通信保密》2021年第3期，第24—30页。

② Tim Maurer and Garrett Hinck, "Persistent Enforcement: Criminal Charges as a Response to Nation-State Malicious Cyber Activity," *Journal of National Security Law and Policy*, Vol.10, No.3, 2020, pp.525—561.

著，实际上却在透支国家信誉与战略影响力。这种只顾眼前利益缺乏战略眼光的做法"譬犹抱薪救火，薪不尽，火不灭"，却又是美国在大国竞争压力与国内政治激烈博弈背景下的必然选择。

二、美国网络威慑政策对网络空间安全的冲击

美国网络威慑政策是一种典型的单边主义行为，对网络空间秩序构成严重挑战。任何被美国视为对手的行为体都随时可能遭到毫无征兆的攻击与羞辱。[1] 这使得整个网络空间无法构建稳定的规则体系，网络空间在不间断、低烈度的互相伤害中时刻处于动荡状态。这种动荡不仅会破坏网络空间稳定性，而且会借助四通八达的网络空间向其他领域外溢。

在网络空间内部，美国网络威慑推崇"持续交战"政策与"前出防御"政策，严重破坏网络空间的秩序与稳定。"持续交战"政策试图发动低于战争门槛的网络行动，消灭潜在威胁并向对手宣示实力；"前出防御"政策将网络防线向外延伸，保证核心领域绝对安全。这两种威慑手段实质上形成了一种激进的进攻性网络安全策略，若是任其发展，将不可避免地使网络空间陷入无休止的冲突。

在网络空间外部，美国"一体化威慑"理念无限扩大网络威慑行动规模，导致网络安全风险外溢到其他领域。一方面，私营机构被视为重要合作伙伴，诸多非政府部门被卷入大国冲突。美国为获得足够的网络威慑能力而动员全部社会资源，甚至授权私营部门发动网络反击。这种行为虽增强了美国网络威慑能力，但深度参与威慑行动的非政府部门更易被卷入网络冲突事件，特别是大国网络冲突中。另一方面，其他社会领域更易受网络安全风险影响。在"一体化威慑"理念下，美国实施跨域威慑，通过政治、经济与军事手段对网络攻击进行报复。这使得其他社会领域安全与网络安全深度纠缠，各种安全因素互相影响、互相外溢。

本应遏制网络空间威胁、维护网络空间战略稳定的威慑手段已演变为美国为拓展自身在网络及其他领域取得控制权的工具。追求绝对安全的思想让网络威慑无孔不入，也使得网络风险无所不在；不断扩大的网络威慑外延对网络空间内部稳定与外部安全构成巨大冲击。

---

[1] Jim Garamone, "Discusses Nature of Nuclear Deterrence at Mitchell Institute Forum," DOD News, August 3, 2017, https://www.defense.gov/News/News-Stories/Article/Article/1266706/Selva-Discusses-Nature-Of-Nuclear-Deterrence-At-Mitchell-Institute-forum/，访问时间：2023 年 4 月 1 日。

三、美国网络威慑政策对全球战略稳定影响

依仗强大的网络科技实力，美国网络威慑战略逐渐由防御型战略转变为积极进攻型权力竞争战略，通过发动低于战争门槛的网络行动追求绝对制网权。这使得美国网络超越了传统威慑理论中的力量展示与自我克制原则。这种突破对全球战略稳定构成以下三方面不利影响。

第一，网络安全波及全社会安全，成为影响战略稳定的重要社会空间。网络空间的真正价值在于巨大的"连通性"，这种高效信息通道将传统上分布在不同地域、不同领域的事物联系在一起。[1] 这一特征使得针对网络空间的威慑行动将沿着网络连接延伸到其他领域。在网络空间内，包括主权国家与非政府组织在内的所有行为主体面对的大部分威胁不是单纯的网络安全攻击，而是通过网络传导被放大的跨领域威胁。例如，有学者指出，当前利用网络空间作为平台发动认知域对抗已成为影响网络空间国际战略博弈的重要因素。[2] 随着网络空间对社会生活乃至个人生活的渗透，所有涉及网络的元素都可能成为发动网络威慑的工具，网络空间成为重要安全场域。

第二，私营部门安全影响力增强，改变全球战略稳定格局。美国分层网络威慑战略强调私营部门间合作，美国政府也鼓励私人机构主动反击来自敌对国家与组织的网络攻击。[3] 这导致"网络私刑"（digital vigilantism）泛滥，[4] 授权非政府组织发动网络攻击无异于在网络空间允许"私掠"行动。加之部分网络产品已具备公共产品属性，赋予其运营者"执法权"将彻底颠覆现有网络空间秩序，导致网络攻击行动失控，最终影响全球战略稳定格局。

① Renaud Levesque and David Whyte, "Securing Cyberspace: Towards an Agenda for Research and Practice," *Technology Innovation Management Review*, Vol.5, No.11, 2015, pp.26—33.
② 门洪华、徐博雅：《美国认知域战略布局与大国博弈》，载《现代国际关系》2022年第6期，第1—11页。
③ 2017年前白宫安全顾问博塞特和国土安全部首席网络安全官员助理国务卿珍妮特·曼弗拉对脸书和微软主动关闭涉及朝鲜黑客活动的一些账号和相关服务表示赞赏，并鼓励其他的公司在发现网络威胁时也采取同样的行动。参见 The White House, "Press Briefing on the Attribution of the Wanna Cry Malware Attack to North Korea," 19 December, 2017, https://trumpwhitehouse.archives.gov/briefings-statements/press-briefing-on-the-attribution-of-the-wannacry-malware-attack-to-north-korea-121917/，访问时间：2023年4月1日。
④ Gilles Favarel-Garrigues, Samuel Tanner and Daniel Trottier, "Introducing Digital Vigilantism," *Global Crime*, Vol.21, No.3—4, 2020, pp.189—195.

第三，持续性、低烈度威胁泛滥，降低影响全球战略稳定的门槛。为了遏制网络安全中的不对称风险，美国网络威慑战略强调积极主动地增加对手成本；为了保证网络冲突不会诱发对手跨域报复，美国政府极力控制网络行动规模。这一趋势使得大量低于战争门槛的网络攻击行为出现。这种网络攻击行为不会直接诱发严重军事冲突，因此使用规则较为宽松。① 而这将导致网络恶意行为快速扩散、频繁使用，既增加网络安全成本，也增加风险上升的可能。大量低烈度威胁的累积催生新的战略稳定风险，有可能打破现有战略稳定格局。

综上所述，美国为满足霸权护持的一己之私，惯常以网络威慑为借口发展进攻性网络行动，对网络空间稳定造成严重破坏。这种破坏将随着网络的巨大联通能力传导到社会各域。这些风险不仅会威胁网络空间内部与外部稳定，而且可能诱发大国冲突，破坏全球战略稳定。

第五节   本章小结

经历了二十年的发展，美国确立了基于实战的网络威慑政策，理论上，美国网络威慑的目标是控制网络风险，但在现实运作中，则变成了追求控制网络空间。美国网络威慑政策强调通过累积行动能力限制对手，降低自身伤害程度，提升网络攻击能力，实现绝对的网络行动自由。为了应对网络空间威胁多样性以及不对称性的特点，美国不断下放网络攻击权力，降低发动网络攻击门槛，通过安全化操弄树立新的网络安全靶标，将威慑战略延伸到与网络空间有关的各个领域。这种不断延伸的网络安全逻辑，使得美国网络威慑战略的威慑目标、执行领域和参与对象这三个关键概念的边界变得非常模糊。网络威慑逐渐由安全战略演变为权力竞争策略。在权力竞争取向下，美国网络威慑政策的目标是攫取更多权力，而不是维护网络安全。网络威慑是否能够有效阻止网络攻击已不再是这一政策的关注焦点。这很好地揭示了为什么美国网络威慑战略能够与咄咄逼人、明显破坏网络空间稳定的"前出防御"政策和"持续交战"政策相契合。同时也清晰地阐释了在美国安全政策中以

---

① 2017 年美国网络司令部司令罗杰斯上将声称，他期望在未来 5—10 年将网络武器变成基层指挥官的一种工具。参见 Cheryl Pellerin, "Rogers Discusses near Future of U.S. Cyber Command," DoD News, February 24, 2017, https://www.defense.gov/News/News-Stories/Article/Article/1094167/rogers-discusses-near-future-of-us-cyber-command/，访问时间：2023 年 4 月 1 日。

实力谋取权力，以权力保障安全，安全来源于霸权的运作逻辑。

　　当前权力竞争取向的网络威慑战略使得美国在网络空间中权益诉求膨胀，造成威慑对象泛在化、威慑手段跨域化、威慑行动常态化的趋势。通过毫无节制的网络行动与安全化操弄限制对手权益，追求自身对网络空间绝对控制能力的行为必将遭到抵抗与反制。这种对抗会导致新一轮的威慑膨胀，使更多社会元素被裹挟进网络威慑体系，造成网络风险的扩张与溢出，冲击网络空间域内外的稳定与秩序。中国作为一个网络大国，需认清美国网络威慑战略实质，采取必要手段构筑网络安全边界，对冲网络风险，积极维护网络空间运行秩序的公平合理。

结语　让新兴技术更安全地造福人类

新兴技术安全治理研究已从萌芽走向繁荣，呈现多领域安全问题融合、多学科交叉融合、多利益攸关方共同参与的新局面。百年变局之下，中国进入战略机遇与风险挑战并存的安全新阶段，新一轮科技革命和产业变革成为构建新安全格局的重要抓手，新兴技术安全已经突破了非传统安全理论框架，通过与其他安全问题的高度融合，演化为更为复杂的新质安全形态，成为一种综合性的国家安全议题，新兴技术安全治理理念、路径与模式的选择也成为大国博弈的新阵地。

回顾本书，新兴技术治理研究大有可为。本书以新兴技术的安全治理为主题，深入探讨了人工智能、生物技术、网络空间等领域的机遇与挑战，力图为新兴技术安全治理提供新的视角和路径。本书的第一部分系统梳理了新兴技术的研究价值、战略意义、主要特征及安全风险，评述了新兴技术安全治理的既有研究，并提出了新兴技术治理面临的挑战及未来的发展策略，为后续章节的展开奠定了基础。

在人工智能技术方面，本书从风险责任的角度切入，阐述了负责任人工智能的内涵与价值，比较分析了中美等不同国家在这一理念上的差异，进而探讨了中美在负责任人工智能框架下的合作空间以及未来合作视野下的转型路径。在人工智能技术安全治理领域，本书以大国竞争背景下的美国为例，分析了大国竞争对人工智能安全治理的影响，通过评析美国政府人工智能安全议程的演进与特征，揭示了美国人工智能多元安全议程背后的战略逻辑及其可能产生的影响。

在生物技术领域，本书在分析全球新兴生物技术发展态势的基础上，阐明了新兴生物技术两用性特征带来的治理挑战和治理困境，进而提出跨境混合治理路径，并探讨了中国在这一领域的方案选择。在此理论分析的基础上，本书以美国生物安全政策为例，综合分析了安全化操作对新兴技术治理的影响。通过梳理两用性安全叙事下生物技术的安全化进程及美国的政策回应，深入探讨了极端的安全化对新兴生物技术安全治理构成的挑战。

最后，本书聚焦于网络空间安全治理，提出以维护战略稳定为目标的网络空间安全治理理想模式，分析了新技术条件下网络空间稳定面临的困境，并探讨了中国在这一领域的路径选择。在理论总结的基础上，本书以美国网络安全战略为例，分析了传统战略思维对新兴技术治理的影响，通过回顾美国网络威慑政策的历史演进，提出传统安全战略与新兴技术安全风险相互交织、互相干涉对新兴技术安全治理构成的挑战。

纵观全书，我们不难发现，新兴技术的迅猛发展为人类社会带来了前所未有的机遇，但也产生了诸多安全风险和治理挑战。无论是人工智能、生物技术，还是网络空间，都呈现出两用性、不确定性等特征，传统的治理模式和战略思维已难以完全适应新技术环境下的安全治理需求。

在人工智能领域，如何构建负责任的人工智能成为各国共同关注的议题。中美两国在这一框架下存在合作空间，但也面临着理念差异和大国竞争的影响。而在生物技术领域，两用性安全叙事下的技术安全化及极端化倾向，导致了治理困境。网络空间方面，新技术的发展对传统战略稳定造成了冲击，网络威慑理论也面临边界突破，给网络空间安全治理带来了诸多不确定性。

面对这些挑战，国际社会急需创新治理理念和模式。在人工智能领域，需要在合作共赢的视野下推动负责任人工智能的转型发展；在生物技术领域，跨境混合治理路径或许可以为化解治理困境提供新的思路；在网络空间领域，构建网络空间稳定的安全治理目标和理想模式至关重要。与此同时，作为负责任的大国，中国也需要积极参与并引领新兴技术安全治理，贡献中国智慧和方案。

当前，新兴技术安全治理仍处于探索阶段，未来仍有许多问题亟待研究和解决。本书对人工智能、生物技术、网络空间等领域的探讨只是一个开始。站在新的起点上，我们既要清醒认识新兴技术带来的安全风险和治理挑战，又要以开放包容的姿态推动国际合作，在竞争中求共赢、在合作中谋发展，不断探索并完善新兴技术安全治理的道路，让新兴技术更好地服务人类社会发展。

纵观全球，新兴技术安全风险未来将成为影响人类生存与发展重要的不确定因素之一，新兴技术安全治理将成为全球治理的重要组成部分。随着新兴技术（如人工智能、大数据、基因编辑等）的发展，其应用带来的安全风险日益凸显。以人工智能技术为例，其应用安全风险主要体现在五个方面。一是信息安全风险。人工智能技术广泛应用于语音合成、图像识别等领域，为网络攻击提供了便利。如2017年，我国多地发生的语音合成诈骗案件，以及谷歌展示的聊天机器人可轻易骗过人类，都显示出人工智能技术在信息安全方面的风险。二是就业风险。人工智能的广泛应用将导致部分现有工作岗位被取代，产生大量结构性失业。如弗雷斯特研究公司（Forrester Research）预测，到 2025 年，美国将有 7% 的工作岗位被人工智能取代，这将给社会带来巨大冲击。三是伦理道德风险。人工智能技术在医疗、金融等领域的应用，可能引发伦理道德问题。如在医疗领域，人工智能可能导致误诊或漏诊，引发生命伦理争议。四是法律监管风险。人工智能技术发展迅速，法律法规难以跟上其发展步伐，导致监管空白。如在自动驾驶汽车领域，目前尚无明确的法律规范进行监管。五是国际合作风险。人工智能技术具有跨国性，各国在技术标准、数据安全等方面存在合作风险。如在数据跨境传输方面的法律和标准不统一，导致合作障碍。人工智能技术应用存在诸多安全风险，需要从安全治理的角度进行风险识别、评估和防范。通过建立专门机构、加强国际合作、制定相关法规等措施，可以有效降低人工智能技术应用带来的风险，促进其健康发展。基于本书的研究，我们认为新兴技术安全治理需要关注以下三个核心问题。

首先，基于安全治理的新兴技术风险管理研究，需要立足新兴技术研究与发展的规律，因地制宜、因势利导地评估风险、设计制度与制定政策。新兴技术具有研发中立、应用广泛、潜在风险难以预测等特点，在进行风险管理时需要从技术研发、应用过程、社会影响等多个方面进行全面评估。例如，在基因编辑技术的研究和应用中，需要关注其伦理、法律、安全等方面的风险，以防止滥用和不当应用。因此，需要为相关技术建立有效的监测和预警机制。由于新兴技术的潜在风险难以预测，因此需要建立实时的监测和预警机制，以便及时发现和应对风险。例如，在人工智能应用中，需要建立数据监测和算法审查机制，以防止其被用于非法目的。此外，需要进行充分的评估和测试。由于新兴技术的应用领域广泛，可能涉及多个行业和领域，因此需要进行充分评估和测试以确保其安全可靠。例如在基因编辑技术应用中，需要进行严格的临床试验和安全性评估以防止其对人体造成伤害。同样重要的是需要建立有效的应急处理和恢复机制。新兴技术的应用可能带来严重后果，应急处理和恢复机制可以有效应对突发风险事件。例如在人工智能的应用中，需要建立数据泄露和系统攻击的应急预案以防止其对国家安全和社会稳定造成影响。总的来说，新兴技术安全治理是一个复杂而重要的课题，需要我们从技术特性、监测预警、评估测试和应急处理等多方面综合考虑。确保新兴技术的安全可靠应用，推动其为社会和经济发展带来更多益处。

其次，新兴技术研究、发展与应用的模式已经超越了传统主权国家体系的管理能力，必须打破传统安全应对与管理模式的束缚，立足跨国合作构建全球性的新安全管理模式应对。全球化的深入发展要求应对跨国的新安全威胁，而传统的国家安全观念难以适应新的安全形势，需要构建新的安全治理模式。在这样的时代背景下，新兴技术安全治理理论一要强调合作与协调，安全治理强调多方参与，通过协商和合作来实现安全目标；二要注重规则和制度建设，安全治理强调制定和执行规则，必须将非传统安全问题纳入制度化轨道；三要强调灵活性和适应性，安全治理面对的是高度不确定和动态变化的安全环境，需要具有较强的应对能力；四要重视预防和风险管理，安全治理强调在问题发生前采取预防措施，注重风险评估和管控；五要倡导共建共享，安全治理强调各方共同参与，共享安全治理成果。新兴技术安全治理理论需要适应全球化时代安全形势新变化，为应对非传统安全挑战提供重要思路，成为国家安全治理的重要理论成果。

安全治理是一个动态发展的过程，需要不断丰富和发展相关理论，以更好地指导实践。第一，新兴技术风险的识别和评估机制还有待进一步健全。新兴技术风险具有很强的不确定性，需要建立科学合理的风险识别和评估机制，提高风险识别的全面性和预见性；需要从技术、市场、法律、社会等多个维度进行综合评估，结合定量分析和定性分析形成系统化的风险评估体系。第二，安全治理的组织模式和合作机制需要进一步优化。新兴技术风险管理需要政府、企业、科研机构、公众等多元主体共同参与，形成协同治理的格局；需要建立有效的组织协调机制，明确各方的权责，加强信息共享和应急响应。第三，新兴技术风险管理的信息化和智能化水平有待提高。新兴技术风险管理需要充分利用大数据、云计算、人工智能等现代信息技术，建立风险监测预警系统，提高风险识别、评估、防控效率；需要加强技术研发和应用，培养信息安全人才，推动风险管理信息化和智能化。第四，新兴技术风险管理需要重视公众教育和参与。公众是新兴技术风险管理的重要参与者，需要加强科技伦理教育，提高公众的信息安全意识和参与意识，建立公众参与和监督机制，接受公众监督形成风险管理的合力。第五，新兴技术风险管理需要加强国际合作。新兴技术风险具有跨国性，需要各国共同应对；需要建立国际合作机制，分享信息，联合评估，共同应对风险挑战。

最后，新兴技术安全治理必须以维护全人类福祉为目标，立足于多元主体的利益，在安全观念与管理策略上全面超越传统安全体制。基于安全治理的新兴技术风险管理研究具有重要的理论和实践意义。它不仅为我们提供了一种新的视角来看待非传统安全问题，也为我们提供了一种有效的管理策略。在应对安全问题时，安全治理理论主张将多元行为体参与安全管理、管理传统权威向民间及非政府机构下放，以此作为实现安全目标的重要手段。这种理念不仅适用于国家层面，也适用于地方、区域和全球层面。在新兴技术风险管理研究中，安全治理理论为我们提供了一个全新的框架。首先，它强调了新兴技术风险管理的多元参与性。新兴技术风险管理需要政府、社会组织、市场主体、公众等多行为主体的共同参与，以形成一个多元化的新兴技术风险治理局面。政府需要发挥引导性作用，加大对新兴技术风险治理的资助，进行关于新兴技术风险对环境和健康的评估及安全性的战略研究。公众参与对有效实现新兴技术风险的社会治理起着重要作用，需要鼓励各界人士为新兴技术风险的治理贡献力量，进行中国特色的公众参与新兴技术风险治理的模式研究。其次，安全治理理论强调了动态识别新兴技术风险的重要性。新兴技术在其整个生命周期内都存在不确定性，需要加强对新兴技术安全风险的动态识别，需要关注风险产生的原因，分析新兴技术风险的诱发因素，以及为何传统风险会出现新的威胁。最后，安全治理理论强调了公众参与在新兴技术风险管理中的重要性。媒体和企业对新兴技术风险要担负起更多社会责任，加强公众参与风险沟通的实证分析。

展望未来，新兴技术安全治理在理论与实践上需要依据技术发展的趋势与国际格局的变迁实现进一步突破。从国际政治的角度来看，新兴技术安全问题的兴起不能简单地理解为话语或治理实践需要的转变。新兴技术安全问题的兴起，本质上是安全问题规模的扩大与权力博弈空间的扩张，当各种新空间、新领土、新领域问题都被纳入安全视野时，它们也自然地变成了权力博弈的新场所。故而，研究新兴技术安全必须跳出具体安全问题对安全本质探究过程的干扰，不能模糊具体安全问题与安全概念之间的差异，更要防止安全概念的碎片化。有效应对新兴技术安全问题，需要从安全治理理念出发，突破新兴技术安全治理研究中"理论失焦、目标错位、主体失准"的系统性缺陷，打破安全研究脱离实践、过分哲学化及意识形态化的怪圈，将安全视为一种政治现象进行解读，并在此基础上丰富新兴技术安全治理理论与实践。

第一，在治理理论层面，非传统安全治理理论需要聚集安全概念本质，赋予新兴技术安全更为确切的政治意义。本书主张应该从认知的角度重新审视安全概念，揭示新兴技术安全议题的本质。根据心理学家亚伯拉罕·马斯洛（Abraham H.

Maslow）的动机理论和需要层次理论，人类行为动机由低到高分为五个层次：生理的需要，安全的需要，社交、归属与爱的需要，尊重的需要和自我实现的需要。[①]每个人都有这五种不同层次的需要，安全的需要处于次底层，在人的生理需要得到适当满足之后，安全的需要便会充分显现。从心理层面而言，安全的需要包括了希望稳定，依赖性，免受恐吓、焦虑和混乱的折磨，及对于秩序的需求等。[②] 国家的安全需要也是一样的。国家对新兴技术安全风险的认知在新兴技术安全战略框架中处于核心位置。它以国家利益为出发点，根据对安全环境和威胁的判断，组织和配置资源，形成总体的安全应对指导原则并构建安全管理方略。从这一理论假设出发，本书认为新兴技术安全问题在本质上源于对未来不确定风险的焦虑，新兴技术在传统安全维度上源于对生存性风险的焦虑，而在非传统安全维度上源于对其他更高需求层次风险的焦虑。相对于传统安全，非传统安全由于议题的广泛性、复杂性与多维性，安全态势不确定性更高，加之具有明显的跨境特征，就进一步增加了国家层面的不确定性焦虑。这种由不确定性而导致的安全焦虑才是新兴技术安全风险及各种相关安全议题产生的根本动因。安全行为主体为了应对这种安全焦虑而发生的互动导致了大量政治问题，在传统安全领域形成了著名的安全困境问题，而在非传统安全层面，则会导致各层次、各领域与各维度的安全化与安全政治困境问题。这一现象尤为突出的表现就是 2020 年初，美国社会在新型冠状病毒是否构成公共卫生安全挑战的问题上产生了巨大分歧。由共和党控制的地区大多无视疫情风险，甚至将疫情描述为一种政治阴谋；民主党控制的大部分地区则极力渲染疫情严重性，并以此抨击由共和党控制的联邦政府。这种政治斗争使得一个公共卫生问题迅速演化为无谓的政治斗争，并衍生出各种类型的政治阴谋论。最终，在病毒导致巨大社会危害后，美国政府并没有反思自身的安全治理政策，反而再次用政治操弄将病毒溯源变成一场"猎巫"行动，将一次公共卫生事件转变为大国间的新兴生物技术安全博弈。由此可见，在很多情况下，安全议题的建构过程本质上是一种政治行为，无论是在传统领域还是非传统领域，安全概念始终与权力和利益的分配紧密结合在一起，新兴技术安全治理的破局更多应集中在政治层面，而非科学技术与管理

---

① ［美］弗兰克·戈布尔：《第三思潮：马斯洛心理学》，吕明、陈红雯译，上海：上海译文出版社 1987 年版，第 39—47 页。

② ［美］亚伯拉罕·马斯洛：《动机与人格》，许金声等译，北京：华夏出版社 1987 年版，第 44—54 页。

技巧的进步。未来研究必须将安全概念作为一种政治现象来看待，在理念上化繁为简，思想上对安全实现祛魅，积极应对安全问题，找到新兴技术安全问题的焦点。

　　第二，在治理目标层面，突破新兴技术安全治理理论碎片化、技术化和意识形态化的怪圈，排除干扰因素，明确新兴技术安全治理目标，有理有据地构建有效的安全风险破解方案，分清安全与安全问题的区别，将安全本身作为治理的对象。国际政治学科视阈下的新兴技术安全治理需要解决的问题是安全本身造成的政治困境，而不是具体的安全问题构成的风险挑战。虽然安全治理的最终目标是保证主体处于利益不受损害、威胁以及任何其他危害性影响的一种状态，虽然安全概念在名义上具有客观性，但是安全的客观性只有在被主体接受之后才具有影响体系运作的效能，其主观性特征是安全治理中无法回避的问题。国际社会要实现安全治理，既要注意安全的现实属性，也要注意安全的认知属性（即哥本哈根学派所谓的"主体间性"）。安全作为客观状态存在的同时，也是主体对客观安全状态的反映，这种反映可能是正确的，也可能是错误的。有时即使客观上没有威胁，主观上也有可能产生恐惧，即所谓的"不安全感"；反之，有时即便存在客观威胁，主观上也可能因为缺乏恐惧感而忽略安全问题。这种主观性导致安全主体在面对同一个威胁时，对安全的判断会有差异。传统安全中安全困境的产生，在很大程度上受到了这一因素的影响；在非传统安全层面，安全问题的这种特性使得各种自然和社会问题能够通过安全化不断上升为安全议题，导致全球范围内的安全焦虑堆积，诱发各种社会危机。

　　因此，传统的安全管理模式由于缺乏对安全问题主观性的认识而应对失据，往往治标不治本。既有安全治理理论基本都试图通过在更大范围内构建新的治理体系、扩大治理规模的方式来应对全球问题。虽然本书并不否认这样的方式是一种可行的治理途径，但它并未切中安全治理的要害。因此当一个问题结束以后，新的问题又会出现，只要安全化不停止，任何问题就都可能成为安全问题，特别是在新兴技术领域，随着技术迭代的日益加速，流于表面的安全治理方略在层出不穷的新安全问题面前只能疲于奔命，空耗资源。这使得类似"瑞典环保少女"的现象不断出现，微观层面的治理可能有效，但宏观的安全治理往往难以发挥作用，全球范围内的安全焦虑的总量并没有被削减，甚至会不断增加安全赤字。因此，新兴技术安全治理的目标并不应该局限于应对具体安全问题，而是应该努力将新兴技术安全议题抽象成一个完整的政治概念，加强国际制度的顶层设计。新兴技术安全治理的总体战略是，通过国际社会在安全治理战略层面的设计，以制度化的方式回应新兴技术安全风险，通过构建一个可以预期且稳定存在的制度框架来削减"安全焦虑"，从而实现从安全问题建构到安全议题治理的闭环运作。

第三，在治理主体层面，新兴技术安全治理必须突破"去国家中心主义"价值取向的束缚，必须明确新兴技术的国家安全利益关切，立足于现有的主权国家体系，实现新兴技术安全治理。在当前国际格局下，主权国家特别是大国依然在安全议题中占据主导地位，这使得大国政治和国家安全利益关切必须作为非传统安全治理议题中的核心因素，对于中国尤其如此。全球治理与区域治理必须在国家安全视野下进行调整，主权国家的安全关切使得很多非传统安全议题被纳入国家战略，新兴技术安全问题领域更是如此。新兴技术安全治理不能忽略国家利益，在涉及非传统安全治理研究时，非国家行为体是重要参与者，但主权国家依然是核心"玩家"。随着大国竞争时代的到来，非传统安全治理研究必然会重归大国政治与大国关系视野。

国家的政治和经济治理的空间结构有助于在社会中产生特定的权力关系，不同规模与类型的国家在新兴技术安全治理中发挥的作用与地位也是不同的，不能武断地将国家间政治视为跨国问题或者全球问题产生根源而排斥其在安全治理中的重要地位。[1]"在决定竞争领土的集团和机构两者的权力平衡方面，领土广泛性可以发挥关键作用。"[2] 在安全治理中，只要改变政治和经济统治的空间配置，就能产生深远影响，这使安全治理中的国家因素无法回避。空间规模并不是中性因素，不同空间规模可能涉及的行动者、资源和政治机会的结构配置不同，使得某些社会利益和价值可能优于其他社会利益和价值。它与围绕各种规模的联盟性质共同成为决定某一特定问题中社会和政治冲突结果的最重要因素。正因为治理规模如此重要，所以行为者通常会试图重新调整问题规模，将其作为一种重新界定自己与盟友特定权力关系并取得优势的方式，而其他行为者和联盟则会抵制这种努力。[3] 这也是造成新兴技术安全治理区域主义和全球主义之间差异的主要原因。有鉴于此，治理主体及其

---

① David Harvey, *The Limits to Capital(2nd edition)*, London: Verso, 2006.

② Byron Miller, "Is Scale a Chaotic Concept? Notes on Processes of Scale Production," Roger Keil and Rianne Mahon(eds.), *Leviathan Undone? Towards a Political Economy of Scale*, Vancouver: UBC Press, 2009.

③ Edward L. Gibson, "Boundary Control: Subnational Authoritarianism in Democratic Countries," *World Politics*, Vol.58, No.1, 2005, pp.101—132.

治理规模的大小应该成为非传统安全治理研究的重要变量。新兴技术安全治理研究不能教条地将"去国家中心主义"设置为理论前提，以"自断双臂"的方式限制理论与实践的弹性与创造力。研究者需要从安全利益的自身规律入手，看待不同层次与不同主体的非传统安全治理模式在不同应用场景中的表现。特别是在中国政治、文化与安全环境视角下，国家在安全治理中的主体地位显得尤为重要。

总而言之，在安全治理理论与实践创新层面，新兴技术安全治理应该被视为国家战略顶层设计的研究对象。新兴技术安全问题涉及国际体系与整个现代国家制度变革。不从战略高度着手，是无法改变现有主权国家与国际关系结构的。新兴技术安全治理研究既要关注理论总结，也要兼顾对实务政策的指导，这需要依据思想理论体系来构建清晰合理、层次分明的新兴技术安全治理战略。新兴技术安全治理战略如何进行必要的安排和建构？在未来研究中需要对新兴技术安全治理现状进行严谨的战略评估，在填补研究空白的同时，清晰把握当前其他国家新兴技术安全治理的经验，绘制中国新兴技术安全治理战略的"路线图"。

新兴技术安全问题在国家战略地位中的提升的驱动力量是国家安全战略与理念的革新。通过对历史的梳理和总结可以发现，中国对安全问题的理解与西方国家存在巨大差异，对安全议题的认知比西方国家更为务实，在理论上则相对模糊。中国需要建立自己的安全观念、安全价值，并将这些价值向其他文化区域传播。新兴技术安全治理不仅是政策上的实践，更是对国际体系的变革。

中国作为负责任大国，需要立足本国安全实践，总结成功经验，以平等互信、公平正义的新型安全观引领全球安全治理变革。这就迫切需要加快构建中国特色、中国风格、中国气派的安全治理研究，实现从"西学东渐"到"中学自立"的历史性跨越，为维护国家安全和推动构建人类命运共同体贡献中国智慧和中国方案。在未来的研究中，我们需要从战略层面思考新兴技术安全问题，认识非新兴技术安全对中国未来发展的意义，推动国际格局变革与转型过程中融入更多的中国因素，创造一个更有利于中国发展的安全环境与国际体系格局，推动新兴技术更好地造福人类社会。

译名对照表

法案、文件、条约

《2018年国防战略摘要——加强美国军队的竞争优势》	Summary of the 2018 National Defense Strategy of The United States of America-Sharpening the American Military's Competitive Edge
《2019—2027年联邦基因技术发展规划》	Утверждена Федеральная научно-техническая программа развития генетических технологий на 2019—2027 годы Federal Research Programme for Genetic Technologies Development for 2019—2027
《2019年国家人工智能研究与发展战略计划更新》	The National Artificial Intelligence Research and Development Strategic Plan: 2019 Update
《2020年人工智能与国家安全报告》	Artificial Intelligence and National Security 2020
《2022年国防授权法案》	2022 National Defense Authorization Act
《2022年国防战略报告》	National Defense Strategy (2022)
《2023年国家人工智能研究与发展战略计划更新》	National Artificial Intelligence Research and Development Strategic Plan: 2023 Update
《爱国者法案》	Uniting and Strengthening America by Providing Appropriate Tools Required to Intercept and Obstruct Terrorism Act
《保护网络空间安全的国家战略》	National Strategy to Secure Cyberspace
《布莱切利宣言》	Bletchley Declaration
《产品责任指令》	Directive of the European Parliament and of the Council on Liability for Defective Products, PLD
《非对称竞争：应对中国科技竞争的战略》	Asymmetric Competition: A Strategy for China & Technology
《负责任人工智能战略和实施途径》	Responsible Artificial Intelligence Strategy and Implementation Pathway
《公共卫生安全和生物恐怖主义防范和应对法》	Public Health Security and Bioterrorism Preparedness and Response Act
《关键与新兴技术战略》	Critical and Emerging Technology Strategy
《关于安全、可靠和可信地开发和使用人工智能的行政命令》	Executive Order on the Safe, Secure and Trustworthy Development and Use of Artificial Intelligence

《国防部网络空间行动战略》	Department of Defense Strategy for Operating in Cyberspace
《国防部网络空间政策报告》	Department of Defense Cyberspace Policy Report
《国防部网络战略》	Department of Defense Cyber Strategy
《国防工业技术转轨、再投资和过渡法》	Defense Conversion, Reinvestment and Transition Assistance Act
《国防人工智能战略》	Defence Artificial Intelligence Strategy
《国家基础设施保护计划（2006年）》	National Infrastructure Protection Plan 2006
《国家人工智能倡议法案》	National AI Initiative Act
《国家人工智能研究与发展战略计划》	The National Artificial Intelligence Research and Development Strategic Plan
《国家生物防御战略》	National Biodefense Strategy
《国家网络安全战略》	National Cybersecurity Strategy
《国土生物防御领域科技能力评估》	Homeland Biodefense Science and Technology Capability Review
《合成生物学时代的生物防御》	Biodefense in the Age of Synthetic Biology
《互联网未来宣言》	Declaration for the Future of the Internet
《机器崛起：人工智能对美国政策不断增长的影响》	The Rise of the Machines: The Growing Impact of AI on U.S. Policy
《基因数据安全法》	Genomics Data Security Act
《加强美国军队的竞争优势》	Sharpening the American Military's Competitive edge
《禁止细菌（生物）及毒素武器的发展生产及储存以及销毁这类武器的公约》	The Convention on the Prohibition of the Development, Production and Stockpiling of Bacteriological (Biological) and Toxin Weapons
《军事领域负责任使用人工智能行动倡议》	Responsible Artificial Intelligence in the Military Domain, REAIM
《恐怖主义时代的生物技术研究》	Biotechnology Research in an Age of Terrorism
《联邦采购条例》	Federal Acquisition Regulation
《美国法典》	United States Code
《美国国家安全战略》	National Security Strategy
《美国国家网络战略》	National Cyber Strategy of the United States of America
《美国情报界年度全球威胁评估报告》	Annual Threat Assessment of the U.S. Intelligence Community
《美国人工智能倡议》	American AI Initiative
《美国人工智能行动：第一年度报告》	American AI Initiative: Year One Annual Report
《美国政府对生命科学受关注两用性研究机构监管政策》	United States Government Policy for Institutional Oversight of Dual Use Research of Concern
《美国政府对生命科学受关注两用性研究监管政策》	United States Government Policy for Oversight of Life Science Dual Use Research of Concern

《纳米科学和纳米技术：欧洲 2005—2009 年行动计划》	Nanosciences and Nanotechnologies: An Action Plan for Europe 2005—2009
《全面国家网络安全倡议》	Comprehensive National Cybersecurity Initiative, CNCI
《全球风险报告》	Global Risks Report
《让自动化系统为美国人民服务：人工智能权利法案蓝皮书》	Making Automated Systems Work for the American People: Blueprint for An AI Bill of Rights
《人工智能、自动化与经济报告》	Artificial Intelligence, Automation, and the Economy
《人工智能未来法案》	Future of Artificial Intelligence Act
《人工智能应用监管指南》	Guidance for Regulation of Artificial Intelligence Applications
《人工智能与国家安全：人工智能生态系统的重要性》	Artificial Intelligence and National Security: The Importance of the AI Ecosystem
《人工智能责任指令》	AI Liability Directive, AILD
《涉及重组 DNA 分子的研究指南》	NIH Guidelines for Research Involving Recombinant DNA Molecules
《生物技术监管协调框架》	Coordinated Framework for the Regulation of Biotechnology
《实现生物技术产品监管体系现代化》	Modernizing the Regulatory System for Biotechnology Products
《世界生物伦理和人权宣言》	Universal Declaration on Bioethics and Human Rights
《世界卫生组织卫生健康领域人工智能伦理与治理指南》	Ethics and governance of artificial intelligence for health: Guidance on large multi-modal models
《四年防务评估报告》	Quadrennial Defense Review
《弹性军事系统和高级网络威胁》	Resilient Military Systems and the Advanced Cyber Strategy
《提升美国在科技领域的全球领导地位》	Advancing America's Global Leadership in Science and Technology
《网络安全战略》	Cyber Security Strategy
《为人工智能的未来做准备》	Preparing for the Future of Artificial Intelligence
《为人类治理人工智能》	Governing AI for Humanity
《新兴技术及管理向中国技术转移风险》	Emerging Technologies and Managing the Risk of Tech Transfer to China
《值得信任人工智能伦理指南》	Ethics Guidelines for Trustworthy AI
《综合性国家网络安全倡议》	Comprehensive National Cybersecurity Initictive
《阻止中华人民共和国滥用生物技术和其他美国技术以支持威胁国家安全的监视和军事现代化的商业法案》	Commerce Acts to Deter Misuse of Biotechnology: Other U.S. Technologies by the People's Republic of China to Support Surveillance and Military Modernization that Threaten National Security
《最终报告》	Final Report

机构译名对照表

电气与电子工程师协会	Institute of Electrical and Electronics Engineers, IEEE
国际基因合成联合会	International Association of Synthetic Biology, IASB
计算机应急响应和安全团队论坛	Forum of Incident Response and Security Teams
美国白宫科技政策办公室	White House Office of Science and Technology Policy, OSTP
美国国防高级研究计划局	Defense Advanced Research Projects Agency, ARPA
美国国防科学委员会	Defense Science Board, DSB
美国国防情报局	Defense Intelligence Agency, DIA
美国国家安全局	National Security Agency, NSA
美国国家反情报与安全中心	National Counterintelligence and Security Center, NCSC
美国国家科学、工程和医学学院	National Academies of Sciences, Engineering, and Medicine, NASEM
美国国家科学基金会	U.S. National Science Foundation，NSF
美国国家科学技术委员会	National Science and Technology Council, NSTC
美国国家科学研究委员会	National Research Council, NRC
美国国家情报局	Director of National Intelligence, DNI
美国国家情报总监办公室	Office of the Director of National Intelligence, ODNI
美国国家人工智能研究资源	National Artificial Intelligence Research Resource，NAIRR
美国国家生物安全科学顾问委员会	National Science Advisory Board for Biosecurity, NSABB
美国国家生物技术信息中心	National Center for Biotechnology Information, NCBI
美国国立卫生研究院	National Institutes of Health, NIH
美国国土安全部	United States Department of Homeland Security, DHS
美国科学家联盟	Federation of American Scientists, FAS
美国联邦调查局	Federal Bureau of Investigation, FBI
美国人工智能国家安全委员会	National Security Commission on Artificial Intelligence
美国特勤局	US Secret Service
美国网络空间安全办公室	Cyberspace Security Office, CSO
美国网络空间日光浴委员会	Cyberspace Solarium Commission, CSC
美国网络司令部	United States Cyber Command, USCYBERCOM
美国卫生与公众服务部	Department of Health and Human Services, HHS
美国战略与国际研究中心	Center for Strategic and International Studies，CSIS
美国中央情报局	Central Intelligence Agency, CIA
欧洲生物信息研究所	European Bioinformatics Institute, EBI

日本 DNA 数据库	DNA Data Bank of Japan, DDBJ
生物工业制造创新研究所	BioInd Manufacturing Innovation Institute
生物技术办公室	Biological Technologies Office, BTO
信息安全开放工作组	Open-Ended Working Group
信息安全政府专家组	Group of Governmental Experts on Information Security

参考文献

[美] 埃米尔·科什纳：《欧盟安全治理的挑战》，吴志成、巩乐译，载《南开学报（哲学社会科学版）》2007年第1期。

[美] 道格拉斯·诺思：《经济史中的结构与变迁》，上海：上海三联书店、上海人民出版社1994年版。

[美] 克雷格·斯奈德等：《当代安全与战略》，徐纬地等译，长春：吉林人民出版社2001年版。

[美] 约翰·米尔斯海默：《大国政治的悲剧》，王义桅、唐小松译，上海：上海人民出版社2003年版。

[英] 巴里·布赞、[丹麦] 琳娜·汉森：《国际安全研究的演化》，余潇枫译，杭州：浙江大学出版社2011年版，第128页。

[英] 拉卡托斯：《科学研究纲领方法论》，北京：商务印书馆1992年版。

[英] 李德·哈特：《战略论》，北京：中国人民解放军战士出版社1981年版。

陈家刚：《全球治理：概念与理论》，北京：中央编译出版社2017年版。

陈婷等：《从科技角度落实〈生物安全法〉提升应对公共卫生安全能力探讨》，载《中国公共卫生》2021年第9期。

陈幽泓：《美国地方政府》，井敏、陈幽泓译，北京：北京大学出版社2004年版。

陈云伟等：《基因编辑技术研究进展与挑战》，载《世界科技研究与发展》2021年第1期。

储昭根：《竞合：超越传统安全化理论的新分析框架》，载《人民论坛》2020年第11期。

崔顺姬：《积极和平对非传统安全研究的启示——基于中国传统文化的视角》，载《国际政治研究》2012年第1期。

方长平：《国家利益的建构主义分析》，北京：当代世界出版社2002年版。

傅聪：《生物安全议题的演变与美欧国家治理比较》，载《德国研究》2020年第

4 期。

傅家荣、杨娜:《欧洲食品安全治理评析》,载《南开学报(哲学社会科学版)》2008 年第 3 期。

傅勇:《非传统安全与中国》,上海:上海人民出版社 2007 年版。

高一涵、楼铁柱、刘术:《当前国际生物安全态势综述》,载《人民军医》2017年第 6 期。

桂畅旎:《拜登政府网络安全政策基础、取向与制约因素》,载《中国信息安全》2021 年第 2 期。

桂畅旎:《从"分层网络威慑"看美国网安政策发展趋势》,载《信息安全与通信保密》2020 年第 9 期。

郭子俊:《生物技术重塑未来战争》,载《科技创新与生产力》2017 年第 10 期。

黄昭宇:《非传统安全问题的本质及解决路径》,载《教学与研究》,2010 年第4 期。

井敏、陈幽泓译:《美国地方政府》,北京:北京大学出版社 2004 年版。

李大光:《美国推出保持军事优势的"第三次抵消战略"》,载《国防科技工业》2016 年第 7 期。

李恒阳:《美国人工智能战略探析》,载《美国研究》2020 年第 4 期。

李红彩、马德辉:《人工智能对美国国家情报工作战略演进的影响》,载《情报杂志》2022 年第 3 期。

李开盛、庞蕾:《国际非政府组织与非传统安全》,载《阿拉伯世界研究》2012年第 3 期 。

李诗渊等:《合成生物学技术的研究进展——DNA 合成、组装与基因组编辑》,载《生物工程学报》2017 年第 3 期。

李伟、符春华:《非传统安全与国际关系》,载中国现代国际关系研究所:《全球战略大格局——新世纪中国的国际环境》,北京:时事出版社 2000 年版。

李云鹏、苏崇阳:《拜登政府人工智能政策探析》,载《国防科技》2022 年第5 期。

刘冲、邓门佳:《新兴生物技术发展对大国竞争与全球治理的影响》,载《现代国际关系》2020 年第 6 期。

刘光宇等:《面向国家生物安全治理的情报工作研究》,载《情报理论与实践》

2021 年第 1 期。

刘国柱、尹楠楠：《美国国家安全认知的新视阈：人工智能与国家安全》，载《国际安全研究》2020 年第 2 期。

刘磊：《可能影响我国基因安全的若干问题及对策》，载《国际技术经济研究》2003 年第 2 期。

刘磊：《可能影响我国基因安全的若干问题及对策》，载《国际技术经济研究》2003 年第 2 期。

刘永江：《从国际战略视角解读可持续安全真谛》，载《国际观察》2014 年第 6 期。

刘跃进：《非传统的总体国家安全观》，载《国际安全研究》2014 年第 6 期。

刘中民：《非传统安全问题的全球治理与国际体系转型——以行为体结构和权力结构为视角的分析》，载《国际观察》2014 年第 4 期。

陆忠伟：《非传统安全论》，北京：时事出版社 2003 年版。

陆忠伟主编：《非传统安全论》，北京：时事出版社 2003 年版。

罗曦：《人工智能发展和应用成为美国国家战略》，载《世界知识》2019 年第 6 期。

门洪华：《构建中国大战略的框架：国家实力、战略观念与国际制度》，北京：北京大学出版社 2005 年版。

门洪华：《和平的纬度：联合国集体安全机制研究》，上海：上海人民出版社 2002 年版。

门洪华：《新安全观·利害共同体·战略通道——关于中国安全利益的一种解读》，载《教学与研究》2004 年第 8 期。

乔晓春：《中国政府与非政府组织的合作治理研究》，北京：中国社会科学出版社 2018 年版。

秦亚青：《霸权体系与国际冲突——美国在国际武装冲突中的支持行为 (1945—1988)》，上海：上海人民出版社 1999 年版。

秦亚青：《观念调整与大国合作》，载《现代国际关系》2002 年第 3 期。

任琳：《网络空间战略互动与决策逻辑》，载《世界经济与政治》2014 年第 11 期。

沈逸：《全球网络空间治理原则之争与中国的战略选择》，载《外交评论》2015 年第 2 期。

石斌：《大国构建战略稳定关系的基本历史经验》，载《中国信息安全》2019 年第 8 期。

孙成昊、赵宇琪：《中美人工智能领域合作的路径与前景》，载《网络空间战略论坛》2023 年第 7 期。

孙频捷：《2022 年度欧盟网络安全态势综述》，载《中国信息安全》2023 年第 1 期。

孙频捷：《人工智能时代的国际关系：走向变革且不平等的世界》，载《外交评论》2018 年第 1 期。

汤伟：《世界城市与全球治理的逻辑构建及其意义》，载《世界经济与政治》2013 年第 6 期。

王江丽：《非传统安全语境下的"安全共同体"》，载《世界经济与政治》2009 年第 3 期。

王萍：《美国生物防御战略分析》，载《国际展望》2020 年第 5 期。

王浦劬：《国家治理、政府治理和社会治理的基本含义及其相互关系辨析》，载《社会学评论》2014 年第 3 期。

王小理：《生物信息与国家安全》，载《中国科学院院刊》2016 年第 4 期。

王逸舟：《"非典"与非传统安全》，载《中国社会科学院研究生院学报》2003 年第 4 期。

王逸舟：《论综合安全》，载《世界经济与政治》1998 年第 4 期。

王逸舟：《新视野下的国家利益观》，载王逸舟主编：《中国学者看世界：国家利益卷》，北京：新世界出版社 2007 年版。

王逸舟：《重视非传统安全研究》，载《人民日报》2003 年 5 月 21 日。

王逸舟主编：《全球化时代的国际安全》，上海：上海人民出版社 1999 年版。

王逸舟主编：《中国学者看世界：国家利益卷》，北京：新世界出版社 2007 年版。

王勇：《论相互依存对我国国家安全的影响》，载《世界经济与政治》1994 年第 6 期。

吴春秋：《广义大战略》，北京：时事出版社 1995 年版。

夏保成：《国家安全论》，长春：长春出版社 1999 年版。

谢刚、池忠军：《美国整体政府方法的人工智能战略及应对研究》，载《重庆社会科学》2023 年 6 月。

　　徐立：《国防生物科技的概念界定及发展建议》，载《医学争鸣》2020 年第
5 期。

　　徐纬地：《网络武器对核与太空态势和大国关系的影响》，载《中国信息安全》
2019 年第 4 期。

　　徐纬地：《缘木求鱼：以网络威慑求网络军事／战略稳定》，载《信息安全与通
信保密》2020 年第 9 期。

　　徐纬地：《战略稳定及其与核、网络和外空的关系》，载《信息安全与通讯保
密》2018 年第 9 期。

　　徐秀军：《制度性非中性与金砖国家合作》，载《世界经济与政治》2013 年第
6 期。

　　阎学通、金德湘：《东亚和平与安全》，北京：时事出版社 2005 年版。

　　阎学通：《中国国家利益分析》，天津：天津人民出版社 1997 年版。

　　杨洁勉：《中美应对国际体系转型的战略和举措》，载《国际问题研究》2007 年
第 3 期。

　　杨小舟：《在发展中追求"有效安全"》，载《新华月报》2015 年第 1 期。

　　杨雪冬：《近 30 年中国地方政府的改革与变化：治理的视角》，载《社会科学》
2008 年第 12 期。

　　俞可平：《治理与善治》，北京：社会科学文献出版社 2000 年版。

　　俞晓秋：《非传统安全论析》，载《现代国际关系》2003 年第 5 期。

　　俞正樑、阙天舒：《体系转型和中国的战略空间》，载《世界经济与政治》2006
年第 10 期。

　　张明明：《论非传统安全》，载《中共中央党校学报》2005 年第 11 期。

　　张雪等：《合成生物学领域的基础研究与技术创新关联分析》，载《情报学报》
2020 年第 3 期。

　　张鹫、李桂花：《"人类命运共同体"视阈下全球治理的挑战与中国方案选择》，
载《社会主义研究》2020 年第 1 期。

　　赵银亮：《聚焦东南亚：制度变迁与对外政策》，南昌：江西人民出版社 2007
年版。

　　郑先武：《安全、合作与共同体：东南亚安全区域主义理论与实践》，南京：南

京大学出版社 2009 年版。

郑先武：《安全复合体理论与东亚安全区域主义（上、下）》，载《现代国际关系》2005 年第 12 期。

郑先武：《安全区域主义：一种批判 IPE 分析视角》，载《欧洲研究》2005 年第 2 期。

郑先武：《东亚"大国协调"：构建基础与路径选择》，载《世界经济与政治》2013 年第 5 期。

郑先武：《非洲集体安全机制的创新与困境》，载《社会科学》2011 年第 6 期。

郑先武：《欧盟区域 G7 集体安全的建构：基于欧盟在非洲危机管理行动经验分析》，载《世界经济与政治》2012 年第 1 期。

郑先武：《区域间治理模式论析》，载《世界经济与政治》2014 年第 11 期。

中国现代国际关系研究所主编：《非传统安全论》，北京：时事出版社 2003 年版。

周宏仁：《网络空间的崛起与战略稳定》，载《国际展望》2019 年第 3 期。

周琪、付随鑫：《美国人工智能的发展及政府发展战略》，载《世界经济与政治》2020 年第 6 期。

朱锋：《"非传统安全"解析》，载《中国社会科学》2004 年第 4 期。

朱诗兵等：《世界范围内网络主权的主要观点综述》，载《中国工程科学》2016 年第 6 期。

朱文星：《美国霸权想象下的中国"大战略"——〈持久战：中国取代美国秩序的大战略〉评介》，载《美国研究》，2022 年第 5 期。

资中筜主编：《国际政治理论探索在中国》，上海：上海人民出版社 1998 年版。

Aaron Ettinger, "Principled Realism and Populist Sovereignty in Trump's Foreign Policy," *Cambridge Review of International Affairs*, Vol.33, No.3, 2020.

Aaron R. Miles, "The Dynamics of Strategic and Instability," *Comparative Strategy*, Vol.35, No.5, 2016.

Agnieszka Janczuk-Gorywoda, "Public-Private Hybrid Governance for Electronic Payments in the European Union," *German Law Journal*, Vol.13, No.12, 2012.

Ahmad Khalil and James Collins, "Synthetic Biology: Applications Come of Age," *Nature Reviews Genetics*, Vol.11, No.5, 2010.

Albert Wohlstetter, "Perspective on Nuclear Energy," *Bulletin of the Atomic Scientists*, Vol.24, No.4, 1968.

Alex Dubov, "The Concept of Governance in Dual-Use Research," *Medicine, Health Care and Philosophy*, Vol.17, No.3, 2014.

Alex Wilner, "U.S. Cyber Deterrence: Practice guiding theory," *Journal of Strategic Studies*, Vol.43, No.2, 2020.

Alexander J. Titus, Edward Van Opstal and Michelle Rozo, "Biotechnology in Defense of Economic and National Security," *Health Security*, Vol.18, No.4, 2020.

Amy P. Patterson et al., "A Framework for Decisions about Research with HPAI H5N1 Viruses," *Science*, Vol.339, Issue 6123, 2013.

Ann J. Tickner, "Re-visioning Security," in Ken Booth and Steve Smith(eds.), *International Relations Theory Today*, Oxford: Oxford University Press, 1995.

Arnold Wolfers, "National Security as an Ambiguous Symbol," *Political Science Quarterly*, Vol.67, No.4, 1952.

Arnold Wolfers, *Discord and Collaboration*, Baltimore: Johns Hopkins University Press, 1962.

Barry Buzan and Eric Herring, *The Arms Dynamic in World Politics*, Boulder, CO: Lynne Rienner Publishers, 1998.

Barry Buzan and Ole Wæver, "After the Return to Theory: The Past, Present and Future of Security Studies," in Alan Collins(ed.), *Contemporary Security Studies Today*, Oxford: Oxford University Press, 2007.

Barry Buzan, "The Logic of Regional Security in the Post-Cold War World," *The New Regionalism and the Future of Security and Development*, London: Palgrave Macmillan, 2000.

Barry Buzan, Ole Wæver and Jaap De Wilde, *Security: A New Framework for Analysis*, Boulder, CO: Lynne Rienner Publishers, 1998.

Barry Buzan, *People, States & Fear: An Agenda for International Security Studies in the Post-Cold War Era*(2nd edition), Chapel Hill: UNC, 1991.

Barry R. Posen and Andrew L. Ross, "Competing Visions for U.S. Grand Strategy," *International Security*, Vol.2113, Winter 1996.

Ben Buchanan, *The Cybersecurity Dilemma: Hacking, Trust and Fear between Nations*, Oxford University Press, 2016.3, No.3, 2011.

Benjamin Cheatham, Kia Javanmardian and Hamid Samandari, "Confronting the Risks of Artificial Intelligence," *McKinsey Quarterly*, Vol.2, No.38, 2019.

Benjamin Miller, "The Logic of U.S. Military Interventions in the Post-Cold War Era," *Contemporary Security Policy*, Vol.1913, December 1998.

Björn Hettne, "Regionalism, Security and Development: A Comparative Perspective," *Comparing Regionalisms: Implications for Global Development*, Vol.5, 2001.

Bob Jessop, *State Theory: Putting the Capitalist State in Its Place*, Cambridge: Polity Press, 1990.

Brenner Neil and Stuart Elden, "Henri Lefebvre on State, Space, Territory," *International Political Sociology*, Vol.3, No.4, 2009.

Brian Rappert and Chandré Gould, *Biosecurity: Origins, Transformations and Practices*, Berlin: Springer, 2009.

Bryn Williams-Jones, Catherine Olivier and Elise Smith, "Governing 'Dual-Use' Research in Canada: A Policy Review," *Science and Public Policy*, Vol.41, No.1, 2014.

Byron Miller, "Is Scale a Chaotic Concept? Notes on Processes of Scale Production," Roger Keil and Rianne Mahon(eds.), *Leviathan Undone? Towards a Political Economy of Scale*, Vancouver: UBC Press, 2009.

Caitlin Talmadge, "Would China Go Nuclear? Assessing the Risk of Chinese Nuclear Escalation in a Conventional War with the United States," *International Security*, Vol.40, No.4, 2017.

Carl Kaysen, "Is War Obsolete? A Review Essay," *International Security*, Vol.1414, Spring 1990.

Carl W. Deutsch and David J. Singer, "Multipolar Power Systems and International Stability," *World Politics*, Vol.16, No.3, 1964.

Caroline Thomas, *In Search of Security: The Third World in International Relations*, Boulder, CO: Lynne Rienner, 1987.

Charles L. Glaser and Chaim Kaufmann, "What Is the Offense-Defense Balance and

Can We Measure It?" *International Security*, Vol.22, No.4, 1998.

Charles Tilly, *Coercion, Capital and European States AD 990—1992*, Malden: Blackwell, 1992.

Chidiogo Uzoamaka Akpuokwe, Adekunle Oyeyemi Adeniyi and Seun Solomon Bakare, "Legal Challenges of Artificial Intelligence and Robotics: A Comprehensive Review," *Computer Science & IT Research Journal*, Vol.5, No.3, 2024.

Christelle Didier, Wu Duan, Jean-Pierre Dupuy et al., "Acknowledging AI's Dark Side," *Science*, Vol.349, Issue 6252, 2015.

Christopher Daase and Cornelius Friesendorf(eds.), *Rethinking Security Governance: The Problem of Unintended Consequences*, Abingdon and New York: Routledge, 2010.

Claudia Aradau, "Security and the Democratic Scene: Desecuritization and Emancipation," *Journal of International Relations and Development*, Vol.7, 2004.

Colin S. Gray, *The Second Nuclear Age*, Boulder: Lynne Rienner Publishers, 1999.

Daniel Deudney, "The Case against Linking Environmental Degradation and National Security," *Millennium*, Vol.1913, Winter 1990.

Daniel S. Schiff, "Looking through a Policy Window with Tinted Glasses: Setting the Agenda for US AI Policy," *Review of Policy Research*, Vol.40, No.5, 2023.

David A. Baldwin, "The Concept of Security," *Review of International Studies*, Vol.23, 1997.

David A. Lake and Patrick M. Morgan(eds.), *Regional Orders: Building Security in a New World*, University Park: Pennsylvania State University Press, 1997.

David Baldwin, "The Concept of Security," *Review of International Studies*, Vol.23, 1997.

David C. Gompert and Martin Libicki, "Cyber Warfare and Sino-American Crisis Instability," *Survival*, Vol.56, No.4, 2014.

David Harvey, *The Limits to Capital*(2nd edition), London: Verso, 2006.

David M. Trubek and Louise G. Trubek, "New Governance and Legal Regulation: Complementarity, Rivalry and Transformation," *Columbia Journal of European Law*, Vol.13, 2006.

David T. Miller, *Defense 2045: Assessing the Future Security Environment and*

Implications for Defense Policymakers, Lanham: Rowman and Littlefield, 2015.

Deborah D. Avant, Martha Finnemore and Susan K. Sell, *Who Governs the Globe?* Cambridge: Cambridge University Press, 2010.

Didier Bigo, "The Möbius Ribbon of Internal and External Securities," in Mathias Albert, David Jacobsen and Yosef Lapid(eds.), *Identities, Borders, Orders: Rethinking International Relations Theory*, London: University of Minnesota Press, 2001.

Didier Bigo, "When Two Become One: Internal and External Securitizations in Europe," in Morton Kelstrup and Michael C. Williams(eds.), *International Relations Theory and the Politics of European Integration*, London: Routledge, 2000.

Edward A. Kolodziej, *Security and International Relations*, Cambridge: Cambridge University Press, Vol.10, 2005.

Edward E. Azar and Chung-in Moon(eds.), *National Security in the Third World*, London: Edward Elgar, 1988.

Edward L. Gibson, "Boundary Control: Subnational Authoritarianism in Democratic Countries," *World Politics*, Vol.58, No.1, 2005.

Edward M. Spiers, *A History of Chemical and Biological Weapons*, London: Reaktion Books, 2010.

Elke Krahmann, "Conceptualizing Security Governance," *Cooperation and Conflict*, Vol.38, No.1, 2003.

Elke Krahmann, *States, Citizens and the Privatisation of Security*, Cambridge: Cambridge University Press, 2010.

Emil Kirchner and James Sperling(eds.), *Global Security Governance: Competing Perceptions of Security in the 21st Century*, Abingdon and New York: Routledge, 2007.

Emma Rothschild, "What is Security?" *Daedalus*, Vol.12413, Summer 1995.

Ben Buchanan, *The Cybersecurity Dilemma: Hacking, Trust and Fear between Nations*, Oxford University Press, 2016.3, No.3, 2011.

Eric Sterner, "Retaliatory Deterrence in Cyberspace," *Strategic Studies Quarterly*, Vol.5, No.1, 2011.

Erica Lonergan and Mark Montgomery, "What is the Future of Cyber Deterrence?" *SAIS Review of International Affairs*, Vol.41, No.2, Summer-Fall 2021.

Eryn Rigley, Caitlin Bentley and Sarvapali D. Ramchurn, "Evaluating International AI Skills Policy: A Systematic Review of AI Skills Policy in Seven Countries," *Global Policy*, Vol.15, No.1, 2024.

Francis Fukuyama, "The End of History?" *The National Interest*, Vol.16, Summer 1989.

Frank L. Smith III, *American Biodefense: How Dangerous Ideas about Biological Weapons Shape National Security*, New York: Cornell University Press, 2014.

Fredrik St. Soderbaum and Timothy M. Shaw(eds.), *Theories of New Regionalism: A Palgrave Reader*, New York: Palgrave, 2003.

Gabrielle N. Samuel, Michael J. Selgelid and Ian Kerridge, "Managing the Unimaginable: Regulatory Responses to the Challenges Posed by Synthetic Biology and Synthetic Genomics," *EMBO Reports*, Vol.10, No.1, 2009.

Gary Gereffi, "Global Value Chains in a Post-Washington Consensus World," *Review of International Political Economy*, Vol.21, No.1, 2014.

Gaymon Bennett, Nils Gilman, Anthony Stavrianakis and Paul Rabinow, "From Synthetic Biology to Biohacking: Are We Prepared?" *Nature Biotechnology*, Vol.27, No.12, 2009.

Gene M. Lyons and Michael Mastanduno(eds.), *Beyond Westphalia? State Sovereignty and International Intervention*, Baltimore: Johns Hopkins University Press, 1995.

Giacomo Luciani, "The Economic Content of Security," *Journal of Public Policy*, Vol.8, No.2, 1989.

Giampiero Giacomello, "Bangs for the Buck: A Cost-Benefit Analysis of Cyberterrorism," *Studies in Conflict and Terrorism*, Vol.27, No.5, 2004.

Gilles Favarel-Garrigues, Samuel Tanner and Daniel Trottier, "Introducing Digital Vigilantism," *Global Crime*, Vol.21, No.3—4, 2020.

Giovanni Sartori, "Concept Misinformation in Comparative Politics," *American Political Science Review*, Vol.64, December 1970.

Glenn Herald Snyder, *Deterrence and Defense: Toward a Theory of National Security*, Princeton University Press, 1961.

Glenn Snyder, *Deterrence and Defense: Toward a Theory of National Security*, Princeton: Princeton University Press, 1961, p. 9.

Grant Vaughan, "Critical Infrastructure Public-Private Partnerships: When Is the Responsibility for Leadership Exchanged?" *Security Challenges*, Vol.14, No.1, 2018.

Gregory D. Koblentz, "From Biodefense to Biosecurity: The Obama Administration's Strategy for Countering Biological Threats," *International Affairs*, Vol.88, No.1, 2012.

Gregory D. Koblentz, *Living Weapons: Biological Warfare and International Security*, New York: Cornell University Press, 2010.

Hal Berghel, "Oh, What A Tangled Web: Russian Hacking, Fake News and the 2016 US Presidential Election," *Computer*, Vol.50, No.9, 2017.

Adam Lindgreen and Hansen(eds.), *Business and Development Studies*, London: Routledge, 2019.

Harold Brown, *Thinking about National Security: Defense and Foreign Policy in a Dangerous World*, Boulder, CO: Westview Press, 1983.

Helga Haftendorn, "The Security Puzzle: Theory Building and Discipline Building in International Security," *International Studies Quarterly*, Vol.3511, 1991.

Henrik Enderlein, Sonja Wälti and Michael Zürn (eds.), *Handbook on Multi-Level Governance*, Cheltenham, UK and Northampton, MA, USA: Edward Elgar, 2010.

Hillary R. Sutcliffe and Samantha Brown, "Trust and Soft Law for AI," *IEEE Technology & Society Magazine*, Vol.40, No.4, 2021, p. 14.

Holger Stritzel, "Towards a Theory of Securitization: Copenhagen and Beyond," *European Journal of International Relations*, Vol.13, 2007.

Ian Bellany, "Towards a Theory of International Security," *Political Studies*, Vol.29, No.1, 1981.

James Der Derian, "Cyber-Deterrence," *Wired*, Vol.2, No.9, 1994.

James Johnson, "Artificial Intelligence, Drone Swarming and Escalation Risks in Future Warfare," *The RUSI Journal*, Vol.165, No.2, 2020.64, No.4, 2020.

James Mayall, *Nationalism and International Society*, Cambridge: Cambridge University Press, 1990.

James N. Rosenau and Ernst-Otto Czempiel(eds.), *Governance without Government:*

Order and Change in World Politics, Cambridge: Cambridge University Press, 1992.

James Sperling(ed.), *Handbook of Governance and Security*, Cheltenham, UK and Northampton, MA, USA: Edward Elgar, 2014.

James Sperling and Mark Webber, "Security Governance in Europe: A Return to System," *European Security*, Vol.23, No.2, 2014.

James Sperling(ed.), *Handbook of Governance and Security*, Cheltenham, UK and Northampton, MA, USA: Edward Elgar, 2014.

James V. Lavery, Paulina O. Tinadana, Thomas W. Scott, Janine M. Ramsey, Claudia Ytuarte-Nuñez and Anthony A. James, "Towards a Framework for Community Engagement in Global Health Research," *Trends in Parasitology*, Vol.26, No.6, 2010.

James Wirtz, "The Cyber Pearl Harbor," *Intelligence and National Security*, Vol.32, No.6, 2017.

Jan A. Scholte, "Towards Greater Legitimacy in Global Governance," *Review of International Political Economy*, Vol.18, No.1, 2011.

Janne E. Nolan(ed.), *Global Engagement: Cooperation and Security in the 21st Century*, Washington DC: Brookings, 1994.

Janusz Filipkowski, "The Problem of Instrumentalization of Value of Security in the Contemporary Politics," *Journal of Modern Science*, Vol.55, No.1, 2024.

Jason O. Smith and Walter W. Powell, "Knowledge Networks as Channels and Conduits: The Effects of Spillovers in the Boston Biotechnology Community," *Organization Science*, Vol.15, No.1, 2004.

Jason Owen-Smith and Walter W. Powell, "Knowledge Networks as Channels and Conduits: The Effects of Spillovers in the Boston Biotechnology Community," *Organization Science*, Vol.15, No.1, 2004.

Jef Huysmans, *The Politics of Insecurity: Fear, Migration and Asylum in the EU*, London: Routledge, 2006.

Jens Hillebrand Pohl, Joanna Warchol and Thomas Papadopoulos(eds.), *Weaponizing Investments: Volume I*, Cham: Springer International Publishing, 2023.

Jessica Mathews, "Redefining Security," *Foreign Affairs*, Vol.6812, Spring 1989.

Jessica T. Mathews, "Power Shift," *Foreign Affairs*, Vol.76, No.1, 1997.

Jinghan Zeng, "Artificial Intelligence and China's Authoritarian Governance," *International Affairs*, Vol.96, No.6, 2020.

John Agnew, "The Territorial Trap: The Geographical Assumptions of International Relations Theory," *Review of International Political Economy*, Vol.1, No.1, 1994.

John B. Sheldon, "Deciphering Cyber Power: Strategic Purpose in Peace and War," *Strategic Studies Quarterly*, Vol.5, No.2, Summer 2011; Vol.38, No.2, 2013.

John G. Ruggie(ed.), *Multilateralism Matters: The Theory and Praxis of an Institutional Form*, New York: Columbia University Press, 1993.

John G. Stoessinger, "Discord and Collaboration: Essays on International Politics," *American Political Science Review*, Vol.57, No.2, 1963.

John Gaddis, *We Now Know: Rethinking Cold War History*, London: Oxford University Press, 1997.

John J. Cohrssen and Henry I. Miller, "Will the Biden Administration 'Follow the Science' on Regulatory Reform?" *Nature Biotechnology*, Vol.39, No.11, 2021.

John L. Austin, *How to Do Things with Words?* Oxford: Clarendon Press, 1962.

John Mathews, Jean Marie, Dominique Cardon and Christine Balagué, "From Reality to World: A Critical Perspective on AI Fairness," *Journal of Business Ethics*, Vol.178, No.4, 2022.

John Mearsheimer, *Conventional Deterrence*, Ithaca: Cornell University Press, 1990.

John Mueller, *Retreat from Doomsday: The Obsolescence of Major War*, New York: Basic Books, 1989.

Jon Pierre and Guy Peters, *Governance, Politics and the State*, Basingstoke and London: Macmillan, 2000.

Jordi Molas-Gallart, "Which Way to Go? Defense Technology and the Diversity of 'Dual-Use' Technology Transfer," *Research Policy*, Vol.26, No.3, 1997.

Jorge Navarro and Pedro C. Marijuán, "The Natural, Artificial and Social Domains of Intelligence: A Triune Approach," *Proceedings*, Vol.81, No.1, 2022.

Joseph S. Nye Jr, "Deterrence and Dissuasion in Cyberspace," *International Security*, Vol.41, No.3, 2016.

Joshua Rovener and Tyler Moore, "Does the Internet Need a Hegemon?" *Journal of*

Global Security Studies, Vol.2, No.3, 2017.

Jozef Keulartz and Henk van den Belt, "DIY-Bio-Economic, Epistemological and Ethical Implications and Ambivalences," *Life Sciences, Society and Policy*, Vol.12, No.1, 2016.

Kalevi J. Holsti, "International Theory and War in the Third World," in Brian Job(ed.), *The Insecurity Dilemma: National Security of Third World States*, Boulder, CO: Lynne Rienner, 1992.

Kalevi J. Holsti, *War, The State and the State of War*, Cambridge: Cambridge University Press, 1996.

Kate Charlet, "The New Killer Pathogens: Countering the Coming Bioweapons Threat," *Foreign Affairs*, No.97, 2018.

Keith Krause and Michael C. Williams, "Broadening the Agenda of Security Studies: Politics and Methods," *Mershon International Studies Review*, Vol.4012, October 1996.

Ken Booth and P. Vale, "Critical Security Studies and Regional Insecurity," *Opcit*, 1997.

Ken Booth, "Security and Emancipation," *Review of International Studies*, Vol.17, 1991.

Ken Booth, "Security and Self: Reflections of a Fallen Realist," in Keith Krause and Michael Williams(eds.), *Critical Security Studies: Concepts and Cases*, London: Routledge, 1997.

Ken Booth, *Theory of World Security*, Cambridge: Cambridge University Press, 2007.

Kevin Newmeyer, "Who Should Lead U.S. Cybersecurity Efforts?" *Prism*, Vol.3, No.2, 2012.

Kevin Smith, "Synthetic Biology: A Utilitarian Perspective," *Bioethics*, Vol.27, No.1, 2013.

Kjersten B. Whittington, Jason Owen-Smith and Walter W. Powell, "Networks, Propinquity and Innovation in Knowledge-Intensive Industries," *Administrative Science Quarterly*, Vol.54, No.1, 2009.

Krimsky Sheldon, "From Asilomar to Industrial Biotechnology: Risks, Reductionism and Regulation," *Science as Culture*, Vol.14, No.4, 2005.

Kristen E. Eichensehr, "Biden Administration Pushes for Multilateral Cooperation and Domestic Action to Combat Climate Change," *American Journal of International Law*, Vol.116, No.1, 2022.

Larry L. Fabian, "Beyond Security: Private Perceptions among Arabs and Israelis," *Middle East Journal*, Vol.35, No.2, 1981.

Laurence E. Lynn, Carolyn J. Heinrich and Carolyn J. Hill, *Improving Governance: A New Logic for Empirical Research*, Washington D.C.: Georgetown University Press, 2001.

Lawrence Rubin and Adam N. Stulberg, *The End of Strategic Stability*, Washington: Georgetown University Press, 2018.

Lene Hansen, "Reconstructing Desecuritization: The Normative-Political in the Copenhagen School and Directions for How to Apply It," *Review of International Studies*, 2012.

Lester M. Salamon, "The New Governance and the Tools of Public Action: An Introduction," *The Fordham Urban Law Journal*, Vol.28, No.5, 2001.

Lin Herbert, "Escalation Dynamics and Conflict Termination in Cyberspace," *Strategic Studies Quarterly*, Vol.6, No.3, 2012.

Lindsay(ed.), *Cross-Domain Deterrence: Strategy in an Era of Complexity*, Oxford University Press, 2019.

Lu Cheng, Kush R. Varshney and Huan Liu, "Socially Responsible AI Algorithms: Issues, Purposes and Challenges," *Journal of Artificial Intelligence Research*, Vol.71, 2021.

Luciano Floridi and Jeff W. Sanders, "On the Morality of Artificial Agents," *Minds and Machines*, Vol.14, 2004.

Luciano Floridi et al., "AI for People-An Ethical Framework for a Good AI Society: Opportunities, Risks, Principles and Recommendations," *Minds and Machines*, Vol.28, 2018.

Lupovici Amir, "Cyber Warfare and Deterrence: Trends and Challenges in Research," *Military and Strategic Affairs*, Vol.3, No.3, 2011.

Madeline Carr, "Power Plays in Global Internet Governance," *Journal of*

International Studies, Vol.43, No.2, 2015.

Marc Levy, "Is the Environment a National Security Issue?" *International Security*, Vol.2012, Fall 1995.

Marie C. Smouts, "The Proper Use of Governance in International Relations," *International Social Science Journal*, Vol.50, No.155, 1998.

Mark Webber et al., "The Governance of European Security," *Review of International Studies*, Vol.30, No.1, 2004.

Mark Webber, *Inclusion, Exclusion and the Governance of European Security*, Manchester and New York: Manchester University Press, 2007.

Mark Webber, Stuart Croft, Jolyon Howorth, Terry Terriff and Elke Krahmann, "The Governance of European Security," *Review of International Studies*, Vol.30, No.1, 2004.

Markus Schmidt and Gregor Giersch, "DNA Synthesis and Security," in Marissa J. Campbell(ed.), *DNA Microarrays, Synthesis and Synthetic Dane*, Nova Science Publishers, Inc., 2011.

Martin Libicki, "The Nature of Strategic Instability in Cyberspace," *The Brown Journal of World Affairs*, Vol.18, No.1, 2011.

Mason Rice, Jonathan Butts and Sujeet Shenoi, "A Signaling Framework to Deter Aggression in Cyberspace," *International Journal of Critical Infrastructure Protection*, Vol.4, No.2, 2011.

J. R. McGrath, "Twenty-First Century Information Warfare and the Third Offset Strategy," *Joint Force Quarterly*, Vol.82, No.3, 2016.

Merve Hickok and Nestor Maslej, "A Policy Primer and Roadmap on AI Worker Surveillance and Productivity Scoring Tools," *AI and Ethics*, Vol.3, No.3, 2023.

Mette E. Sangiovanni, "Network Theory and Security Governance," in James Sperling(ed.), *Handbook of Governance and Security*, Cheltenham, UK and Northampton, MA, USA: Edward Elgar, 2014.

Michael C. Horowitz and Erik Lin-Greenberg, "Algorithms and Influence: Artificial Intelligence and Crisis Decision-Making," *International Studies Quarterly*, Vol.66, No.4, 2022.

Michael C. Williams, *Culture and Security: Symbolic Power and the Politics of*

International Security, Abingdon: Routledge, 2007.

Michael Doyle, "Liberalism and World Politics," *American Political Science Review*, Vol.80, December 1986.

Michael Horowitz, Lauren Kahn and Casey Mahoney, "The Future of Military Applications of Artificial Intelligence: A Role for Confidence-Building Measures?" *Orbis*, Vol.64, No.4, 2020.

Michael J. Selgelid, "Gain-of-Function Research: Ethical Analysis," *Science and Engineering Ethics*, Vol.22, No.4, 2016.

Michael N. Schmitt, *Tallinn Manual 2.0 on the International Law Applicable to Cyber Operations*, Cambridge: Cambridge University Press, 2017.

Michael P. Fischerkeller and Richard J. Harknett, "Deterrence Is Not a Credible Strategy for Cyberspace," *Orbis*, Vol.61, No.3, 2017.

Michel Foucault, "Governmentality," in Graham Burchell, Colin Gordon and Peter Miller(eds.), *The Foucault Effect: Studies in Governmentality*, London: Harvester Wheatsheaf, 1991.

Michel Foucault, "Right of Death and Power over Life," in Paul Rabinow(ed.), *The Foucault Reader*, London: Penguin Books, 1984.

Michel Foucault, *Madness and Civilisation*, London: Routledge, 2001.

Michel Foucault, *The History of Sexuality: The Will to Knowledge*(2nd edition), London: Penguin, Vol.1, 1998.

Miles Kahler, *Networked Politics: Agency, Power and Governance*, New York: Cornell University Press, 2009.

Mohammed Ayoob, *The Third World Security Predicament*, Boulder, CO: Lynne Rienner, 1995.

Myron Weiner, "Security, Stability and International Migration," *International Security*, Vol.1713, Winter 1992.

National Research Council, *Biotechnology Research in an Age of Terrorism*, Washington D.C.: National Academies of Sciences Press, 2004.

Nicholas Tsagourias, "Cyber-Attacks, Self-Defense and the Problem of Attribution," *Journal of Conflict and Security Law*, Vol.17, No.2, 2012.

Nick Bostrom, "Strategic Implications of Openness in AI Development," *Global Policy*, Vol.8, No.2, 2017.

Nicole Ball, *Security and Economy in the Third World*, Princeton, New York: Princeton University Press, 1988.

Nicos Poulantzas, *State, Power, Socialism*, London and New York: Verso, 1978.

Nora von Ingersleben-Seip, "Competition and Cooperation in Artificial Intelligence Standard Setting: Explaining Emergent Patterns," *Review of Policy Research*, Vol.40, No.5, 2023.

Nurullah Gur and Serif Dilek, "US-China Economic Rivalry and the Reshoring of Global Supply Chains," *The Chinese Journal of International Politics*, Vol.16, No.1, 2023.

Joseph S. Nye Jr, "Deterrence and Dissuasion in Cyberspace," *International Security*, Vol.41, No.3, 2017.

Ole Wæver, "Fear and Forgetting: How to Leave Longstanding Conflicts through De-Securitisation," 2008.

Ole Wæver, "Figures of International Thought: Introducing Persons Instead of Paradigms," in Ole Wæver and Iver B. Neumann(eds.), *The Future of International Relations: Masters in the Making*, London: Routledge, 1991.

Ole Wæver, "In Search of 'Security': Report on a Journey among Concepts (Résumé)," *Concepts of Security*, Institute of Political Science: University of Copenhagen, 14, 1997.

Ole Wæver, Pierre Lemaitre and Elzbieta Tromer(eds.), *European Polyphony: Perspectives beyond East-West Confrontation*, New York: Springer, 1989.

Ole Wæver and Københavns Universitet Center for Freds-og Konfliktforskning, *Securitization and Desecuritization*, Copenhagen: Centre for Peace and Conflict Research, 1993.

Jason Owen-Smith and Walter W. Powell, "Knowledge Networks as Channels and Conduits: The Effects of Spillovers in the Boston Biotechnology Community," *Organization Science*, Vol.15, No.1, 2004.

Pamela L. Sankar and Mildred K. Cho, "Engineering Values into Genetic Engineering: A Proposed Analytic Framework for Scientific Social Responsibility," *The American Journal of Bioethics*, Vol.15, No.12, 2015.

Patricia Gomes Rêgo de Almeida, Carlos Denner dos Santos and Josivania Silva Farias, "Artificial Intelligence Regulation: A Framework for Governance," *Ethics and Information Technology*, Vol.23, No.3, 2021.

Patrick M. Morgan, "Regional Security Complexes and Regional Orders," in David A. Lake and Patrick M. Morgan(eds.), *Regional Orders: Building Security in a New World*, University Park: Pennsylvania State University Press, 1997.

Patrick M. Morgan, *Regional Security Complexes and Regional Orders, Regional Orders: Building Security in a New World*, University Park, PA: The Pennsylvania State University Press, 1997.

Penelope H. Thunberg, "National Economic Security: Interdependence and Vulnerability," *National Economic Security*, Vol.50, 1982.

Peter B. Payoyo, "Our Global Neighborhood," *The Report of the Commission on Global Governance*, USA: Oxford University Press, 1995.

Peter Jackson, "Pierre Bourdieu, the Cultural Turn and the Practice of International History," *Review of International Studies*, Vol.34, 2008.

Philip Brey, "Ethics of Emerging Technology," *The Ethics of Technology: Methods and Approaches*, London: Rowman & Littlefield, 2017.

Rachel M. West and Gigi K. Gronvall, "CRISPR Cautions: Biosecurity Implications of Gene Editing," *Perspectives in Biology and Medicine*, Vol.63, No.1, 2020.

Ramzi El-Haddadeh, Adam Fadlalla and Nitham Hindi, "Is There a Place for Responsible Artificial Intelligence in Pandemics? A Tale of Two Countries," *Information Systems Frontiers*, Vol.25, No.6, 2023.

Raymond A. Zilinskas and Philippe Mauger, *Biosecurity in Putin's Russia*, Boulder, CO: Lynne Rienner, 2018.

Renaud Levesque and David Whyte, "Securing Cyberspace: Towards an Agenda for Research and Practice," *Technology Innovation Management Review*, Vol.5, No.11, 2015.

Richard A. Clarke and Robert K. Knake, *Cyber War: The Next Threat to National Security and What to Do About It*, New York: HarperCollins Publishers, 2012.

Richard Danzig, *Innovation, Dual Use and Security: Managing the Risks of Emerging Biological and Chemical Technologies*, Cambridge: MIT Press, 2012.

Richard L. Kugler and Ellen L. Frost(eds.), *The Global Century: Globalization and National Security*, Washington D.C.: Institute for National Strategic Studies of National Defense University, 2001.

Richard Rosecrance, *The Rise of the Trading State: Commerce and Conquest in the Modern World*, New York: Basic Books, 1986.

Richard Ullman, "Redefining Security," *International Security*, Vol.811, Summer 1983.

Rita Floyd, "The Environmental Security Debate and Its Significance for Climate Change," *The International Spectator*, Vol.43, 2008.

Rob Walker, "The Subject of Security," in Michael C. Williams and Keith Krause(eds.), *Critical Security Studies*, London: UCL Press, 1997.

Robert O. Keohane, *International Institutions and State Power: Essays in International Relations Theory*, Boulder, CO: Westview Press, 1989.

Robert O. Keohane and Joseph S. Nye, *Power and Interdependence*, New York: Little Brown, 1977.

Robert O. Keohane, *After Hegemony: Cooperation and Discord in the World Political Economy*, Princeton: Princeton University Press, 2005.

Robert W. Cox, "Social Forces, States and World Orders: Beyond International Relations Theory," in Robert Keohane(ed.), *Neorealism and Its Critics*, New York: Columbia University Press, Vol.207, 1986.

Roderick Arthur William Rhodes, "The New Governance: Governing without Government," *Political Studies*, Vol.44, No.4, 1996.

Rodrigo Tavares, "Understanding Regional Peace and Security: A Framework for Analysis," *Contemporary Politics*, Vol.14, No.2, 2008.

Ronald Atlas, Philip Campbell, Nicholas R. Cozzarelli et al., "Statement on the Consideration of Biodefence and Biosecurity," *Nature*, Vol.421, No.6925, 2003.

Samuel Huntington, "No Exit: The Errors of Endism," *The National Interest*, Vol.17, Autumn 1989.

Samuel Huntington, *The Clash of Civilizations and the Remaking of World Order*, New York: Simon & Schuster, 1996.

Sean M. Lynn-Jones(ed.), *The Cold War and After: Prospects for Peace*, Cambridge: MIT Press, 1990.

Seumas Miller and Michael J. Selgelid, "Ethical and Philosophical Consideration of the Dual-Use Dilemma in the Biological Sciences," *Science and Engineering Ethics*, Vol.13, No.4, 2007.

Seyom Brown, "World Interests and the Changing Dimensions of Security," in Michael T. Klare and Yogesh Chandrani, *World Security: Challenges for New Security*, New York: St Martin's Press, 1998.

Shahar Hameiri, "Governing Disorder: The Australian Federal Police and Australia's New Regional Frontier," *The Pacific Review*, Vol.22, No.5, 2009.

Shaun Breslin and Stuart Croft(eds.), *Comparative Regional Security Governance*, Abingdon and New York: Routledge, 2012.

Stefan Larsson and Fredrik Heintz, "Transparency in Artificial Intelligence," *Internet Policy Review*, Vol.9, Issue. 2, 2020.

Stefano Felician Beccari and Matteo Bressan, "The Weaponization of Artificial Intelligence: Risks and Implications," *L'Europe en Formation*, Vol.1, 2023.

Stefano Guzzini, "A Reconstruction of Constructivism in International Relations," *European Journal of International Relations*, Vol.6, 2000.

Stephen M. Maurer and Sebastian Von Engelhardt, "Industry Self-Governance: A New Way to Manage Dangerous Technologies," *Bulletin of the Atomic Scientists*, Vol.69, No.3, 2013.

Stephen Walt, "The Renaissance of Security Studies," *International Studies Quarterly*, Vol.35, No.2, 1991.

Takashi Izumo and Yueh-Hsuan Weng, "Coarse Ethics: How to Ethically Assess Explainable Artificial Intelligence," *AI and Ethics*, Vol.2, No.3, 2022.

Terry Terriff, Stuart Croft, Lucy James and Patrick M. Morgan, *Security Studies Today*, Cambridge: Polity, 1999.

Thierry Balzacq(ed.), *Security Contested: Four Strategies and Their Situational Logics*, London: Routledge, 2014.

Thierry Balzacq, "The Three Faces of Securitization: Political Agency, Audience and

Context," *European Journal of International Relations*, Vol.11, 2005.

Thilo Hagendorff, "The Ethics of AI Ethics: An Evaluation of Guidelines," *Minds and Machines*, Vol.30, No.1, 2020; Vol.38, No.2, 2023.

Thomas Rid, "Cyber War Will Not Take Place," *Journal of Strategic Studies*, Vol.35, No.1, 2012.

Thomas Schelling, *Arms and Influence*, New Haven: Yale University Press, 2020.

Tim Maurer and Garrett Hinck, "Persistent Enforcement: Criminal Charges as a Response to Nation-State Malicious Cyber Activity," *Journal of National Security Law and Policy*, Vol.10, No.3, 2020.

Tim Sweijs and Samuel Zilincik, "The Essence of Cross-Domain Deterrence," *NL ARMS Netherlands Annual Review of Military Studies 2020*, The Hague: TMC Asser Press, 2021.

Timothy J. Junio, "How Probable is Cyber War? Bringing IR Theory Back into the Cyber Conflict Debate," *Journal of Strategic Studies*, Vol.36, No.1, 2013.

Tor Uri, "Cumulative Deterrence as a New Paradigm for Cyber Deterrence," *Journal of Strategic Studies*, Vol.40, No.1—2, 2017.

Tucker Jonathan B. and Erin R. Mahan, *President Nixon's Decision to Renounce the US Offensive Biological Weapons Program*, Washington, DC: National Defense University Press, 2009.

Tumpey M. Terrence et al., "Characterization of the Reconstructed 1918 Spanish Influenza Pandemic Virus," *Science*, Vol.310, No.5745, 2005.

Utsav Sharma Gaire, "Application of Artificial Intelligence in the Military: An Overview," *Unity Journal*, Vol.4, No.1, 2023.

Virginia Dignum, *Responsible Artificial Intelligence: How to Develop and Use AI in a Responsible Way*, Cham: Springer, 2019.

Weir Lorna and M. J. Selgelid, "Professionalization as a Governance Strategy for Synthetic Biology," *Systems and Synthetic Biology*, Vol.3, No.1, 2009.

Wenda Li et al., "The Making of Responsible Innovation and Technology: An Overview and Framework," *Smart Cities*, Vol.6, No.4, 2023.

Will Goodman, "Cyber Deterrence: Tougher in Theory than in Practice," *Strategic*

Studies Quarterly, Vol.4, No.3, 2010.

William C. Wohlforth, "The Stability of a Unipolar World," *International Security*, Vol.24, No.1, 1999.

William Rosenau, "Aum Shinrikyo's Biological Weapons Program: Why Did It Fail?" *Studies in Conflict and Terrorism*, Vol.24, No.4, 2001.

Williams Healthy, "Strategic Stability, Uncertainty and the Future of Arms Control," *Survival*, Vol.60, No.2, 2018.

Zeev Maoz and Bruce Russett, "Structural and Normative Causes of Peace between Democracies," *American Political Science Review*, Vol.87, No.13, September 1993.

后 记

　　本书从中国的视角，对如何推进新兴技术安全治理进行了一次系统性的思考。在当前百年未有之大变局下，科技发展日新月异，新兴技术的出现正在重塑人类社会。从人工智能、生物技术到网络空间等诸多领域，新兴技术在带来巨大发展机遇的同时，也伴随着巨大的安全风险与挑战。在大国竞争背景下，新兴技术成为大国博弈的焦点，单边主义、保护主义盛行，给全球新兴技术治理带来诸多挑战，传统的安全思维与治理方式难以适应新技术环境下的复杂变局。

　　本书通过对美国在人工智能、生物技术、网络空间等多个领域的安全政策进行深入分析，揭示了新兴技术安全治理中不同的安全叙事如何影响政策选择，展现了大国竞争思维对新兴技术治理的冲击，梳理出不同战略思维模式对新兴技术管控方式的制约。在此基础上，本书提出要摆脱传统的安全思维与工具，重新审视新兴技术安全风险的特点，采取全新的视角、理念与路径来应对。这一认知对推动中国制定创新性的新兴技术安全治理策略，在维护自身安全利益的同时，为全球新兴技术健康发展做出应有的贡献具有重要意义。

　　值此书稿付梓之际，回顾研究历程，我在分析各种安全议题与政策实践之余，不断反思现有新兴技术安全治理的缺陷。纵观人类文明发展史，科技进步在为人类社会带来巨大福祉的同时，也引发了前所未有的安全挑战。尤其是进入21世纪以来，以人工智能、大数据、云计算、区块链、生物技术等为代表的新兴技术日新月异，既给人类生产生活带来深刻变革，也大幅重塑了国家间战略博弈格局和国际安全态势。网络安全、数据安全、生物安全、太空安全等非传统安全问题日益凸显，传统和非传统安全威胁相互交织，国家安全风险不断放大。

　　国际安全形势错综复杂，现有的新兴技术安全治理体系却远未跟上形势发展变化的脚步。在认知理念层面，各国对新兴技术安全的内涵外延、特点规律认识不清，安全观陈旧狭隘，合作共识严重缺失。在实践路径层面，全球性、综合性、法治化的一体化治理框架尚未形成，单边主义、保护主义、碎片化问题突出。种种症结交织，不仅导致新兴技术安全风险加剧，也使人类社会发展面临更多不确定性挑战。实践一再证明，缺乏共同利益理念基础的治理，注定是薄弱和脆弱的，也难以从根本上破解各种安全困境。

由此，我愈发感慨，只有认知与理念层面的变革，才是破解人类社会不断陷入安全困境的根本出路。推动国际社会在新的历史条件下重塑安全认知，重构安全治理共识，是当代国际安全研究肩负的重要责任和使命。这就要求国际安全研究者以开放包容的视野审视新兴技术发展变化，准确把握新兴技术发展规律特点，深入思考其引发的安全挑战与影响。要坚持创新思维，突破传统安全研究路径依赖，超越主权国家视角局限，立足全人类共同利益，推动构建相互尊重、公平正义、合作共赢的新型国际关系，打造人类命运共同体。

当前，传统战略思维与工具的局限性日益凸显。零和博弈、强权政治等陈旧观念难以适应世界多极化、经济全球化、社会信息化、文化多样化发展大势。打造新兴技术安全命运共同体，需要我们以全新视角审视国家利益与国际秩序的关系，重塑合作共赢的全球治理理念。从这个意义上说，新兴技术给予国际安全研究的，不仅是新的治理对象，更是认识世界、改造世界的新思路、新路径。唯有如此，国际社会方能携手应对新兴技术安全挑战，共同开创人类社会持久和平、普遍安全、共同繁荣、开放包容、清洁美丽的美好未来。

在本书的写作过程中，我深刻地体会到新兴技术安全治理的重要性与紧迫性，感悟到中国学者在这一领域所肩负的历史使命。在聂圣杰等有着同样情怀的学者与朋友的支持下，在恩师门洪华教授的鼓励下，我发起并成立了上海虹口新兴技术发展研究中心。作为一个非营利的公益性研究机构，该研究中心致力于为人工智能、物联网、大数据等新兴技术产业的创新布局提供战略指导，一方面，力求在国际层面推广新兴技术治理经验、介绍中国理念，为构建全球新兴技术治理共识助力；另一方面，发掘具有潜力的新兴技术、丰富技术应用场景，力求在世界范围内让更多人公平公正地享受新兴技术带来的红利。希望在我们的努力下，科学技术的发展能够更好地为全人类的福祉服务，推动人类命运共同体共同发展。

在新的时代背景下，新兴技术安全治理理念、机制与路径急需突破创新，本书所提出的诸多论断，都是我在这一思考历程中逐渐形成的新理念萌芽。新兴技术安全治理任重道远，需要反思现有全球治理体系存在的问题症结，提出务实管用的对策建议，为推动全球新兴技术安全治理变革贡献了智慧和力量，本书所做的努力只是一个开始。我期待着与更多读者、同行就本书内容展开交流探讨，在集思广益中推动这一研究领域不断深化发展。

　　最后，感谢我的恩师、学界同仁、业界专家为本书提供的宝贵意见。感谢出版社编辑为本书的顺利出版付出的辛勤劳动。在此，谨以此书献给所有关注新兴技术安全治理，为维护人类共同安全利益而努力的人们。让我们携手共进，以开放包容的心态，秉持互利共赢的理念，推进新兴技术造福人类的事业不断迈向新的高度。

图书在版编目(CIP)数据

新兴技术安全治理 / 丁迪著. -- 上海 ：格致出版
社 ：上海人民出版社，2024. -- ISBN 978-7-5432-3615-
8

Ⅰ. F204

中国国家版本馆 CIP 数据核字第 202490MX01 号

责任编辑 顾 悦 刘 茹
封面设计 路 静

新兴技术安全治理

丁 迪 著

出 版 格致出版社
　　　　上海人 K 太 版 社
　　　　(201101 上海市闵行区号景路 159 弄 C 座)
发 行 上海人民出版社发行中心
印 刷 商务印书馆上海印刷有限公司
开 本 720×1000 1/16
印 张 15.5
插 页 2
字 数 261,000
版 次 2024 年 9 月第 1 版
印 次 2024 年 9 月第 1 次印刷
ISBN 978 - 7 - 5432 - 3615 - 8/C • 321
定 价 72.00 元